PREÇOS DE TRANSFERÊNCIA

ARM'S LENGTH, IGUALDADE TRIBUTÁRIA E CAPACIDADE CONTRIBUTIVA

Regras Brasil e OCDE

CAIO SCHUNCK
Advogado formado pela FMU-SP
Especialista em Direito Civil pela FMU-SP
Especialista em Direito Tributário pela USP
Mestre em Direito Tributário pela PUC-SP

PREÇOS DE TRANSFERÊNCIA

ARM'S LENGTH, IGUALDADE TRIBUTÁRIA E CAPACIDADE CONTRIBUTIVA

Regras Brasil e OCDE

Del Rey editora

Belo Horizonte

2021

Impresso no Brasil | *Printed in Brazil*

EDITORA DEL REY LTDA.

www.livrariadelrey.com.br

Editor: Arnaldo Oliveira

Editor Adjunto: Ricardo A. Malheiros Fiuza
(*in memoriam*)

Coordenação Editorial: Letícia Neves

Diagramação e revisão: Know-how
Desenvolvimento Editorial

Editora:
Rua dos Goitacazes, 71 – Lojas 20 a 24
Centro – Belo Horizonte – MG
CEP 30190-050

Comercial:
Tel.: (31) 3284-3284 / 3293-8233
vendas@editoradelrey.com.br

Editorial:
editorial@editoradelrey.com.br

S393a Schunck, Caio Vinícius de Moraes.
Preços de Transferência: Arm's Length, Igualdade Tributária e Capacidade Contributiva. Regras Brasil e OCDE / Caio Vinícius de Moraes Schunck; Prefácio de Renata Elaine Silva Ricetti Marques. – 1. ed. – Belo Horizonte, MG : Editora Del Rey, 2021.
248 p.; 15,5x22,5 cm.

Inclui bibliografia.
ISBN 978-65-5791-045-0

1. Direito tributário – Brasil. 2. Direito tributário internacional – Brasil. 3. Preços de transferência. 4. Preços de transferência – Brasil.

CDD 341.39:342.276 CDU 336:338.242.2

Pedro Anizio Gomes

Bibliotecário – CRB-8 8846

Ao Bento, à Vita, ao Jerônimo,
ao Juca e à Flor,
com todo o meu amor e gratidão.

À minha querida mãe (in memoriam).

Agradecimentos

Agradeço, primeiramente, a Deus pela vida, saúde, força, foco e fé, bem como por todas as oportunidades de crescimento espiritual, pessoal e profissional que me proporciona diariamente.

Aos meus pais por todo apoio e suporte que me deram durante toda a vida para eu chegar até aqui. À minha mãe com muito amor e saudades.

À minha esposa, Gabriela, pelo amor, paciência e força que me dá para eu correr atrás dos meus sonhos (além das discussões técnicas no meio da noite!).

Ao meu filho, Bento, por ter me mostrado o que um homem precisa para ser feliz e o que realmente vale a pena nessa vida.

À minha orientadora, Professora Dra. Isabela Bonfá de Jesus, por todo o apoio e pelas lições, confiança e segurança com que conduziu a orientação.

À Professora Dra. Renata Elaine Silva Ricetti Marques, pela amizade, por todas as oportunidades que me deu e por ter acreditado no meu potencial acadêmico.

Ao Professor Dr. Paulo Victor Vieira da Rocha pela amizade e discussões.

Ao Dr. Alberto Guimarães Aguirre Zürcher, amigo e sócio, pela amizade e por ter me mostrado a importância da criatividade no Direito Tributário e que, ao longo dos 10 últimos anos, tem me incentivado e me ajudado a dar o meu melhor na advocacia.

Aos meus sócios Renato Spolidoro, Thaís Tokunaga e Ana Paula Caiafa Freire de Faro pelo apoio durante todos esses anos e por acreditarem que juntos construiremos nosso sonho profissional.

À Editora Del Rey pela confiança no projeto.

"O conhecimento é o antídoto do medo."

Ralph Waldo Emerson

Lista de abreviaturas

ADI	Ação Direta de Inconstitucionalidade
ALP	*Arm's Length Principle*
Art.	Artigo
BEPS	*Base Erosion and Profit Shifiting*
CARF	Conselho Administrativo de Recursos Fiscais
CF	Constituição Federal
COFINS	Contribuição para o Financiamento da Seguridade Social
CPM	*Comparable Profits Method*
CSLL	Contribuição Social sobre o Lucro Líquido
CTN	Código Tributário Nacional
CUP	*Comparable Uncontrolled Price Method*
DDL	Distribuição Disfarçada de Lucros
ICMS	Imposto sobre Operações relativas à Circulação de Mercadorias e sobre prestações de serviços de transporte interestadual e intermunicipal e de comunicação
INSRF/RFB	Instrução Normativa da Secretaria da Receita Federal do Brasil
MF	Ministério da Fazenda
MNE	*Multinational Enterprises*
IRPJ	Imposto sobre a Renda das Pessoas Jurídicas
ISS	Imposto sobre Serviços de Qualquer Natureza
OCDE	Organização para a Cooperação e Desenvolvimento Econômico
PIS/PASEP	Contribuição para os Programas de Integração Social e de Formação do Patrimônio do Servidor Público
RE	Recurso Extraordinário
REsp	Recurso Especial
RFB	Secretaria da Receita Federal do Brasil
RIR/99	Regulamento do Imposto sobre a Renda de 1999
RIR/2018	Regulamento do Imposto sobre a Renda de 2018
STF	Supremo Tribunal Federal
STJ	Superior Tribunal de Justiça
TNMM	*Transactional Net Margin Method*
TRF3	Tribunal Regional Federal da 3ª Região

Prefácio

Fato notório que a globalização e a necessidade de atender à demanda do mundo corporativo fizeram com que as empresas estendessem suas atividades para além das fronteiras. A internacionalização destas por meio de outras unidades produtivas (filiais, subsidiárias etc.) e a conveniência do compartilhamento entre suas unidades de serviços, produtos, bens (tangíveis e intangíveis), matéria- prima, dentre outros, resultaram na criação de regras de formação de preço para acolher os parâmetros legais de todas as jurisdições envolvidas.

A inserção dos métodos de preço de transferência – com adoção de uma regra capaz de reduzir a insegurança em sua formação – encontra, no mecanismo do chamado preço *arm's length*, o tão almejado "preço justo" que, em síntese apertada, corresponde às medidas adotadas pelos países que comparam preços praticados por empresas independentes, para que sirvam de parâmetro na formação do preço das companhias relacionadas, como se preço de mercado fosse.

A trilha argumentativa de formação de preço tem relação direta com a apuração do Imposto sobre a Renda da Pessoa Jurídica (IRPJ) e da Contribuição Social sobre o Lucro Líquido (CSLL). Por esse motivo, é possível inferir que sem a aplicação do *princípio arm's length* poderá haver um aumento ilegítimo da carga tributária, e o almejado crescimento do lucro das empresas ficará comprometido.

O livro, que tenho o privilégio de prefaciar, chega em um momento histórico sem precedentes – a pandemia causada pelo coronavírus – que certamente trará retrocessos nos avanços socioeconômicos empresariais conquistados nas últimas décadas.

Todas as relações foram comprometidas; as relações empresariais e as relações tributárias, igualmente. A sobrevivência das empresas frente à conjuntura que se apresenta dependerá, mais do que nunca, da aplicação dos valores insculpidos nos princípios constitucionais como corolário da segurança jurídica e justa tributação.

Diante desse cenário de incertezas, encontrar apoio na obra que tem como enfoque *Preços de Transferência:* Arm's Length, *Igualdade Tributária e Capacidade Contributiva*, estudo realizado a partir das *Guidelines* da OCDE, da Lei n. 9.430/1996 e da Constituição Federal de 1988, é uma benevolência jurídica que merece ser festejada.

A utilização dos princípios anteriormente citados como vetor axiológico interpretativo das normas, que envolve a aplicação das regras de preço de transferência, é uma das formas que permitirá o resgate do desenvolvimento das relações empresariais, isto porque, como afirma o autor "o *arm's length* caracterizar-se-ia como elemento essencial na delimitação da correta regra-matriz de incidência tributária do IRPJ e da CSLL".

Fincado nessa ideia é que a obra ganha peso e relevância, e tão somente alguém com o brilhantismo e a experiência profissional de Caio Schunck poderia nos presentear com um livro tão necessário ao cenário jurídico atual.

O autor aborda o tema de forma pragmática, sem deixar de ser didático e científico. Dentre os temas que poderão ser apreciados nos capítulos que seguem destaco: a natureza jurídica do *arm's length*, o preço de transferência, o ingresso no Brasil na OCDE, o conceito de renda, o conceito de empresas vinculadas, o projeto BEPS, dentre outros, sempre direcionando para o cotejo dos assuntos com o princípio da igualdade e da capacidade contributiva. Também, com brilhantismo, procede à avaliação do tema sob o enfoque da jurisprudência dos tribunais administrativos e judiciais.

A presente obra nasceu da pesquisa aprofundada realizada na ocasião do seu mestrado na Pontifícia Universidade Católica de São Paulo, que – após exímia e exigente arguição pela banca examinadora – alcançou a merecida nota máxima. Incansável, o autor continuou se dedicando aos estudos sobre o assunto. O resultado é o livro que ora apresento, o qual, apesar da complexidade que envolve o tema, tem leitura fácil, agradável e clara, graças à metodologia utilizada.

Notadamente, além de ser uma obra jurídica interessantíssima, também deve ser referência para agentes públicos (fiscais, auditores e juízes) que terão competência para fiscalizar e exercer função judicante sobre questões desse jaez.

A felicidade que me consome é ainda maior, pois, além da relação acadêmica que mantenho com Caio Schunck, também faço parte do seu seleto grupo de amigos. Sendo assim, sou testemunha de sua dedicação como advogado, com vasta experiência na área de Direito Tributário, especificamente na consultoria tributária de impostos diretos. Além do mestrado, cursou especialização em Direito Tributário na USP e em Direito Civil, na FMU. Sempre apaixonado pela área acadêmica, atua como professor em vários cursos.

O resultado não poderia ter sido outro, a publicação do livro pela Editora Del Rey é o reconhecimento de um trabalho sério que merece todas as honras. Parabéns ao autor Caio Schunck pela obra que tenho certeza de que será um sucesso. A mim, apenas resta agradecer a oportunidade de poder escrever este prefácio!

São Paulo, 14 de novembro de 2020.

Renata Elaine Silva Ricetti Marques
Doutora pela Pontifícia Universidade Católica de São Paulo
e Pós-Doutora pela Universidade de São Paulo.

Sumário

Introdução

A dinâmica dos mercados internacionais, cada vez mais integrados em razão da globalização, tem sido o cenário perfeito para o desenvolvimento e o aumento na quantidade e na intensidade de grupos de empresas multinacionais, o que, obviamente acaba refletindo no âmbito tributário, haja vista a proximidade que há entre este ramo didaticamente autônomo do direito e as relações econômicas em que se inserem os sujeitos de direito.

Parte desta dinâmica é composta, por um lado, pela intensificação do comércio internacional de mercadorias e serviços, essencialmente acompanhado pelo aumento na concorrência, e, por outro, pelo aumento da necessidade arrecadatória dos diversos países.

Considerando que um dos principais objetivos das empresas é, justamente, o incremento no lucro oriundo de suas atividades, verifica-se que a concorrência e a obrigatoriedade de pagar tributos são elementos que afetam diretamente tal objetivo.

Neste diapasão, a redução de custos afigura-se como uma das formas de enfrentar a concorrência e aumentar a lucratividade das empresas, sendo importante destacar a influência que o pagamento de tributos exerce nesta equação, especialmente quando se trata do comércio internacional de mercadorias e serviços.

Uma das formas encontradas pelas empresas para reduzir os custos operacionais foi a constituição de enormes grupos multinacionais, nos quais as empresas que os compõem ("empresas vinculadas") acabam negociando entre si, haja vista a sinergia e os ganhos de escala que podem ser alcançados com tal medida.

Atentas a esse fato e focadas em garantir sua arrecadação tributária, as Administrações Tributárias cada vez mais têm se preocupado com a alocação da renda de seus contribuintes, especialmente em operações internacionais, porquanto, nesta espécie de operação, as Administrações Tributárias envolvidas têm acesso apenas à "parte da operação" relativa ao contribuinte sob sua jurisdição.

Deste modo, ao se depararem com uma operação internacional, naturalmente as Administrações Tributárias questionam-se se o valor da renda oferecida à tributação pelo contribuinte sob sua jurisdição está adequado.

E tal questionamento se intensifica quando se está diante de integrantes de um mesmo grupo multinacional, que atua por meio de empresas instaladas em várias jurisdições ao redor do globo, cada qual sujeita a uma carga de tributação da renda diferente. Isso porque, dados o estreito relacionamento, a sinergia que mantêm entre si, bem como o objetivo comum de ampliar a lucratividade do grupo como um todo e uma maior possibilidade de manipulação das informações e dos valores envolvidos nas transações, tais empresas têm facilitada a alocação da renda na jurisdição com menor carga tributária, afastando-se das condições e regras estabelecidas pelas forças de mercado.

Nesta esteira, as Administrações Tributárias viram-se obrigadas a criar mecanismos para identificar se os preços praticados nas transações realizadas entre empresas vinculadas estariam ou não afetados por esse "estreito relacionamento" e, em se constatando tal "influência", tributar a parcela da renda gerada na transação que tenha sido alocada incorretamente pelos contribuintes.

Como parâmetro para a criação destes mecanismos, as Administrações Tributárias basearam-se nos preços praticados entre empresas independentes (preços *arm's length*), os quais são determinados de acordo com as forças do mercado, não havendo qualquer vínculo "extra mercado" que possa influenciar estas operações.

E foi com fundamento neste racional que nasceram as regras de preços de transferência, as quais são o principal mecanismo existente para a identificação e a tributação de eventuais diferenças entre os preços praticados pelas empresas vinculadas e os preços de mercado, viabilizando, assim, a correção da alocação da renda equivocadamente feita em outra jurisdição pelos participantes da operação internacional.

É neste cenário que se insere a pesquisa ora proposta, a qual, de maneira geral, busca contribuir para o estudo sistemático do tema "preços de transferência" no direito brasileiro, partindo de sua ideia central – que é o instituto *arm's length* –, e aprofundando a análise deste instituto com base nos princípios e ditames da Constituição Federal de 1988.

De maneira específica, pretende-se demonstrar, principalmente, o que é o *arm's length* e se é possível afirmar que, apesar de não ter sido expressamente previsto na legislação brasileira, ele encontra fundamento de validade e pode ser realizado por meio da aplicação dos princípios da igualdade tributária e da capacidade contributiva.

O trabalho proposto objetiva o aprofundamento do estudo do *arm's length* a partir das *Guidelines* da OCDE, da doutrina sobre o tema e dos princípios da igualdade tributária e da capacidade contributiva, especialmente no que se refere à qualificação e definição da sua natureza jurídica.

Isso porque, para verificar se o *arm's length* foi recepcionado pela legislação interna e, se sim, em que medida, faz-se necessário conhecer sua natureza jurídica, porquanto, só assim será possível saber qual é o correto regime jurídico a ser aplicado na sua interpretação.

Nesse sentido, partiremos das discussões doutrinárias sobre a definição e a classificação das normas jurídicas em princípios, regras e postulados normativos, aprofundando a dinâmica e as discussões envolvidas na dicotomia "princípios *versus* regras", e, ao final, apresentaremos nossa opinião a respeito da real natureza jurídica do *arm's length*.

Combinando o fato de que o *arm's length* caracteriza-se como o "fiel da balança" quando se analisa o tema "preços de transferência" – porquanto é a partir dele que se torna possível definir se determinada operação foi ou não levada a efeito sob as regras e condições de mercado –, ao fato de não ter sido ele expressamente previsto na legislação brasileira, justifica-se o seu estudo mais aprofundado para saber se de fato ele foi respeitado, ainda que indiretamente, pelo legislador infraconstitucional ao disciplinar os métodos de cálculo previstos na Lei n. 9.430/1996.

Tal estudo também encontra justificativa no fato de que a inobservância do *arm's length* pelo legislador, em tese, obrigaria o contribuinte a realizar ajustes indevidos nas bases de cálculo do Imposto sobre a Renda das Pessoas Jurídicas (IRPJ) e da Contribuição Social sobre o Lucro Líquido (CSLL) – aumentando ou reduzindo indevidamente a base de cálculo oferecida à tributação.

Ou seja, o *arm's length* caracterizar-se-ia como elemento essencial na delimitação da correta regra-matriz de incidência tributária do IRPJ e da CSLL, uma vez que os aspectos material e quantitativo das regras-matriz destes tributos são diretamente afetados conforme o *arm's length* é ou não observado pelo legislador, já que em caso de eventual inobservância, em tese, a própria constitucionalidade destas exações pode ser posta em xeque por desrespeito ao conceito de "renda".

Nesse sentido, dedicaremos especial atenção às origens e ao desenvolvimento do conceito de renda no direito brasileiro, principalmente, com o objetivo de tentar estabelecer o atual estágio doutrinário e jurisprudencial em que se encontra o tema.

Passaremos então a uma breve análise da disciplina jurídica dos preços de transferência, abordando os principais conceitos envolvidos nesta temática, focando em como se concretiza a aplicação e o funcionamento de tais regras no direito brasileiro, haja vista tal arcabouço ser importante para se posicionar corretamente o *arm's length* dentro do nosso ordenamento jurídico.

Além disso, por tratar-se de um dos mais importantes, quiçá o mais importante instituto para a aplicação das regras de preços de transferência, entendemos ser viável e necessário o seu estudo de forma mais aprofundada e exclusiva no Brasil, ainda havendo espaço, em nosso entendimento, para este aprofundamento científico, razão pela qual, também apresentaremos os principais contornos do tema constantes das *Guidelines* da OCDE.

No Capítulo 3, abordaremos as origens e as noções gerais a respeito da igualdade, avaliando a teoria da igualdade tributária no direito brasileiro. Tentaremos entender um pouco mais o mecanismo de funcionamento da igualdade em geral, pois dessa compreensão depende a correta interpretação e aplicação da igualdade tributária especificamente, bem como trataremos do caráter relacional do instituto e dos elementos que compõem o chamado "teste da igualdade".

Para tanto, serão expostas e comparadas as teorias da igualdade de CELSO ANTÔNIO BANDEIRA DE MELLO e a de HUMBERTO ÁVILA, buscando identificar quais seriam os parâmetros para a aplicação da igualdade tributária previstos no ordenamento jurídico brasileiro e, especificamente, quais seriam os critérios constitucionalmente válidos a serem observados para se levar a efeito uma tributação com base na igualdade tributária.

Ainda no Capítulo 3, aprofundaremos o estudo da capacidade contributiva, apresentando, inicialmente, um breve escorço histórico de seu desenvolvimento. Antes de adentrar em seu conteúdo propriamente dito, faremos referência à dinâmica de juridicização da capacidade contributiva apresentada por ALFREDO AUGUSTO BECKER, a qual nos auxilia a compreender a exata noção do instituto.

Tentaremos distinguir as duas principais espécies de capacidade contributiva apontadas pela doutrina – a *capacidade contributiva subjetiva* e a *capacidade contributiva objetiva* –, bem como abordaremos os principais contornos do "mínimo existencial" e do "confisco", haja vista tais conceitos serem essenciais para a aferição dos limites do *arm's length*.

Para concluir o Capítulo 3, trataremos da interessante discussão em torno da correta interpretação do § 1º, do art. 145, da Constituição Federal, especificamente no que se refere à cláusula *"Sempre que possível, os impostos terão caráter pessoal e serão graduados segundo a capacidade econômica do contribuinte [...]"*, de modo a tentar definir se a expressão *"sempre que possível"* liga-se exclusivamente ao *"caráter pessoal"* dos impostos, ou se também abrange a expressão *"graduação segundo a capacidade contributiva"*.

Fechando o estudo, no Capítulo 4 pretendemos demonstrar a relação existente entre o *arm's length*, a igualdade tributária, a capacidade contributiva e a própria justiça fiscal, e mostrar como a relação entre tais institutos influenciam a ideia de "renda tributável" e, consequentemente, os aspectos material e quantitativo do IRPJ e da CSLL.

Para tanto, enfrentaremos as principais questões que serviram de base ao presente trabalho, quais sejam: (i) a recepção ou não do *arm's length* pela legislação tributária brasileira; (ii) a análise funcional do *arm's length* dentro da teoria da igualdade de Humberto Ávila; (iii) os limites e a natureza jurídica da praticabilidade (princípio, regra ou postulado normativo), bem como a relação que necessariamente se estabelece entre este instituto, o *arm's length* e os preços de transferência; e (iv) os impactos jurídicos decorrentes da utilização, pelo legislador, de presunções e ficções jurídicas para alcançar a praticabilidade, especialmente, os impactos oriundos do estabelecimento de margens presumidas para cálculo do preço parâmetro.

Por fim, examinaremos a atual jurisprudência brasileira, administrativa e judicial, a respeito do *arm's length*.

1. O *Arm's Length* e os Preços de Transferência

1.1. O *Arm's Length*: panorama geral e diretrizes da OCDE

Logo de início, entendemos ser necessário apresentar as duas principais questões, cujas respostas influenciam diretamente o presente estudo: o que é *arm's length*? O *arm's length* é aplicável no Brasil?

Tais dúvidas serão detalhadamente respondidas ao longo deste trabalho, contudo, para um adequado entendimento da matéria, cremos ser importante antecipar alguns pontos relacionados a essas dúvidas, os quais revelarão a importância do *arm's length* e dos preços de transferência de uma maneira geral.

> Some idea of the relative importance of transfer pricing as a tax issue, can be gained from the often quoted statistic that over 60% of world trade takes place within MNEs and so potentially gives rise to transfer pricing issues. Further, the dramatic expansion in world trade and investment in the last decade of the previous century confirms the absolute importance of transfer pricing in terms of tax revenue at stake. The determination of the correct transfer prices is likely to be the main determinant of how the tax base of MNEs is divided up between the jurisdictions in which they operate. Transfer pricing is also important from the perspectives of managing an MNE. Without accurate transfer prices, an MNE would not be able to identify those parts of the enterprise performing well and those performing less so[1].

---

1 OWENS, Jeffrey P. *Should the Arm's Length Principle Retire?*, *in:* International Transfer Pricing Journal, vol. 12, n. 3. Amsterdam: IBFD, 2005, p. 99. Tradução livre: "Alguma ideia da relativa importância dos preços de transferência como uma questão tributária pode ser obtida com a estatística frequentemente citada de que mais de 60% do comércio mundial ocorre nas MNEs e, portanto, potencialmente gera problemas de preços de transferência. Além disso, a dramática expansão do comércio e investimento mundiais na última década do século anterior confirma a importância absoluta dos preços de transferência em termos de receita tributária

De fato, o *arm's length* não foi expressamente previsto em nenhuma legislação constante do ordenamento jurídico brasileiro. Mas, somente por isso, seria possível afirmar categoricamente que ele não existe ou não é aplicável no Brasil?

Para situar corretamente o tema, faz-se necessário antecipar o que se entende por *arm's length*. O *arm's length* é normalmente entendido como uma diretriz indicada pela OCDE para disciplinar, sob o viés tributário, as relações comerciais e econômicas entre pessoas jurídicas vinculadas residentes ou domiciliadas em países diversos, de modo a que tais relações, pelo menos para fins tributários, sejam levadas a efeito de acordo com as regras de mercado, evitando ou minimizando que o relacionamento "próximo" entre as pessoas jurídicas envolvidas influencie a determinação de preços e, consequentemente, a tributação das operações[2]. Bastante esclarecedoras são as observações de RICARDO LOBO TORRES a esse respeito:

> O princípio *'arm's length'*, que vem se positivando em inúmeros países, é a espinha dorsal da problemática dos preços de transferência. Com a globalização da economia e a intensificação das relações entre as empresas associadas nos diferentes países tornou-se necessária a regulamentação dos preços dos serviços e das mercadorias que podem vir a ser objeto de negócio entre pessoas vinculadas, a fim de evitar a indevida transferência de lucros. O princípio *'arm's length'* sinaliza no sentido de que tais preços

---

em jogo. A determinação dos preços de transferência corretos provavelmente será a principal determinante de como a base tributária das MNEs é dividida entre as jurisdições em que elas operam. O preço de transferência também é importante do ponto de vista do gerenciamento de uma MNE. Sem preços de transferência precisos, uma empresa multinacional não seria capaz de identificar as partes da empresa com bom desempenho e aquelas com menor desempenho".

2 "[...]. Thus, a tax adjustment under the *arm's length* principle would not affect the underlying contractual obligations for non-tax purposes between the associated enterprises, and may be appropriate even where there is no intent to minimize or avoid tax. The consideration of transfer pricing should not be confused with the consideration of problems of tax fraud or tax avoidance, even though transfer pricing policies may be used for such purposes". (OCDE. *OECD Transfer Pricing Guidelines for Multinational Enterprises and Tax Administrations 2017*. Paris: OECD Publishing, 2017, p. 33). Tradução livre: "Assim, um ajuste fiscal de acordo com o princípio *arm's length* não afetaria as obrigações contratuais subjacentes para fins não fiscais entre as empresas associadas e pode ser apropriado mesmo quando não houver intenção de minimizar ou evitar tributos. A aplicação dos preços de transferência não deve ser confundida ou relacionada com problemas de fraude ou evasão fiscal, embora as políticas de preço de transferência possam ser usadas para tais fins".

devem ser os de concorrência ou de mercado, sem superfaturamento nem subfaturamento, isto é, iguais àqueles praticados por empresas independentes, ou, metaforicamente, por pessoas situadas 'à distância do braço' (*at arm's length*).[3]

Considerando que o Brasil não é membro da OCDE e que o *arm's length* não foi expressamente previsto aqui, num primeiro momento, poder-se-ia afirmar que tal diretriz não é aplicável ao Brasil. Todavia, entendemos que isso não é verdade.

Apesar de o Brasil ainda não ser membro da OCDE e o *arm's length* não ter sido expressamente previsto em nosso ordenamento jurídico, no item 12 da Exposição de Motivos da Lei n. 9.430/1996 há referência quanto à adoção indireta das diretrizes da OCDE e, consequentemente do *arm's length*, no seguinte trecho: "*as normas contidas nos arts. 18 a 24 representam significativo avanço da legislação nacional face ao ingente processo de globalização, experimentado pelas economias contemporâneas.* ***No caso específico, em conformidade com regras adotadas nos países integrantes da OCDE, são propostas normas que possibilitam o controle dos denominados 'Preços de Transferência',*** *[...]*[4]" (***grifamos***). É o que afirma LUÍS EDUARDO SCHOUERI:

> Numa análise superficial, o intérprete poderia acreditar ser inútil, ou pelo menos não mandatória, a pesquisa das normas da OCDE para o entendimento da legislação brasileira acerca do *transfer pricing*. Este posicionamento basear-se-ia no fato de não ser o Brasil membro daquela organização e, portanto, não estar obrigado por qualquer de suas resoluções. Neste sentido, dir-se-á, com razão, que as normas expedidas pela OCDE não produzem efeito no Brasil. [...]. Inegável, pois, a tentativa da parte do legislador nacional, desde o início, de seguir os parâmetros da OCDE. Daí, pois, uma primeira razão para investigar se, efetivamente, o texto legal em vigor encontra-se 'em conformidade com regras adotadas nos países integrantes da OCDE'. De imediato, deve-se notar que serão apontadas divergências entre a prática brasileira e as diretrizes da OCDE. Tais diferenças não podem ser desprezadas nem tampouco se pode pleitear, sem maior cuidado, a

---

3 TORRES, Ricardo Lobo. *O Princípio Arm's Length, os Preços de Transferência e a Teoria da Interpretação do Direito Tributário, in:* Revista Dialética de Direito Tributário n. 48. São Paulo: Dialética, 1999, p. 122.

4 Exposição de Motivos n. 470 de 15 de outubro de 1996. Disponível em: <https://www.camara.leg.br/proposicoesWeb/prop_mostrarintegra?codteor=1132081&filename=Dossie+-PL+2448/1996>, acesso em: 25/06/2019.

> aplicação daquelas diretrizes. Afinal, não existem regras propostas ou adotadas pela OCDE; o excerto acima refere-se a regras adotadas por países que integram aquela organização. Atualmente, são 34 países[5], cujas legislações são bastante variadas. Conquanto todas girem em torno das diretrizes da OCDE, estas não substituem ordenamentos jurídicos[6].

Diante do exposto, verifica-se que as diretrizes da OCDE, de certa forma, inspiraram e influenciaram a disciplina jurídica dos preços de transferência no Brasil, inclusive, no que se refere à aplicabilidade do *arm's length*, de modo que, para um correto entendimento de tal figura, será necessário, em alguns momentos, estudar e recorrer às diretrizes e às interpretações emanadas da OCDE[7], as quais encontram-se reunidas no *"OECD Transfer Pricing Guidelines for Multinational Enterprises and Tax Administrations"*, versão de julho de 2017, especialmente em seu Capítulo I[8].

Ou seja, essa adoção "indireta" das diretrizes da OCDE pela legislação brasileira[9], caracteriza-se como um forte indício de que o *arm's length* é, sim, aplicável no Brasil, o que acaba por justificar o presente estudo[10].

---

5 Atualmente a OCDE é composta por 36 membros, *in*: <https://www.oecd.org/about/members-and-partners/>, acesso em 30/10/2019.

6 SCHOUERI, Luís Eduardo. *Preços de Transferência no Direito Tributário Brasileiro*, 3. ed. rev. e atual. São Paulo: Dialética, 2013, p. 21.

7 "One of the main uses of the OECD Guidelines is to provide the framework for settling such matters by providing considerable detail as to how to apply the ALP". (OWENS, Jeffrey P. *Should the Arm's Length Principle Retire?, in:* International Transfer Pricing Journal, vol. 12, n. 3. Amsterdam: IBFD, 2005, p. 100. Tradução livre: "Um dos principais usos das Diretrizes da OCDE é fornecer a estrutura para a solução de tais questões, fornecendo detalhes consideráveis sobre como aplicar o ALP".

8 "1.1 This Chapter provides a background discussion of the *arm's length* principle, which is the international transfer pricing standard that OECD member countries have agreed should be used for tax purposes by MNE groups and tax administrations. The Chapter discusses the *arm's length* principle, reaffirms its status as the international standard, and sets forth guidelines for its application". (OCDE. *OECD Transfer Pricing Guidelines for Multinational Enterprises and Tax Administrations 2017.* Paris: OECD Publishing, 2017, p. 33). Tradução livre: "Este capítulo fornece uma discussão do princípio *arm's length*, que é o padrão internacional de preços de transferência que os países membros da OCDE concordaram que deveria ser usado para fins fiscais por grupos de empresas multinacionais e administrações fiscais. O capítulo discute o princípio *arm's length*, reafirma seu status como padrão internacional e estabelece diretrizes para sua aplicação".

9 "A aplicação dos métodos PRL e CAP (amplamente equivalente aos métodos *resale price* e *cost plus* reconhecido pela OCDE, respectivamente) requer o uso das margens fixas e geralmente resulta em ajustes de preços de transferência no Brasil devido à falta de análise funcional e margens fixas definidas no nível do produto.

RICARDO LOBO TORRES tem opinião semelhante e ainda acrescenta:

> O Brasil não participa da OCDE. Nada obstante, recepcionou o princípio *arm's length* ao regular os preços de transferência na Lei n. 9.430, de 27 de dezembro de 1996, principalmente no seu art. 18: [...].
>
> Embora não seja signatário da Convenção Modelo da OCDE, o Brasil assinou inúmeros tratados de bitributação que repetem o dispositivo do art. 9º da OCDE, o que deixa fora de dúvida a sua recepção no direito brasileiro. Além disso, como veremos adiante, a Lei 9.430/96 tem inequivocamente o objetivo de criar a possibilidade de tributação sobre os preços de mercado nas operações entre empresas associadas, o que coincide, na essência, com o modelo globalizado[11].

Ingressando propriamente na análise do *arm's length*, é interessante apresentar, antes, um breve panorama histórico de como se desenvolveu

---

Frequentemente, essa margem fixa que presume um determinado setor estar de acordo com o *arm's length* é muito alta ou muito baixa em comparação com os resultados de uma análise completa de comparabilidade conforme a OCDE. Esta permite levar em consideração as realidades econômicas relevantes, sendo crucial para estabelecer um resultado que esteja alinhado com o *arm's length*." (*Preços de Transferência no Brasil: Convergência para o Padrão OCDE*, pp. 12-13, disponível em: <https://www.oecd.org/tax/transfer-pricing/precos-de-transferencia-no-brasil-convergencia-para-o-padrao-ocde-folheto.pdf>, acesso em: 23/10/2020).

10 SCHOUERI apresenta outro importante ponto que reforça a aplicabilidade do *arm's length* no Brasil: "O padrão *arm's length* não se limita aos países integrantes da OCDE. Sua aceitação generalizou-se de modo tão amplo que quando os especialistas das Nações Unidas se reuniram para propor a redação de um 'Manual Prático' voltado à implementação de uma legislação de preços de transferência em países em desenvolvimento, não se hesitou em adotar o mesmo padrão. [...]. Nem por isso perde o Manual sua importância na discussão de temas mais delicados, já que, ao firmar posicionamento acerca do padrão *arm's length* e sua extensão, já não mais se tem o entendimento de um pequeno grupo de países relativamente homogêneos. Ao contrário, lê-se em seu preâmbulo que o Manual, enquanto produto do Comitê de Especialistas das Nações Unidas para a Cooperação Internacional em Assuntos Fiscais, tem um papel especial ao refletir a diversidade dos membros das Nações Unidas e ao colocar os preços de transferência em sua perspectiva desenvolvimentista". (SCHOUERI, Luís Eduardo. *Preços de Transferência no Direito Tributário Brasileiro*, 3. ed. rev. e atual. São Paulo: Dialética, 2013, p. 22).

11 TORRES, Ricardo Lobo. *O Princípio Arm's Length, os Preços de Transferência e a Teoria da Interpretação do Direito Tributário, in:* Revista Dialética de Direito Tributário n. 48. São Paulo: Dialética, 1999, p. 123.

internacionalmente a disciplina jurídica dos preços de transferência, bem como aquele instituto.

Como aponta LUÍS EDUARDO SCHOUERI, as primeiras legislações sobre preços de transferência foram editadas em 1915, no Reino Unido, e em 1917, nos Estados Unidos, tendo sido tal tema também abordado indiretamente nos trabalhos sobre bitributação da Liga das Nações iniciados em 1921[12], os quais culminaram na Convenção-Modelo de 1928 deste órgão, em que a questão dos preços de transferência entre empresas independentes, mas, pertencentes a um mesmo grupo econômico, foi tratada como se fosse uma questão sobre estabelecimentos permanentes, ou seja, confundiu-se a questão dos preços de transferência com a questão da divisão de lucros entre unidades de uma mesma empresa, ponto que foi revisto na Convenção-Modelo de 1933, passando-se a aceitar o tratamento efetivamente independente entre as empresas. Ou seja, do ponto de vista teórico, pode-se resumir a evolução do pensamento a respeito dos preços de transferência nas seguintes fases: iniciou-se com a *unitary entity theory* da Convenção-Modelo de 1928; passou para a *separate accounting theory* na Convenção-Modelo de 1933, esta aperfeiçoada e confirmada pelas Convenções-Modelo do México de 1943 e de Londres de 1946, as quais introduziram o conceito de "preços normais" entre empresas associadas; seguiu-se com a Convenção-Modelo de 1963 da OCDE, que permitiu a realização de ajustes nos lucros das empresas para refletir influências provenientes de operações entre empresas ligadas, a qual foi seguida pelos relatórios de 1979 e de 1984 e que resultaram nas diretrizes da OCDE publicadas em 1995[13]. Há que se acrescentar, por fim, que durante esta evolução, em alguns momentos tam-

---

12 "The ALP has a long history, dating back to the League of Nations Model Tax Conventions that formed the international consensus in the first half of this century". (OWENS, Jeffrey P. *Should the Arm's Length Principle Retire?*, *in:* International Transfer Pricing Journal, vol. 12, n. 3. Amsterdam: IBFD, 2005, p. 101). Tradução livre: "O ALP tem uma longa história, que remonta às Convenções Modelo da Liga das Nações, que formaram o consenso internacional na primeira metade deste século".

13 "Configura-se, daí, a clara opção da OCDE pelo tratamento como entidades separadas e a repulsa ao tratamento unitário. Há muitas razões para tanto, assim resumidas: em primeiro lugar, porque se aceita que as forças de oferta e demanda do mercado são o melhor meio para alocar recursos e premiar esforços; ademais, o princípio *arm's length* oferece um tratamento igual a empresas pertencentes a grupos multinacionais e empresas independentes, de modo a evitar vantagens tributárias que decorreriam da concentração do poder econômico em enormes grupos multinacionais. A última vantagem que lhe é atribuída é que sua aplicação tem sido feita com sucesso pela maioria dos países". (SCHOUERI, Luís Eduardo. *Preços de Transferência no Direito Tributário Brasileiro*, 3. ed. rev. e atual. São Paulo: Dialética, 2013, p. 37).

bém houve a aplicação da denominada *formulary apportionment theory*[14], a qual ainda é vista como uma alternativa ao *arm's length*[15].

Feita essa breve digressão histórica, importa repetir que, desde a sua criação, o racional-base por trás do *arm's length* sempre foi a replicação das regras de mercado às operações entre partes vinculadas:

> 1.3 When transfer pricing does not reflect market forces and the *arm's length* principle, the tax liabilities of the associated enterprises and the tax revenues of the host countries could be distorted. Therefore, OECD member countries have agreed that for tax purposes the profits of associated enterprises may be adjusted as necessary to correct any such distortions and thereby ensure that the *arm's length* principle is satisfied. OECD member countries consider that an appropriate adjustment is achieved by establishing the conditions of the commercial and financial relations that they would expect to find between independent enterprises in comparable transactions under comparable circumstances.
>
> [...]
>
> 1.5 [...]. Sometimes, it may occur that the relationship between the associated enterprises may influence the outcome of the bargaining. Therefore, evidence of hard bargaining alone is not sufficient to establish that the transactions are at *arm's length*.[16]

---

14 SCHOUERI, Luís Eduardo. *Preços de Transferência no Direito Tributário Brasileiro*, 3. ed. rev. e atual. São Paulo: Dialética, 2013, pp. 30-32.

15 "The most frequently advocated alternative is some kind of formulary apportionment method. At its simplest, global formulary apportionment would split the entire marketable profits of an MNE group amongst all the subsidiaries in the various locations in which it operates. This would be done without any reference or comparison to profits that would be earned by independent enterprises performing similar activities in those locations. Instead, the profits are allocated to locations by a preset formula. The formula uses a number of factors, such as sales, payroll and assets, and the factors may, or may not, be weighted". (OWENS, Jeffrey P. *Should the Arm's Length Principle Retire?*, *in:* International Transfer Pricing Journal, vol. 12, n. 3. Amsterdam: IBFD, 2005, p. 100). Tradução livre: "A alternativa mais frequentemente defendida é o método de rateio. Em sua forma mais simples, o rateio global dividiria todos os lucros operacionais de um grupo de MNE entre todas as subsidiárias nos vários locais em que opera. Isso seria feito sem nenhuma referência ou comparação com os lucros que seriam obtidos por empresas independentes que executam atividades semelhantes nesses locais. Em vez disso, os lucros são alocados aos locais mediante uma fórmula predefinida. A fórmula usa vários fatores, como vendas, folha de pagamento e ativos, e os fatores podem ou não ser ponderados".

16 OCDE. *OECD Transfer Pricing Guidelines for Multinational Enterprises and Tax Administrations 2017*. Paris: OECD Publishing, 2017, p. 34. Tradução livre: "1.3 Quando os

Melhor explicando: focados em garantir sua arrecadação tributária, os legisladores e as administrações tributárias há muito tempo preocupam-se com a alocação da renda de seus contribuintes, principalmente, em operações internacionais. Isso porque, nesta espécie de operação, as administrações tributárias envolvidas (pelo menos duas) têm acesso apenas a "um lado" da operação, qual seja, o referente ao contribuinte sob sua jurisdição. Portanto, em tese, só lhe é possível controlar "metade" da operação, já que a "outra metade", necessariamente, estará sob jurisdição da outra administração tributária[17].

Dessa forma, ao se deparar com uma operação desta natureza, as administrações tributárias questionam-se: o valor da renda oferecida à tributação pelo contribuinte sob minha jurisdição está correto?

Tal questionamento é natural, porquanto, como visto, as administrações tributárias só têm acesso seguro a uma parte da operação.

---

preços de transferência não refletem as forças do mercado e o princípio *arm's length*, os passivos fiscais das empresas associadas e as receitas tributárias dos países sede podem ser distorcidos. Portanto, os países membros da OCDE concordaram que, para fins fiscais, os lucros das empresas associadas podem ser ajustados no que for necessário, para corrigir tais distorções e, assim, garantir que o princípio *arm's length* seja cumprido. Os países membros da OCDE consideram que um ajuste apropriado é alcançado estabelecendo-se as condições das relações comerciais e financeiras que eles esperariam encontrar entre empresas independentes em transações comparáveis sob circunstâncias comparáveis. [...]. 1.5 [...]. Às vezes, pode acontecer que o relacionamento entre as empresas associadas influencie o resultado da negociação. Portanto, a evidência de ampla e profunda negociação, por si só, não é suficiente para garantir que as transações estejam de acordo com o *arm's length*".

17 "Preços de transferência tipicamente envolvem mais de uma jurisdição tributária. Como resultado, qualquer ajuste no preço de transferência em uma jurisdição implica que a menos que esse ajuste seja refletido nas outras jurisdições, resultados divergentes surgirão, pois os mesmos lucros serão tributados como receita de duas entidades diferentes pertencentes a um único grupo de empresas multinacionais, criando assim a dupla tributação. Tais resultados podem ser evitados quando as respectivas jurisdições seguem os mesmos padrões e abordagens de preços de transferência para sua aplicação e interpretação ou, nos casos em que resultados divergentes se materializaram, a dupla tributação pode ser evitada fazendo uma alteração correspondente na outra jurisdição. No entanto, se a outra jurisdição não concordar em fazer um ajuste correspondente, o grupo multinacional será tributado duas vezes sobre esta parte de seus lucros, pois ficarão sujeitos à tributação em duas jurisdições diferentes. Para minimizar esse risco, um consenso internacional envolvendo princípios e abordagens comuns (qual seja, o princípio *arm's length*) foi estabelecido para determinar preços de transferência em transações internacionais. Na falta de adesão a princípios e abordagens comuns, os riscos de dupla tributação são ampliados." (*Preços de Transferência no Brasil: Convergência para o Padrão OCDE*, p. 12, disponível em: <https://www.oecd.org/tax/transfer-pricing/precos-de-transferencia-no-brasil-convergencia-para-o-padrao-ocde-folheto.pdf>, acesso em: 23/10/2020).

Neste contexto, a questão se intensifica quando se verifica que, na maior parte das vezes, as cargas tributárias sobre a renda nas jurisdições envolvidas são diferentes, o que poderia induzir os contribuintes a desejarem que a maior parte da renda gerada na operação fosse tributada pela jurisdição com menor carga tributária.

Tal ponto fica ainda mais intenso quando as partes envolvidas na transação são consideradas vinculadas a um mesmo grupo econômico, haja vista, neste caso, em princípio, ambas terem como objetivo comum ampliar a lucratividade do grupo como um todo, de modo que a alocação da renda na jurisdição com menor carga tributária surge como importante fator na busca deste objetivo.

Nas transações entre partes independentes tal preocupação é menor, haja vista as partes da transação, inicialmente, terem interesses contrapostos (uma tem interesse em vender e a outra em comprar), sendo que tais interesses são diretamente influenciados pelas forças de mercado.

Assim, as chances de a renda vir a ser alocada de forma "equivocada" pelas partes da transação são maiores quando ambas têm objetivo comum (vinculadas), do que quando não possuem qualquer relação "extra mercado" (independentes). Além disso, em sendo as partes vinculadas, há uma maior facilidade de manipulação das informações e dos valores envolvidos na transação, o que, em regra, não ocorre numa operação entre partes independentes regulada pelas forças de mercado.

Nesse sentido, as administrações tributárias perceberam que, no caso de empresas vinculadas, além da dificuldade de acesso a informações inerente à "internacionalidade" da transação, havia mais chances de tais informações serem manipuladas (especialmente os preços), e, consequentemente, comprometerem a correta alocação da renda gerada na transação.

Preocupadas com estas questões, as administrações tributárias viram-se obrigadas a criar mecanismos e procedimentos para identificar se os preços praticados nas operações realizadas entre as empresas vinculadas estariam ou não afetados por esse "vínculo" e, em se constatando tal "afetação", tributar a parcela da renda gerada na transação que tenha sido alocada incorretamente pelos contribuintes.

Para tanto, tomaram como parâmetro os preços praticados entre empresas independentes, haja vista entre tal espécie de empresas, a determinação do preço e das condições negociais sujeitarem-se às forças do mercado, não havendo qualquer vínculo "extra mercado" que possa influenciar a operação[18].

---

18 "Em linhas gerais, as regras de preços de transferência estabelecem critérios a serem aplicados nas operações realizadas entre partes relacionadas/vinculadas, para

Com o estabelecimento destes mecanismos, as jurisdições, por meio de suas administrações tributárias, passaram a poder identificar eventuais diferenças entre os preços praticados e os preços de mercado e, desta forma, passaram a tributar a parcela da renda alocada equivocadamente em outra jurisdição pelas partes da transação.

Foi fundamentada neste racional que a OCDE formalmente estabeleceu, no Artigo 9º da sua Convenção Modelo, as bases do *arm's length*[19-20], conforme se verifica neste item das *Guidelines*:

> 1.6 The authoritative statement of the *arm's length* principle is found in paragraph 1 of Article 9 of the OECD Model Tax Convention, which forms the basis of bilateral tax treaties involving OECD member countries and an increasing number of non-member countries. Article 9 provides:

---

o fim de estabelecer um "preço justo" (o conhecido "*arm's length* price") que reflita a realidade das condições de mercado, tornando tais operações equiparáveis àquelas realizadas entre partes independentes em situações análogas. Isso porque as operações entre partes independentes são regidas pelas circunstâncias de mercado, nas quais as partes transacionam de acordo com os seus interesses individuais, na busca das maiores vantagens e melhores resultados. Dessa forma, a adoção de um "preço justo" nas operações envolvendo partes vinculadas resulta da necessidade de se estabelecer um crivo para a distribuição de renda entre as partes, mitigando o manejo artificial de preços e evitando a evasão fiscal ou outras práticas anticoncorrenciais." (MACHADO, Clarissa Gianete; CAMARGO, Luiz Felipe. *Conversão das regras de preços de transferência para o modelo OCDE – Impactos e plano de transição, in: Temas atuais em tributação internacional – Brasil 2020*. São Paulo: Trench, Rossi e Watanabe Advogados, 2020. PDF, pp. 128-129).

19 "Empregado há muitas décadas pelos países desenvolvidos, positivou-se no art. 9º da Convenção Modelo da OCDE, [...]". (TORRES, Ricardo Lobo. *O Princípio Arm's Length, os Preços de Transferência e a Teoria da Interpretação do Direito Tributário, in:* Revista Dialética de Direito Tributário n. 48. São Paulo: Dialética, 1999, p. 122).

20 "Paragraph 1 of Article 9 of the OECD Model Tax Convention is the foundation for comparability analyses because it introduces the need for:
– A comparison between conditions (including prices, but not only prices) made or imposed between associated enterprises and those which would be made between independent enterprises, in order to determine whether a re-writing of the accounts for the purposes of calculating tax liabilities of associated enterprises is authorised under Article 9 of the OECD Model Tax Convention; and
– A determination of the profits which would have accrued at *arm's length*, in order to determine the quantum of any re-writing of accounts". OCDE. *OECD Transfer Pricing Guidelines for Multinational Enterprises and Tax Administrations 2017.* Paris: OECD Publishing, 2017, pp. 35-36. Tradução livre: "O Parágrafo 1 do Artigo 9 da Convenção Modelo da OCDE é a base para análises de comparabilidade, porque introduz a necessidade de:

> [Where] conditions are made or imposed between the two [associated] enterprises in their commercial or financial relations which differ from those which would be made between independent enterprises, then any profits which would, but for those conditions, have accrued to one of the enterprises, but, by reason of those conditions, have not so accrued, may be included in the profits of that enterprise and taxed accordingly[21].

Ou seja, como bem aponta LUÍS EDUARDO SCHOUERI, o *"arm's length consiste, sinteticamente, em tratar os membros de um grupo multinacional como se eles atuassem como entidades separadas, não como partes inseparáveis de um negócio jurídico. Devendo-se tratá-los como entidades separadas* (separate entity approach), *a atenção volta-se à natureza dos negócios celebrados entre os membros daquele grupo*"[22-23].

– Uma comparação entre condições (incluindo preços, mas não apenas preços) feitas ou impostas entre empresas associadas e aquelas que seriam feitas entre empresas independentes, a fim de determinar se uma retificação das contas para fins de cálculo de passivos fiscais de empresas associadas está autorizada nos termos do Artigo 9 da Convenção Modelo da OCDE; e

– Uma determinação dos lucros que teriam sido apurados em conformidade com o *arm's length*, a fim de determinar o valor de qualquer retificação de contas".

21 OCDE. *OECD Transfer Pricing Guidelines for Multinational Enterprises and Tax Administrations 2017*. Paris: OECD Publishing, 2017, p. 35. Tradução livre: "1.6 A previsão oficial do princípio *arm's length* é encontrada no parágrafo 1 do Artigo 9 da Convenção Modelo da OCDE, o qual fundamenta os tratados bilaterais envolvendo países membros da OCDE e um número crescente de países não-membros. O Artigo 9 dispõe: [Onde] forem estabelecidas ou impostas condições entre duas empresas [associadas] em suas relações comerciais ou financeiras que difiram daquelas que seriam feitas entre empresas independentes, quaisquer lucros que, em função dessas condições, deveriam ter sido alocados em uma das empresas, mas, devido a essas condições, não o tenham sido, podem ser incluídos nos lucros desta empresa e serem adequadamente tributados."

22 SCHOUERI, Luís Eduardo. *Preços de Transferência no Direito Tributário Brasileiro*, 3. ed. rev. e atual. São Paulo: Dialética, 2013, p. 37.

23 "By seeking to adjust profits by reference to the conditions which would have obtained between independent enterprises in comparable transactions and comparable circumstances (i.e. in "comparable uncontrolled transactions"), the *arm's length* principle follows the approach of treating the members of an MNE group as operating as separate entities rather than as inseparable parts of a single unified business. Because the separate entity approach treats the members of an MNE group as if they were independent entities, attention is focused on the nature of the transactions between those members and on whether the conditions thereof differ from the conditions that would be obtained in comparable uncontrolled transactions". (OCDE. *OECD Transfer Pricing Guidelines for Multinational Enterprises and Tax Administrations 2017*. Paris: OECD Publishing, 2017, p. 35). Tradução livre: "Ao

E é a partir dos conceitos acima apresentados, especialmente o constante nas *Guidelines* da OCDE, que o referido autor identifica as seis características essenciais do *arm's length*, veja-se:

– *Análise transacional*: o preço *arm's length* deve ser estabelecido a partir de uma transação identificada (ou de um grupo de transações relacionadas) – neste sentido, não se podem considerar conformes ao princípio *arm's length* aqueles métodos que deixem de lado as transações, propriamente ditas, partindo para rateios de resultados globais; por outro lado, a ideia de 'transação' é mais ampla do que a de 'operação', sendo possível que uma série de operações (por exemplo: peças importadas separadamente para formar um único produto – kit) constitua uma única transação.

– *Comparação (ou similaridade)*: a transação identificada (ou o grupo de transações identificado) deve ser comparada com outra transação, similar ou idêntica, hipotética ou real, com características idênticas ou similares – a similaridade ou identidade deve ser suficiente para que se entenda que, afastada a relação entre partes, na transação controlada, ausente na transação utilizada como parâmetro, inexistiam outras diferenças significativas, seja nos produtos propriamente ditos, seja nas condições comerciais.

– *Contrato de direito privado*: o preço *arm's length* deve levar em conta quaisquer obrigações legais assumidas pelas partes contratantes e, portanto, os efeitos jurídicos da transação não podem (em princípio) ser desconsiderados. Não cabem, daí, os chamados 'ajustes transacionais', *i.e.*, não há espaço para desconsiderar a transação efetivamente ocorrida, substituindo por outra que, a ver do julgador, poderia ter ocorrido.

– *Características de mercado aberto*: o preço *arm's length* deve se basear em condições de mercado, refletindo, assim, práticas comerciais normais. Como corolário, o preço *arm's length* somente pode ser estabelecido com base em informações que sejam disponíveis

procurar ajustar os lucros em função das condições que seriam obtidas entre empresas independentes em transações comparáveis e circunstâncias comparáveis (ou seja, em "transações comparáveis não controladas"), o princípio *arm's length* segue a abordagem de tratar os membros de um grupo de empresas multinacionais como operando como entidades separadas e não como partes inseparáveis de um único negócio unificado. Como a abordagem de entidade separada trata os membros de um grupo de empresas multinacionais como se fossem entidades independentes, a atenção é focada na natureza das transações entre esses membros e se suas condições diferem das condições que seriam obtidas em transações não controladas comparáveis".

ao contribuinte no momento em que ocorre a transação. Este é o elemento que implica críticas à prática de diversas administrações tributárias – inclusive a brasileira – de utilizar-se de dados desconhecidos do contribuinte – *secret comparables*: se o que se espera das partes vinculadas é que elas atuem como partes independentes, então devem elas fixar seus preços segundo as práticas correntes no mercado (tal qual um terceiro independente agiria). Havendo práticas no mercado que não são (ou não poderiam ser) conhecidas, então elas não influenciariam a decisão de terceiros independentes na fixação de seus preços. De igual modo, não se pode exigir que tais práticas influenciem a decisão de preços das partes relacionadas.

– *Características subjetivas*: o preço *arm's length* deve levar em conta as circunstâncias particulares que caracterizam a transação. Por esta razão, por exemplo, haverá casos em que não se poderá comparar o preço *arm's length* com o preço de mercado, pois o primeiro deve levar em conta, dentre outros fatores, que um fornecedor pode estar tentando aumentar sua participação no mercado e por isso estabelece preços inferiores aos de mercado.

– *Análise funcional*: a determinação do preço *arm's length* deve levar em conta as funções desempenhadas pelas empresas associadas. A análise funcional é importante para estabelecer se uma transação entre partes independentes é efetivamente comparável; tal análise é ainda mais importante quando não se encontram transações comparáveis, sendo necessário que o contribuinte ou as autoridades fiscais desenvolvam outros métodos para encontrar um preço *arm's length*[24].

Entretanto, há que se ressaltar que "nem tudo são flores" na aplicação do *arm's length*, havendo diversas situações em que se torna muito difícil, ou até mesmo impossível, a sua aplicação no caso concreto. É o que também reconhece expressamente a OCDE nas *Guidelines*:

> 1.9 [...]. Nevertheless, there are some significant cases in which the *arm's length* principle is difficult and complicated to apply, for example, in MNE groups dealing in the integrated production of highly specialized goods, in unique intangibles, and/or in the provision of specialized services. [...].
>
> 1.10 The *arm's length* principle is viewed by some as inherently flawed because the separate entity approach may not always

24 SCHOUERI, Luís Eduardo. *Preços de Transferência no Direito Tributário Brasileiro*, 3. ed. rev. e atual. São Paulo: Dialética, 2013, pp. 40-41.

account for the economies of scale and interrelation of diverse activities created by integrated businesses. There are, however, no widely accepted objective criteria for allocating between associated enterprises the economies of scale or benefits of integration resulting from group membership. [...]

1.11 A practical difficulty in applying the *arm's length* principle is that associated enterprises may engage in transactions that independent enterprises would not undertake. Such transactions may not necessarily be motivated by tax avoidance but may occur because in transacting business with each other, members of an MNE group face different commercial circumstances than would independent enterprises. Where independent enterprises seldom undertake transactions of the type entered into by associated enterprises, the *arm's length* principle is difficult to apply because there is little or no direct evidence of what conditions would have been established by independent enterprises. The mere fact that a transaction may not be found between independent parties does not of itself mean that it is not *arm's length*.

[...]

1.13 Both tax administrations and taxpayers often have difficulty in obtaining adequate information to apply the *arm's length* principle. [...]. The information that is accessible may be incomplete and difficult to interpret; other information, if it exists, may be difficult to obtain for reasons of its geographical location or that of the parties from whom it may have to be acquired. In addition, it may not be possible to obtain information from independent enterprises because of confidentiality concerns. In other cases information about an independent enterprise which could be relevant may simply not exist, or there may be no comparable independent enterprises, e.g. if that industry has reached a high level of vertical integration. It is important not to lose sight of the objective to find a reasonable estimate of an *arm's length* outcome based on reliable information. It should also be recalled at this point that transfer pricing is not an exact science but does require the exercise of judgment on the part of both the tax administration and taxpayer[25].

---

[25] OCDE. *OECD Transfer Pricing Guidelines for Multinational Enterprises and Tax Administrations 2017*. Paris: OECD Publishing, 2017, pp. 36-38. Tradução livre: "1.9 [...]. No entanto, existem alguns casos significativos em que o princípio *arm's length* é difícil e complicado de ser aplicado, por exemplo, em grupos de empresas

No mesmo sentido é o entendimento de JEFFREY P. OWENS a respeito da matéria:

> Although the thesis of this article is that the ALP will survive as the principle on which the necessary international consensus is based, this does not mean it is perfect. There are difficulties in applying this principle in a number of situations. One particular problem is the need to find comparable transactions between independent parties. MNEs may carry out transactions in a different way from independent parties (e.g. in terms of the allocation of risks) or may structure transactions to achieve the benefits of economies of scale or synergies within an MNE group. In some industries there are no independent enterprises performing particular activities due to vertical integration. Further, the

---

multinacionais que lidam com a produção integrada de bens altamente especializados, em intangíveis únicos e/ou na prestação de serviços especializados. [...]. 1.10 O princípio *arm's length* é visto por alguns como inerentemente defeituoso porque a abordagem de entidade separada nem sempre pode explicar as economias de escala e a interrelação de diversas atividades criadas por empresas integradas. No entanto, não existem critérios objetivos amplamente aceitos para alocar entre empresas associadas as economias de escala ou os benefícios da integração resultantes da associação ao grupo. [...]. 1.11 Uma dificuldade prática na aplicação do princípio *arm's length* é que as empresas associadas podem se envolver em transações que empresas independentes não realizariam. Tais transações podem não ser necessariamente motivadas por questões fiscais, mas podem ocorrer porque, ao realizar negócios entre si, os membros de um grupo de empresas multinacionais enfrentam diferentes circunstâncias comerciais não enfrentados pelas empresas independentes. Onde empresas independentes raramente realizam transações do tipo realizadas por empresas associadas, é difícil aplicar o princípio *arm's length*, porque há pouca ou nenhuma evidência direta de quais condições teriam sido estabelecidas por empresas independentes. O simples fato de uma transação não ser encontrada entre partes independentes não significa, por si só, que não seja *arm's length*. [...]. 1.13 Tanto as administrações tributárias quanto os contribuintes geralmente têm dificuldade em obter informações adequadas para aplicar o princípio *arm's length*. [...] As informações que são acessíveis podem estar incompletas e difíceis de interpretar; outras informações, se existirem, podem ser difíceis de obter por razões de sua localização geográfica ou das partes de quem podem ser obtidas. Além disso, pode não ser possível obter informações de empresas independentes devido a questões de confidencialidade. Em outros casos, informações sobre uma empresa independente que possam ser relevantes podem simplesmente não existir, ou pode não haver empresas independentes comparáveis, por exemplo, se determinado setor atingiu um alto nível de integração vertical. É importante não perder de vista o objetivo de encontrar estimativas razoáveis de um resultado *arm's length* com base em informações confiáveis. Também deve ser lembrado neste momento que os preços de transferências não são uma ciência exata; exige o exercício de interpretação por parte da administração tributária e do contribuinte".

> reductionist approach of splitting an MNE group into its component parts before evaluating transfer pricing may mean that the benefits of economies of scale or integration between the parties are not appropriately allocated between the members of the MNE group or may escape taxation all together.
>
> The application of the ALP also imposes a burden on business, as it may require the MNE to do things that it would otherwise not do (e.g. in searching for comparable transactions, documenting transactions in detail)[26].

Em que pese as dificuldades e limitações de aplicação em alguns casos concretos, o citado autor sumariza de forma bastante esclarecedora as principais vantagens da adoção do *arm's length* por qualquer jurisdição:

> A question can be raised on how long the current consensus will remain. The author believes that the ALP will remain the international consensus for the foreseeable future. This belief is based on two factors, which are discussed in the remainder of this article. The first factor is the proven flexibility of the ALP, while the second factor is the ability provided by this flexibility to meet new challenges such as global trading and electronic commerce[27].

---

26 OWENS, Jeffrey P. *Should the Arm's Length Principle Retire?*, *in:* International Transfer Pricing Journal, vol. 12, n. 3. Amsterdam: IBFD, 2005, p. 100. Tradução livre: "Embora a tese deste artigo seja de que o ALP sobreviverá como o princípio no qual se baseia o consenso internacional necessário, isso não significa que ele seja perfeito. Existem dificuldades em aplicar esse princípio em várias situações. Um problema específico é a necessidade de encontrar transações comparáveis entre partes independentes. As MNEs podem realizar transações de maneira diferente das partes independentes (por exemplo, em termos de alocação de riscos) ou estruturar transações para alcançar os benefícios de economias de escala ou sinergias dentro de um grupo de empresas multinacionais. Em alguns setores, não há empresas independentes que realizam atividades específicas devido à integração vertical. Além disso, a abordagem reducionista de dividir um grupo de empresas multinacionais em suas partes componentes antes de avaliar o preço de transferência pode significar que os benefícios de economias de escala ou integração entre as partes não sejam alocados adequadamente entre os membros do grupo de empresas multinacionais ou podem escapar da tributação todos juntos. A aplicação do ALP também impõe um ônus aos negócios, pois pode exigir que a MNE faça coisas que de outra forma não faria (por exemplo, na pesquisa de transações comparáveis, documentando as transações em detalhes)".

27 OWENS, Jeffrey P. *Should the Arm's Length Principle Retire?*, *in:* International Transfer Pricing Journal, vol. 12, n. 3. Amsterdam: IBFD, 2005, p. 101. Tradução livre: "Pode-se levantar uma questão sobre quanto tempo o consenso atual perdurará. O autor acredita que o ALP continuará sendo o consenso internacional no futuro

Com base nestes primeiros esclarecimentos, é possível concluir que a aplicação das regras de preços de transferência consiste em comparar um preço praticado no caso concreto com um preço parâmetro que reflita o valor de mercado.

Mas o que deve ser entendido por "valor de mercado"? Como ele é obtido?

Este ponto será adiante abordado também no item 2.3, mas, de antemão, já é possível antecipar que não se trata de conceito unívoco, porquanto, tal valor variará a depender do critério aplicado para sua determinação.

E aqui se sobressai a "relação" da OCDE com o *arm's length*: com vistas a "solucionar" esta dúvida e quantificar o "valor de mercado", essa organização estabeleceu alguns "métodos" ou "critérios" que, se corretamente aplicados, resultarão em preços considerados "de mercado" ou "independentes" para fins de preços de transferência.

Isso significa dizer que a aplicação dos métodos indicados pela OCDE resulta em preços parâmetros de mercado, aptos a serem comparados com os preços praticados pelos contribuintes, ou seja, na prática, significa que a comparação levada a efeito com base nestes métodos está fundamentada nas regras de mercado e, por isso, seria uma comparação *at arm's length*[28].

Essa é a razão pela qual se diz que a aplicação dos métodos da OCDE é a aplicação do *arm's length*.

Assim, de início, é possível afirmar que as jurisdições cujas legislações de preços de transferência não seguem aqueles métodos, não "adotam" ou não "seguem" o *arm's length*. Todavia, como bem aponta LUÍS EDUARDO SCHOUERI, tal afirmação não é absoluta, haja vista a própria OCDE

---

próximo. Essa crença é baseada em dois fatores, discutidos no restante deste artigo. O primeiro fator é a flexibilidade comprovada do ALP, enquanto o segundo fator é a capacidade fornecida por essa flexibilidade para enfrentar novos desafios, como comércio global e comércio eletrônico".

28 "The application of the *arm's length* principle is generally based on a comparison of the price, margin or profits from particular controlled transactions with the price, margin or profits from comparable transactions between independent enterprises". (OCDE. *OECD Transfer Pricing Guidelines for Multinational Enterprises and Tax Administrations 2017*. Paris: OECD Publishing, 2017, pp. 98-99). Tradução livre: "A aplicação do princípio *arm's length* é geralmente baseada em uma comparação do preço, margem ou lucro de transações controladas específicas com o preço, margem ou lucro de transações comparáveis entre empresas independentes".

reconhecer a possibilidade de aplicação de outros métodos[29], e até a aplicação conjunta de métodos[30]:

> [...]. Por ora, vale mencionar apenas que a OCDE, ao sugerir o emprego de seus métodos de apuração de preços de transferência, apresenta-os como formas de aplicação do princípio *arm's length*. Mais do que isso, tal organização não hesita em afirmar que os métodos apresentados não são cogentes, tendo as empresas a liberdade de

29 A OCDE reconhece esta possibilidade no parágrafo 2.9 das *Guidelines*: "2.9. Moreover, MNE groups retain the freedom to apply methods not described in these Guidelines (hereafter "other methods") to establish prices provided those prices satisfy the *arm's length* principle in accordance with these Guidelines. Such other methods should however not be used in substitution for OECD-recognised methods where the latter are more appropriate to the facts and circumstances of the case. In cases where other methods are used, their selection should be supported by an explanation of why OECD-recognised methods were regarded as less appropriate or nonworkable in the circumstances of the case and of the reason why the selected other method was regarded as providing a better solution. A taxpayer should maintain and be prepared to provide documentation regarding how its transfer prices were established". (OCDE. *OECD Transfer Pricing Guidelines for Multinational Enterprises and Tax Administrations 2017*. Paris: OECD Publishing, 2017, p. 99). Tradução livre: "Além disso, os grupos de MNE mantêm a liberdade de aplicar métodos não descritos nestas Diretrizes (adiante "outros métodos") para estabelecer preços, desde que esses preços satisfaçam o princípio *arm's length* de acordo com essas Diretrizes. Contudo, esses outros métodos não devem ser utilizados em substituição aos métodos reconhecidos pela OCDE, quando estes forem mais apropriados aos fatos e circunstâncias do caso. Nos casos em que outros métodos são utilizados, sua seleção deve ser fundamentada por uma explicação de porque os métodos reconhecidos pela OCDE foram considerados menos adequados ou impraticáveis nas circunstâncias do caso e do motivo pelo qual o outro método selecionado foi considerado como fornecendo uma melhor solução. Um contribuinte deve manter e estar preparado para fornecer documentação sobre como seus preços de transferência foram estabelecidos".

30 "However, for difficult cases, where no one approach is conclusive, a flexible approach would allow the evidence of various methods to be used in conjunction. In such cases, an attempt should be made to reach a conclusion consistent with the *arm's length* principle that is satisfactory from a practical viewpoint to all the parties involved, taking into account the facts and circumstances of the case, the mix of evidence available, and the relative reliability of the various methods under consideration. See paragraphs 3.58-3.59 for a discussion of cases where a range of figures results from the use of more than one method". (OCDE. *OECD Transfer Pricing Guidelines for Multinational Enterprises and Tax Administrations 2017*. Paris: OECD Publishing, 2017, p. 100). Tradução livre: "No entanto, para casos difíceis, onde nenhuma abordagem é conclusiva, uma abordagem flexível permitiria que as evidências de vários métodos fossem utilizadas em conjunto. Nesses casos, deve-se tentar chegar a uma conclusão consistente com o princípio *arm's length* que seja satisfatória do ponto de vista prático para todas as partes envolvidas, levando em consideração os fatos e circunstâncias do caso, o mix de evidências disponíveis e a confiabilidade dos vários métodos em consideração".

> adotar outros métodos, desde que os preços assim obtidos satisfaçam o princípio *arm's length*. Extrai-se, daí, uma linha comum aos métodos propostos pela OCDE, enquanto formas de concretização do princípio *arm's length*: dir-se-á que um sistema normativo está de acordo com o princípio *arm's length* na medida em que do conjunto de normas em análise extraiam-se métodos coincidentes com aqueles propostos pela OCDE e ratificado pelos especialistas da ONU. Ocorrendo, outrossim, qualquer discrepância entre os métodos que decorrerem do sistema normativo analisado e aqueles propostos pela OCDE, então cabe verificar se se está diante de um novo método, que a própria doutrina internacional reconhece possível, que, ainda assim, segue o princípio *arm's length*. Não sendo esse o caso, então se concluirá pelo afastamento do princípio *arm's length*, o que exigirá esforço adicional na busca de sua justificação. Conclui-se, também por esta via, ser de todo aplicável à análise da disciplina do *transfer pricing* no direito brasileiro sua comparação com os métodos propostos pela OCDE, como forma de constatação da aplicação do princípio *arm's length*[31].

Aqui vale uma consideração importante: diante desta possibilidade de aplicação de outros métodos, entendemos que o *arm's length* não pode ser confundido com os métodos de cálculo previstos para a sua determinação, isto é, "*arm's length*" significa apenas comparar o preço praticado com o preço parâmetro calculado e não aplicar este ou aquele método específico.

Destarte, em nossa opinião, basta a jurisdição estabelecer, em sua legislação, regras que obriguem os contribuintes a compararem seus preços praticados com os preços de mercado, para se afirmar que tal jurisdição adota o *arm's length*, ou melhor, que houve a "internação" do instituto na legislação interna do país.

Por consequência, se, por exemplo, for comprovado que um ou mais dos métodos previstos na legislação de uma determinada jurisdição não gera(m) um preço parâmetro "de mercado" ou plausível, isso não significa que o *arm's length* não foi adotado; ao contrário, significa que tais métodos violam o *arm's length*, o que poderia ensejar sua exclusão do sistema (obviamente, apenas se a intenção da jurisdição for seguir o *arm's length*).

Ressaltamos que este ponto será mais bem explorado no Capítulo 4, item 4.1, em que tentaremos demonstrar a íntima relação existente entre o *arm's length*, a igualdade e a capacidade contributiva.

---

31 SCHOUERI, Luís Eduardo. *Preços de Transferência no Direito Tributário Brasileiro*, 3. ed. rev. e atual. São Paulo: Dialética, 2013, pp. 25-26.

Apesar de não ser o objetivo do presente trabalho aprofundar a análise específica de cada um dos métodos da OCDE, vale menção aos principais aspectos atinentes a eles. É o que passaremos a fazer.

Basicamente, os métodos previstos nas *Guidelines* da OCDE podem ser divididos em duas categorias[32]:

(a) *Traditional Transaction Methods* (Métodos Transacionais Tradicionais): categoria composta pelos métodos *Comparable Uncontrolled Price* (CUP), *Resale Price Method* e *Cost Plus Method*; e

(b) *Transactional Profit Methods*[33] (Métodos de Lucros Transacionais): categoria composta pelos métodos *Transactional Net Margin Method* (TNMM) e *Transactional Profit Split Method* (PSM)[34];

---

32 "As diretrizes da OCDE buscam obter o "preço justo" mediante a análise detalhada das transações com partes relacionadas vis-à-vis transações semelhantes entre terceiros, permitindo uma lista quase "infinita" de ajustes para que as transações possam ser equiparadas e comparadas em diversos aspectos, que não se limitam ao preço do bem, serviço ou direito, mas à margem de lucro e outras métricas relevantes. Nesse contexto, a partir da definição do princípio *arm's length*, as regras da OCDE estabelecem dois principais grupos para os métodos de preços de transferência: (i) os traditional transaction methods75, concentrados na análise das operações realizadas entre as partes relacionadas; e (ii) os transactional profit methods76, focados na avaliação dos lucros decorrentes das operações entre as partes relacionadas e de uma análise mais ampla que pode envolver toda a cadeia produtiva em determinados cenários." (MACHADO, Clarissa Gianete; CAMARGO, Luiz Felipe. *Conversão das regras de preços de transferência para o modelo OCDE – Impactos e plano de transição, in: Temas atuais em tributação internacional – Brasil 2020*. São Paulo: Trench, Rossi e Watanabe Advogados, 2020. PDF, p. 138).

33 Seguindo o disposto no item 2.63 das *Guidelines* e, na linha de RICARDO MAROZZI GREGORIO (*Arm's length e Praticabilidade nos Preços de Transferência*, 2010, 360 p., Tese (Doutorado em Direito) – Faculdade de Direito, Universidade de São Paulo, São Paulo, 2010, p. 54), no presente trabalho, vamos analisar apenas o TNMM e o *Profit Split*, haja vista o *Comparable Profits Method* (CPM), que existia originalmente nas *Guidelines*, ter sofrido algumas alterações, de forma que a OCDE passou a tratá-lo como TNMM. A esse respeito, é importante destacar ainda a seguinte observação constante das *Guidelines*: "[...]. The only profit methods that satisfy the *arm's length* principle are those that are consistent with Article 9 of the OECD Model Tax Convention and follow the requirement for a comparability analysis as described in these Guidelines. In particular, so-called 'comparable profits methods' or 'modified cost plus/resale price methods' are acceptable only to the extent that they are consistent with these Guidelines". (OCDE. *OECD Transfer Pricing Guidelines for Multinational Enterprises and Tax Administrations 2017*. Paris: OECD Publishing, 2017, p. 117). Tradução livre: "[...]. Os únicos métodos baseados em lucro que atendem ao princípio *arm's length* são aqueles consistentes com o Artigo 9 da Convenção Modelo da OCDE e que cumprem os requisitos de comparabilidade conforme descrito nestas Diretrizes. Em particular, os chamados 'métodos de lucros comparáveis' ou 'métodos cost plus/resale price' são aceitáveis apenas na medida em que sejam consistentes com estas Diretrizes".

Primeiramente, há que se ressaltar que as *Guidelines* da OCDE expressamente estabelecem que, a depender da situação, um método será preferível a outro[35]. Ou seja, em havendo possibilidade concreta e equânime de aplicação de mais de um método, há que se respeitar uma ordem de preferência, a qual está baseada nas seguintes regras: *"[...], where, [...], a traditional transaction method and a transactional profit method can be applied in an equally reliable manner, the traditional transaction method is preferable to the transactional profit method. Moreover, where, [...], the comparable uncontrolled price method (CUP) and another transfer pricing method can be applied in an equally reliable manner, the CUP method is to be preferred"*[36].

Isso não significa, contudo, que em cada transação analisada o contribuinte deverá demonstrar de maneira profunda e detalhada o porquê um método é aplicável e o porquê os demais métodos não o são[37].

Pois bem, partindo para a análise específica dos métodos sugeridos pela OCDE, dentre os *Traditional Transaction Methods*, temos o denominado

---

34 "In the case of a transactional profit split method, it is based on an approximation of the division of profits that independent enterprises would have expected to realise from engaging in the transaction(s)". (OCDE. *OECD Transfer Pricing Guidelines for Multinational Enterprises and Tax Administrations 2017.* Paris: OECD Publishing, 2017, p. 99). Tradução livre: "No caso de um método de divisão de lucros, ele é baseado em uma aproximação da divisão de lucros que empresas independentes esperariam obter ao se envolver na(s) transação(ões)".

35 Diferentemente do Brasil, onde não há qualquer ordem de preferência.

36 OCDE. *OECD Transfer Pricing Guidelines for Multinational Enterprises and Tax Administrations 2017.* Paris: OECD Publishing, 2017, p. 98). Tradução livre: "[...], Onde, [...], um método tradicional e um método de lucro podem ser aplicados de maneira igualmente confiável, o método tradicional é preferível ao método de lucro. Além disso, onde [...] o método de preço não controlado comparável (CUP) e outro método de preço de transferência podem ser aplicados de maneira igualmente confiável, o método CUP é o preferido".

37 "The guidance at paragraph 2.2 that the selection of a transfer pricing method always aims at finding the most appropriate method for each particular case does not mean that all the transfer pricing methods should be analysed in depth or tested in each case in arriving at the selection of the most appropriate method. As a matter of good practice, the selection of the most appropriate method and comparables should be evidenced and can be part of a typical search process as proposed at paragraph 3.4". OCDE. *OECD Transfer Pricing Guidelines for Multinational Enterprises and Tax Administrations 2017.* Paris: OECD Publishing, 2017, p. 99). Tradução livre: "A orientação no parágrafo 2.2 de que a seleção de um método de preço de transferência sempre visa encontrar o método mais apropriado para cada caso específico não significa que todos os métodos de preço de transferência devam ser analisados em profundidade ou testados em cada caso para se chegar à escolha do método mais apropriado. Por uma questão de boas práticas, a seleção do método e das comparáveis mais apropriados deve ser evidenciada e pode fazer parte de um processo de pesquisa típico, conforme proposto no parágrafo 3.4".

Comparable Uncontrolled Price method (CUP), por meio do qual, o preço praticado pelo contribuinte em uma transação controlada é comparado com o preço praticado com/entre partes independentes em circunstâncias comparáveis, veja-se:

> The CUP method compares the price charged for property or services transferred in a controlled transaction to the price charged for property or services transferred in a comparable uncontrolled transaction in comparable circumstances. If there is any difference between the two prices, this may indicate that the conditions of the commercial and financial relations of the associated enterprises are not *arm's length*, and that the price in the uncontrolled transaction may need to be substituted for the price in the controlled transaction.[38]

No item 2.15 das *Guidelines*, a OCDE reconhece que, nos casos em que for possível identificar transações não controladas comparáveis, o método CUP é a forma mais direta e confiável de se aplicar o *arm's length*, sendo, por isso, preferível em relação a todos os outros métodos. Ressalte-se que a aplicação do CUP em um caso concreto só é possível se uma das duas condições a seguir for atendida: *"a) nenhuma das diferenças (se houver) entre as transações que estão sendo comparadas ou entre as empresas que as realizam pode afetar materialmente o preço no mercado aberto; ou b) ajustes razoavelmente precisos possam ser feitos para eliminar os efeitos materiais dessas diferenças"*[39].

---

38 OCDE. *OECD Transfer Pricing Guidelines for Multinational Enterprises and Tax Administrations 2017*. Paris: OECD Publishing, 2017, p. 101). Tradução livre: "O método CUP compara o preço cobrado por bens ou serviços transferidos em uma transação controlada com o preço cobrado por bens ou serviços transferidos em uma transação não controlada comparável em circunstâncias comparáveis. Se houver alguma diferença entre os dois preços, isso pode indicar que as condições das relações comerciais e financeiras das empresas associadas não são *arm's length*, e que o preço na transação controlada pode precisar ser substituído pelo preço da transação não controlada".

39 "2.15. Following the principles in Chapter I, an uncontrolled transaction is comparable to a controlled transaction (i.e. it is a comparable uncontrolled transaction) for purposes of the CUP method if one of two conditions is met: a) none of the differences (if any) between the transactions being compared or between the enterprises undertaking those transactions could materially affect the price in the open market; or, b) reasonably accurate adjustments can be made to eliminate the material effects of such differences. Where it is possible to locate comparable uncontrolled transactions, the CUP method is the most direct and reliable way to apply the *arm's length* principle. Consequently, in such cases the CUP method is preferable over all other methods". (OCDE. *OECD Transfer Pricing Guidelines for Multinational Enterprises and Tax Administrations 2017*. Paris: OECD Publishing, 2017, p. 101).

O segundo método integrante da categoria dos *Traditional Transaction Methods* é o denominado *Resale Price method*, no qual, basicamente, analisa-se o preço de revenda para um terceiro independente de um produto adquirido de uma empresa vinculada, ajustando-o mediante a subtração de uma margem sobre o preço, referente aos custos e ao lucro[40]. Feitos os ajustes devidos no preço de revenda, este preço passa a ser considerado um preço parâmetro apto a ser comparado com o preço praticado na aquisição do produto da empresa vinculada.

> The resale price method begins with the price at which a product that has been purchased from an associated enterprise is resold to an independent enterprise. This price (the resale price) is then reduced by an appropriate gross margin on this price (the "resale price margin") representing the amount out of which the reseller would seek to cover its selling and other operating expenses and, in the light of the functions performed (taking into account assets used and risks assumed), make an appropriate profit. What is left after subtracting the gross margin can be regarded, after adjustment for other costs associated with the purchase of the product (e.g. customs duties), as an *arm's length* price for the original transfer of property between the associated enterprises. [...][41].

---

40 "O 'RPM' trata do preço de revenda menos lucros. Ele é mais utilizado nos casos de revenda de bens e serviços do que nas hipóteses de aquisição de matérias-primas para industrialização. Alguns entendem que o RPM se aproxima do PRL brasileiro, mas é importante ressaltar que no caso do RPM, o grande desafio do contribuinte é obter a margem de lucro adequada para o seu caso, a qual é obtida por meio de uma análise de transações semelhantes realizadas entre terceiros. Já no caso do PRL da legislação brasileira, a margem de lucro é predeterminada.
No caso do RPM, para a realização dessa comparação de forma razoável e defensável perante as autoridades fiscais, é necessário um estudo detalhado sobre as funções desenvolvidas, os riscos assumidos e os ativos utilizados em cada caso (transações sujeitas às regras de preços de transferência e aquelas entre terceiros). Se diferentes, ajustes devem ser feitos para se permitir a comparação." (MACHADO, Clarissa Gianete; CAMARGO, Luiz Felipe. *Conversão das regras de preços de transferência para o modelo OCDE – Impactos e plano de transição, in: Temas atuais em tributação internacional – Brasil 2020*. São Paulo: Trench, Rossi e Watanabe Advogados, 2020. PDF, p. 139).

41 OCDE. *OECD Transfer Pricing Guidelines for Multinational Enterprises and Tax Administrations 2017*. Paris: OECD Publishing, 2017, pp. 105-106). Tradução livre: "O método do preço de revenda inicia-se com o preço pelo qual um produto que foi comprado de uma empresa associada é revendido para uma empresa independente. Esse preço (o preço de revenda) é então reduzido por uma margem bruta apropriada sobre esse preço (a "margem de preço de revenda"), representando a quantia pela qual o revendedor procuraria cobrir suas despesas de vendas e outras

É importante destacar que, ao tratar deste método, as *Guidelines* fazem referência à possibilidade de utilização de *comparáveis internas* e de *comparáveis externas*, ao indicar que o preço de revenda a ser tomado como base para o cálculo pode ser tanto de uma revenda feita pelo próprio contribuinte para um terceiro independente, como o preço de revenda praticado exclusivamente entre terceiros independentes em transações comparáveis.

> The resale price margin of the reseller in the controlled transaction may be determined by reference to the resale price margin that the same reseller earns on items purchased and sold in comparable uncontrolled transactions ("internal comparable"). Also, the resale price margin earned by an independent enterprise in comparable uncontrolled transactions may serve as a guide ('external comparable')[42].

Semelhantemente ao método CUP, também a aplicação do *Resale Price* em um caso específico somente é possível se uma das duas condições a seguir for observada: *"a) nenhuma das diferenças (se houver) entre as transações comparadas ou entre as empresas que realizam essas transações poderia afetar significativamente a margem de preço de revenda no mercado aberto; ou b) ajustes razoavelmente precisos possam ser feitos para eliminar os efeitos materiais dessas diferenças"*[43].

---

despesas operacionais e, à luz das funções desempenhadas (levando em consideração os ativos utilizados e os riscos assumidos), obter um lucro apropriado. O que resta depois de subtrair a margem bruta pode ser considerado, após outros ajustes de custos associados à compra do produto (por exemplo, custos de desembaraço aduaneiro), como um preço *arm's length* para a transferência original de propriedade entre as empresas associadas. [...]".

42 OCDE. *OECD Transfer Pricing Guidelines for Multinational Enterprises and Tax Administrations 2017*. Paris: OECD Publishing, 2017, p. 106). Tradução livre: "A margem do preço de revenda do revendedor na transação controlada pode ser determinada a partir da margem de preço de revenda que este mesmo revendedor obtém com itens comprados e vendidos em transações não controladas comparáveis ('comparável interna'). Além disso, a margem de preço de revenda obtida por uma empresa independente em transações não controladas comparáveis também pode servir como parâmetro ('comparável externa')".

43 "2.29 Following the principles in Chapter I, an uncontrolled transaction is comparable to a controlled transaction (i.e. it is a comparable uncontrolled transaction) for purposes of the resale price method if one of two conditions is met: a) none of the differences (if any) between the transactions being compared or between the enterprises undertaking those transactions could materially affect the resale price margin in the open market; or, b) reasonably accurate adjustments can be made to eliminate the material effects of such differences". (OCDE. *OECD Transfer Pricing Guidelines for Multinational Enterprises and Tax Administrations 2017*. Paris: OECD Publishing, 2017, p. 106).

Cinco pontos importantes são destacados nas *Guidelines* a respeito do método *Resale Price*, valendo, portanto, uma breve menção a eles. O primeiro, refere-se à situação em que, para a aplicação do método, é utilizada margem de preço de revenda praticada por uma empresa independente numa transação comparável; neste caso, a confiabilidade do método pode ser afetada se houver diferenças importantes nas formas como as empresas envolvidas (vinculadas e não vinculadas) conduzem seus negócios[44]. O segundo, relaciona-se com o fato de que a aplicação satisfatória deste método depende da comparabilidade das funções desempenhadas pelas empresas analisadas[45]. O terceiro,

---

44 "2.33 When the resale price margin used is that of an independent enterprise in a comparable transaction, the reliability of the resale price method may be affected if there are material differences in the ways the associated enterprises and independent enterprises carry out their businesses. Such differences could include those that affect the level of costs taken into account (e.g. the differences could include the effect of management efficiency on levels and ranges of inventory maintenance), which may well have an impact on the profitability of an enterprise but which may not necessarily affect the price at which it buys or sells its goods or services in the open market. These types of characteristics should be analysed in determining whether an uncontrolled transaction is comparable for purposes of applying the resale price method". (OCDE. *OECD Transfer Pricing Guidelines for Multinational Enterprises and Tax Administrations 2017*. Paris: OECD Publishing, 2017, p. 107). Tradução livre: "2.33. Quando a margem de preço de revenda usada é a de uma empresa independente em uma transação comparável, a confiabilidade do método do preço de revenda pode ser afetada se houver diferenças significativas na maneira como as empresas associadas e as empresas independentes conduzem seus negócios. Essas diferenças podem incluir aquelas que afetam o nível de custos levados em consideração (por exemplo, as diferenças podem incluir o efeito da eficiência do gerenciamento nos níveis e faixas de manutenção de estoque), que podem muito bem ter um impacto na lucratividade de uma empresa, mas que podem não afetar necessariamente o preço pelo qual a empresa compra ou vende seus produtos ou serviços no mercado aberto. Esses tipos de características devem ser analisados para determinar se uma transação não controlada é comparável para fins de aplicação do método do preço de revenda".

45 "2.34 The resale price method also depends on comparability of functions performed (taking into account assets used and risks assumed). It may become less reliable when there are differences between the controlled and uncontrolled transactions and the parties to the transactions, and those differences have a material effect on the attribute being used to measure *arm's length* conditions, in this case the resale price margin realised. Where there are material differences that affect the gross margins earned in the controlled and uncontrolled transactions (e.g. in the nature of the functions performed by the parties to the transactions), adjustments should be made to account for such differences. The extent and reliability of those adjustments will affect the relative reliability of the analysis under the resale price method in any particular case". (OCDE. *OECD Transfer Pricing Guidelines for Multinational Enterprises and Tax Administrations 2017*. Paris: OECD Publishing, 2017, pp. 107-108). Tradução livre: "2.34 O método do preço de revenda também depende da comparabilidade das funções desempenhadas (levando em

trata-se do reconhecimento de que a facilidade em se determinar uma margem de preço de revenda apropriada varia conforme o valor agregado ao produto pelo revendedor, isto é, será mais difícil aplicar o *Resale Price* se, antes da revenda, os produtos forem processados ou incorporados em um outro produto cuja composição é mais complexa[46]. O quarto, refere-se à observação de que a precisão na aplicação do método varia diretamente em função do maior ou menor tempo que decorre entre a aquisição da mercadoria e a sua revenda pelo revendedor[47]. O quinto, por fim, relaciona-se à hipótese em que há diferenças nas práticas contábeis adotadas no registro da transação controlada e da transação independente, situação na qual faz-se necessário a realização de ajustes para viabilizar a comparabilidade dos dados[48].

---

consideração os ativos utilizados e os riscos assumidos). Pode se tornar menos confiável quando houver diferenças entre as transações controladas e não controladas e as partes das transações, e essas diferenças tiverem um efeito material sobre o atributo que está sendo usado para medir as condições de mercado, neste caso a margem de preço de revenda realizada. Onde houver diferenças materiais que afetam as margens brutas obtidas nas transações controladas e não controladas (por exemplo, na natureza das funções desempenhadas pelas partes nas transações), ajustes devem ser feitos para contabilizar essas diferenças. A extensão e a confiabilidade desses ajustes afetarão a confiabilidade relativa da análise sob o método do preço de revenda em qualquer caso específico".

46 Conforme item 2.35 das *Guidelines* (OCDE. *OECD Transfer Pricing Guidelines for Multinational Enterprises and Tax Administrations 2017*. Paris: OECD Publishing, 2017, p. 108).

47 "2.36. A resale price margin is more accurate where it is realised within a short time of the reseller's purchase of the goods. The more time that elapses between the original purchase and resale the more likely it is that other factors – changes in the market, in rates of exchange, in costs, etc. – will need to be taken into account in any comparison". (OCDE. *OECD Transfer Pricing Guidelines for Multinational Enterprises and Tax Administrations 2017*. Paris: OECD Publishing, 2017, p. 108). Tradução livre: "2.36. Uma margem de preço de revenda é mais precisa quando é definida dentro de um curto período de tempo após a compra das mercadorias pelo revendedor. Quanto mais tempo se passa entre a compra original e a revenda, maior a probabilidade de que outros fatores – mudanças no mercado, taxas de câmbio, custos, etc. – precisem ser levados em consideração na comparação".

48 "2.41. Where the accounting practices differ from the controlled transaction to the uncontrolled transaction, appropriate adjustments should be made to the data used in calculating the resale price margin in order to ensure that the same types of costs are used in each case to arrive at the gross margin. For example, costs of R&D may be reflected in operating expenses or in costs of sales. The respective gross margins would not be comparable without appropriate adjustments". (OCDE. *OECD Transfer Pricing Guidelines for Multinational Enterprises and Tax Administrations 2017*. Paris: OECD Publishing, 2017, p. 110). Tradução livre: "2.41. Quando as práticas contábeis diferem da transação controlada para a transação não controlada, ajustes apropriados devem ser feitos nos dados usados no cálculo da

O terceiro e último método integrante da categoria dos *Traditional Transaction Methods* é o denominado *Cost Plus method* (custo mais lucro), o qual encontra-se previsto nos itens 2.45 a 2.58 das *Guidelines*.

Neste método, aplica-se um determinado percentual a título de margem de lucro sobre os custos incorridos pelo fornecedor estrangeiro dos bens e serviços em uma transação controlada. O valor resultante deste procedimento será o preço *arm's length* para fins de aplicação das regras de preços de transferência[49].

Da mesma forma como acontece no método *Resale Price*, as *Guidelines* fazem menção à possibilidade de utilização de *comparáveis internas* e de *comparáveis externas*, ao indicar que a margem de lucro a ser tomada como base para o cálculo, pode ser tanto de uma transação feita pelo próprio contribuinte para um terceiro independente, como a margem de lucro praticada exclusivamente entre terceiros independentes em transações comparáveis[50].

Seguindo a linha dos métodos CUP e *Resale Price*, também a aplicação do *Cost plus* em um caso específico apenas é possível se uma das duas condições a seguir for observada: "*a) nenhuma das diferenças (se houver) entre as transações comparadas ou entre as empresas que realizam essas transações afetam materialmente a margem de lucro no mercado aberto; ou b) ajustes razoavelmente precisos possam ser feitos para eliminar os efeitos materiais dessas diferenças*"[51].

---

margem de preço de revenda, a fim de garantir que os mesmos tipos de custos sejam usados em cada caso para chegar à margem bruta. Por exemplo, os custos de P&D podem ser refletidos nas despesas operacionais ou nos custos de vendas. As margens brutas respectivas não seriam comparáveis sem ajustes adequados".

49 "2.45. The cost plus method begins with the costs incurred by the supplier of property (or services) in a controlled transaction for property transferred or services provided to an associated purchaser. An appropriate cost plus mark-up is then added to this cost, to make an appropriate profit in light of the functions performed and the market conditions. What is arrived at after adding the cost plus mark up to the above costs may be regarded as an *arm's length* price of the original controlled transaction". (OCDE. *OECD Transfer Pricing Guidelines for Multinational Enterprises and Tax Administrations 2017*. Paris: OECD Publishing, 2017, p. 111). Tradução livre: "2.45. O método *cost plus* começa com os custos incorridos pelo fornecedor de bens (ou serviços) em uma transação controlada por bens transferidos ou serviços prestados a um comprador associado. Uma margem de lucro apropriada é em seguida acrescida a esse custo, para se obter um lucro adequado às funções desempenhadas e às condições do mercado. O que é obtido após a adição da margem sobre os custos acima pode ser considerado o preço *arm's length* da transação controlada original".

50 Conforme item 2.46 das *Guidelines*. (OCDE. *OECD Transfer Pricing Guidelines for Multinational Enterprises and Tax Administrations 2017*. Paris: OECD Publishing, 2017, p. 111).

51 "a) none of the differences (if any) between the transactions being compared or between the enterprises undertaking those transactions materially affect the cost plus mark up in the open market; or, b) reasonably accurate adjustments can be

Nas *Guidelines*, a própria OCDE reconhece que há algumas dificuldades na aplicação do método *Cost Plus*, especialmente no que se refere à determinação dos custos a serem considerados para o cálculo, veja-se:

> 2.49. The cost plus method presents some difficulties in proper application, particularly in the determination of costs. Although it is true that an enterprise must cover its costs over a period of time to remain in business, those costs may not be the determinant of the appropriate profit in a specific case for any one year. While in many cases companies are driven by competition to scale down prices by reference to the cost of creating the relevant goods or providing the relevant service, there are other circumstances where there is no discernible link between the level of costs incurred and a market price (e.g. where a valuable discovery has been made and the owner has incurred only small research costs in making it)[52].

No mesmo sentido do *Resale Price*, a comparabilidade própria do *Cost Plus* depende da consistência entre as práticas contábeis de registro da transação controlada e da transação independente, pois, em havendo diferenças em tais práticas, torna-se necessário a realização de ajustes para viabilizar a comparabilidade dos dados, especialmente para garantir que os mesmos tipos de custos estejam sendo utilizados na aplicação do método[53].

---

made to eliminate the material effects of such differences". (OCDE. *OECD Transfer Pricing Guidelines for Multinational Enterprises and Tax Administrations 2017*. Paris: OECD Publishing, 2017, p. 111).

52 Tradução livre: "2.49. O método *cost plus* apresenta algumas dificuldades para sua aplicação adequada, principalmente na determinação dos custos. Embora seja verdade que uma empresa deve cobrir seus custos por um período para poder permanecer competitiva no mercado, esses custos podem não ser determinantes do lucro apropriado em um caso específico para um ano. Embora em muitos casos as empresas sejam motivadas pela concorrência a reduzir os preços via redução dos custos de criação dos bens relevantes ou fornecimento de serviços, há outras circunstâncias em que não há um vínculo identificável entre o nível de custos incorridos e o preço de mercado (por exemplo, se uma descoberta valiosa foi feita e o proprietário incorreu apenas em pequenos custos de pesquisa)". (OCDE. *OECD Transfer Pricing Guidelines for Multinational Enterprises and Tax Administrations 2017*. Paris: OECD Publishing, 2017, p. 112).

53 "2.52. Another important aspect of comparability is accounting consistency. Where the accounting practices differ in the controlled transaction and the uncontrolled transaction, appropriate adjustments should be made to the data used to ensure that the same type of costs are used in each case to ensure consistency. The gross profit mark ups must be measured consistently between the associated enterprise and the independent enterprise. In addition, there may be differences across enterprises in

Passando para o estudo dos *Transactional Profit Methods*, logo de início, as *Guidelines* estabelecem que nos "métodos de lucros transacionais", basicamente, são examinados os lucros oriundos de uma determinada transação realizada entre empresas vinculadas, porquanto tais lucros podem ser, em alguns casos, importantes indicadores para se saber se a transação foi ou não realizada com base nas regras de mercado[54] e, consequentemente, de acordo com o *arm's length*. É ressaltado, também, o fato de que quaisquer métodos de lucros transacionais só serão considerados *arm's length* se estiverem de acordo com o Artigo 9º da Convenção Modelo da OCDE e com os requisitos de comparabilidade das *Guidelines*[55].

---

the treatment of costs that affect gross profit mark ups that would need to be accounted for in order to achieve reliable comparability. In some cases it may be necessary to take into account certain operating expenses in order to achieve consistency and comparability; in these circumstances the cost plus method starts to approach a net rather than gross profit analysis". (OCDE. *OECD Transfer Pricing Guidelines for Multinational Enterprises and Tax Administrations 2017.* Paris: OECD Publishing, 2017, pp. 113-114). Tradução livre: "Outro aspecto importante da comparabilidade é a consistência contábil. Caso as práticas contábeis difiram na transação controlada e na transação não controlada, ajustes apropriados devem ser feitos nos dados utilizados para garantir que o mesmo tipo de custo seja usado em cada caso para garantir consistência. As margens de lucro bruto devem ser medidas consistentemente entre a empresa associada e a empresa independente. Além disso, pode haver diferenças entre as empresas no tratamento de custos que afetam as margens de lucro bruto que precisariam ser contabilizadas para obter comparabilidade confiável. Em alguns casos, pode ser necessário levar em consideração certas despesas operacionais para obter consistência e comparabilidade; nessas circunstâncias, o método *cost plus* começa a se aproximar de uma análise de lucro líquido, e não bruto".

54 "2.63. A transactional profit method examines the profits that arise from particular controlled transactions. The transactional profit methods for purposes of these Guidelines are the transactional profit split method and the transactional net margin method. Profit arising from a controlled transaction can be a relevant indicator of whether the transaction was affected by conditions that differ from those that would have been made by independent enterprises in otherwise comparable circumstances". (OCDE. *OECD Transfer Pricing Guidelines for Multinational Enterprises and Tax Administrations 2017.* Paris: OECD Publishing, 2017, p. 117). Tradução livre: "2.63. Um método de lucro transacional examina os lucros que surgem de transações controladas específicas. Os métodos de lucro transacional para os fins destas Diretrizes são o *transactional profit split method* e o transactional *net margin method*. O lucro resultante de uma transação controlada pode ser um indicador relevante de se a transação foi afetada por condições que diferem daquelas que seriam realizadas por empresas independentes em circunstâncias comparáveis".

55 Vide item 2.62, das *Guidelines* (OCDE. *OECD Transfer Pricing Guidelines for Multinational Enterprises and Tax Administrations 2017.* Paris: OECD Publishing, 2017, p. 117).

> O relato histórico dos primeiros anos de uso dos métodos tradicionais nos Estados Unidos revelou ser bastante difícil a consistência do controle dos preços de transferência apenas com aqueles métodos. Por isso, a regulamentação americana de 1994 marcou a introdução de dois novos métodos para o tratamento da matéria: o *comparable profits method* (CPM) e o *profit split*. A OCDE admitiu estes métodos em seus *Guidelines* de 1995 na condição de serem utilizados como último recurso (*last resort*). Classificou-os genericamente na categoria de métodos transacionais baseados em lucros (*transactional profit methods*). Além disso, fez algumas alterações no CPM a ponto de resolver tratá-lo como *transactional net margin method* (TNMM)[56].

Iniciando-se pelo *Transactional Net Margin Method* (TNMM), basicamente, este método determina a comparação entre a margem líquida de lucro obtida em uma transação controlada e a margem líquida de lucro de uma transação independente, o que significa dizer que o indicador de lucro líquido[57] do contribuinte em uma transação controlada deve ser estabelecido com base no indicador de lucro líquido que o mesmo contribuinte obtém em uma transação com pessoa não vinculada (*comparável interna*), ou com base na margem líquida de lucro obtida entre terceiros independentes em transações comparáveis (*comparável externa*)[58].

As *Guidelines* também elencam as principais vantagens e desvantagens do TNMM.

A primeira vantagem está no fato de que os indicadores de lucro líquido são menos afetados pelas diferenças na transação do que o preço nos métodos tradicionais. Outra vantagem do TNMM decorre de que, em sendo um método unilateral, torna-se necessário avaliar o indicador financeiro de apenas uma das empresas vinculadas, de modo que, em regra, não é necessário obter informações de todos os participantes da atividade negocial[59].

A principal desvantagem do TNMM indicada nas *Guidelines* refere-se à eventual falta de informações específicas suficientes sobre os lucros

---

[56] GREGORIO, Ricardo Marozzi. *Arm's length e Praticabilidade nos Preços de Transferência*, 2010, 360 p., Tese (Doutorado em Direito) – Faculdade de Direito, Universidade de São Paulo, São Paulo, 2010, p. 54.

[57] Por exemplo: retorno sobre ativos, receita operacional de vendas etc.

[58] Vide item 2.64, das *Guidelines* (OCDE. *OECD Transfer Pricing Guidelines for Multinational Enterprises and Tax Administrations 2017*. Paris: OECD Publishing, 2017, pp. 117-118).

[59] Conforme itens 2.68 e 2.69 das *Guidelines* (OCDE. *OECD Transfer Pricing Guidelines for Multinational Enterprises and Tax Administrations 2017*. Paris: OECD Publishing, 2017, pp. 118-119).

atribuíveis a transações não controladas comparáveis para fazer uma aplicação válida do método. Outra desvantagem apontada decorre da dificuldade, em alguns casos, de se verificar as receitas e as despesas operacionais relativas às transações controladas para se estabelecer com segurança um indicador de lucro líquido a ser utilizado como "medida" do lucro nas transações avaliadas. Além disso, em razão da natureza unilateral da análise, bem como da existência de muitos fatores não relacionados aos preços de transferência que podem afetar o lucro líquido e, consequentemente, a margem líquida de lucro, a confiabilidade geral do TNMM pode ser prejudicada se não houver a aplicação de um padrão eficiente de comparabilidade[60].

Por fim, as *Guidelines* indicam o *Transactional Profit Split Method* como o segundo método integrante da categoria *Transactional Profit Methods*[61].

Por meio do *Profit Split*, identifica-se o lucro gerado em uma determinada transação controlada, eliminam-se os efeitos específicos oriundos do vínculo existente entre as empresas associadas e divide-se tal lucro com base nas condições que empresas independentes adotariam se tivessem realizado tal transação.

> 2.114. The transactional profit split method seeks to eliminate the effect on profits of special conditions made or imposed in a controlled transaction (or in controlled transactions that are appropriate to aggregate under the principles of paragraphs 3.9-3.12) by determining the division of profits that independent enterprises would have expected to realise from engaging in the transaction or transactions. The transactional profit split method

---

60 Conforme itens 2.71 e 2.72 das *Guidelines* (OCDE. *OECD Transfer Pricing Guidelines for Multinational Enterprises and Tax Administrations 2017.* Paris: OECD Publishing, 2017, pp. 119-120).

61 Vale menção ao aviso constante das *Guidelines* versão 2017: "The guidance contained in this section and in Annexes II and III to Chapter II are expected to be revised to include the conclusions of the ongoing work of Working Party No. 6 on the application of profit split methods. This work, mandated by Action 10 of the BEPS Action Plan, is aimed at clarifying the application of transfer pricing methods, in particular the transactional profit split method, in the context of global value chains". (OCDE. *OECD Transfer Pricing Guidelines for Multinational Enterprises and Tax Administrations 2017.* Paris: OECD Publishing, 2017, p. 133). Tradução livre: "As orientações contidas nesta seção e nos anexos II e III do capítulo II devem ser revisadas para incluir as conclusões do trabalho em andamento do grupo de trabalho n. 6 sobre a aplicação dos métodos de divisão de lucros. Este trabalho, determinado pela Ação 10 do Plano de Ação do BEPS, visa esclarecer a aplicação dos métodos de preços de transferência, em particular o método da divisão de lucros transacionais, no contexto das cadeias globais de valor ".

> first identifies the profits to be split for the associated enterprises from the controlled transactions in which the associated enterprises are engaged (the 'combined profits'). References to 'profits' should be taken as applying equally to losses. [...]. It then splits those combined profits between the associated enterprises on an economically valid basis that approximates the division of profits that would have been anticipated and reflected in an agreement made at *arm's length*. [...][62].

Segundo as *Guidelines*, o *Profit Split* é a principal solução disponível para as hipóteses de operações muito integradas, nas quais os métodos unilaterais não são completamente aplicáveis. Além disso, normalmente, é o método mais apropriado nos casos em que ambas as partes associadas realizam contribuições "únicas e valiosas", vez que: (i) empresas independentes nesta situação, provavelmente, dividiriam o lucro da transação proporcionalmente às suas respectivas contribuições; e (ii) a viabilidade de aplicação de outros métodos pode ser prejudicada diante de dificuldades na obtenção de informações confiáveis nas transações em que as partes fazem contribuições "únicas e valiosas"[63].

---

62 OCDE. *OECD Transfer Pricing Guidelines for Multinational Enterprises and Tax Administrations 2017*. Paris: OECD Publishing, 2017, p. 133. Tradução livre: "2.114. O método *profit split* procura eliminar o efeito nos lucros de condições especiais feitas ou impostas em uma transação controlada (ou em transações controladas que possam ser agregadas sob os princípios dos parágrafos 3.9-3.12), determinando a divisão dos lucros de acordo com o que empresas independentes teriam realizado. O método *profit split* primeiro identifica os lucros a serem divididos para as empresas associadas das transações controladas (os 'lucros combinados'). As referências a 'lucros' devem ser consideradas como aplicáveis igualmente às perdas. [...] Em seguida, dividem-se esses lucros combinados entre as empresas associadas em uma base economicamente válida que se aproxima da divisão de lucros que teria sido feita em um acordo *arm's length*. [...]".

63 "2.115. The main strength of the transactional profit split method is that it can offer a solution for highly integrated operations for which a one-sided method would not be appropriate. For example, see the discussion of the appropriateness and application of profit split methods to the global trading of financial instruments between associated enterprises [...]. A transactional profit split method may also be found to be the most appropriate method in cases where both parties to a transaction make unique and valuable contributions (e.g. contribute unique intangibles) to the transaction, because in such a case independent parties might wish to share the profits of the transaction in proportion to their respective contributions and a two-sided method might be more appropriate in these circumstances than a one-sided method. In addition, in the presence of unique and valuable contributions, reliable comparables information might be insufficient to apply another method. On the other hand, a transactional profit split method would ordinarily not be used in cases where one party to the transaction performs only simple

O método *Profit Split* também tem como ponto forte o fato de levar em consideração circunstâncias específicas das empresas associadas não captáveis por outros métodos, sem, contudo, deixar de ser um método que satisfaz o *arm's length*[64]. Como ambos os lados da transação são considerados na análise, outro aspecto positivo do *Profit Split* é a baixa probabilidade de alguma das partes na transação controlada ficar com uma parcela excessiva não identificável do lucro, o que poderia ocorrer no caso de emprego de intangíveis e nos resultados oriundos de fatores relacionados às economias de escala[65].

Contudo, as *Guidelines* elencam três dificuldades principais na aplicação do *Profit Split*: (i) a dificuldade, tanto para os contribuintes, como para as Administrações Tributárias, de obtenção de informações confiáveis de empresas situadas no exterior que participaram da transação controlada; (ii) a dificuldade de mensuração de receitas e custos combinados de todas as empresas que participaram da transação controlada, já que isso demandaria a avaliação dos livros e registros contábeis de todas as empresas envolvidas, bem como a necessidade de ajustes e adequação das práticas contábeis; e (iii)

---

functions and does not make any significant unique contribution (e.g. contract manufacturing or contract service activities in relevant circumstances), as in such cases a transactional profit split method typically would not be appropriate in view of the functional analysis of that party. [...]". (OCDE. *OECD Transfer Pricing Guidelines for Multinational Enterprises and Tax Administrations 2017.* Paris: OECD Publishing, 2017, pp. 133-134). Tradução livre: "2.115. A principal vantagem do método *profit split* é que ele oferece uma solução para operações altamente integradas, para as quais um método unilateral não seria apropriado. Por exemplo, veja a discussão sobre a adequação e aplicação dos métodos de divisão de lucros à negociação global de instrumentos financeiros entre empresas associadas [...]. O método *profit split* também pode ser o método mais apropriado nos casos em que ambas as partes de uma transação fazem contribuições únicas e valiosas (por exemplo, contribuem com intangíveis únicos) para a transação, porque, nesse caso, partes independentes possivelmente compartilhariam os lucros da transação na proporção de suas respectivas contribuições e um método bilateral pode ser mais apropriado nessas circunstâncias do que um método unilateral. Além disso, na presença de contribuições únicas e valiosas, podem não haver informações comparáveis confiáveis suficientes para aplicar outro método. Por outro lado, o método *profit split* normalmente não seria usado nos casos em que uma parte da transação desempenha apenas funções simples e não faz nenhuma contribuição significativa (por exemplo, atividades de elaboração de contrato), pois nesses casos, um método de divisão de lucros normalmente não seria apropriado em razão da análise funcional dessa parte na transação. [...]".

64 Vide item 2.118 das *Guidelines* (OCDE. *OECD Transfer Pricing Guidelines for Multinational Enterprises and Tax Administrations 2017.* Paris: OECD Publishing, 2017, p. 134).

65 Vide item 2.119 das *Guidelines* (OCDE. *OECD Transfer Pricing Guidelines for Multinational Enterprises and Tax Administrations 2017.* Paris: OECD Publishing, 2017, pp. 134-135).

na hipótese de o *Profit Split* ser aplicado ao lucro operacional, poderá haver dificuldades na identificação das despesas operacionais relacionadas às transações e na alocação de custos entre as transações controladas e as outras atividades das empresas associadas[66].

De toda forma, o que deve ser frisado a respeito da aplicação do *Profit Split* é o seguinte:

> 2.122. Under the transactional profit split method, the combined profits are to be split between the associated enterprises on an economically valid basis that approximates the division of profits that would have been anticipated and reflected in an agreement made at *arm's length*. In general, the determination of the combined profits to be split and of the splitting factors should:
>
> - Be consistent with the functional analysis of the controlled transaction under review, and in particular reflect the allocation of risks among the parties,
> - Be consistent with the determination of the combined profits to be split and of the splitting factors which would have been agreed between independent parties,
> - Be consistent with the type of profit split approach (e.g. contribution analysis, residual analysis, or other; *ex ante* or *ex post* approach, [...]), and
> - Be capable of being measured in a reliable manner[67].

Após a exposição dos principais aspectos atinentes aos métodos de cálculo de preços de transferência constantes das *Guidelines* da OCDE, torna-se possível antecipar que tais diretrizes claramente influenciaram os

---

66 Vide item 2.120 das *Guidelines* (OCDE. *OECD Transfer Pricing Guidelines for Multinational Enterprises and Tax Administrations 2017.* Paris: OECD Publishing, 2017, p. 135).

67 OCDE. *OECD Transfer Pricing Guidelines for Multinational Enterprises and Tax Administrations 2017.* Paris: OECD Publishing, 2017, pp. 135-136. Tradução livre: "2.122. Segundo o método *Profit Split*, os lucros cojugados devem ser divididos entre as empresas associadas em uma base economicamente válida que se aproxime da divisão de lucros que teria sido feita em um acordo firmado de acordo com o *arm's length*. Em geral, a determinação dos lucros conjugados a serem divididos e dos fatores que dão base à divisão deve:
Ser consistente com a análise funcional da transação controlada e refletir, especificamente, a alocação de riscos entre as partes,
Ser consistente com aquilo que provavelmente teria sido acordado entre partes independentes,
Ser consistente com o critério de divisão de lucro escolhido (por exemplo, análise da contribuição, análise residual, ou outra; abordagem *ex ante* ou *ex post*, [...]) e
Ser possível de ser mensurada de maneira confiável".

métodos de cálculo criados pela legislação brasileira, exceção feita apenas ao *Profit Split*, o qual não foi contemplado nesta regulamentação.

Esta correlação ficará mais evidente após a análise dos métodos brasileiros nos itens 1.3.4 e 1.3.5 a seguir.

1.1.1. O ingresso do Brasil na OCDE e as regras de preços de transferência

Recentemente, intensificaram-se as tratativas para o ingresso do Brasil como membro efetivo da OCDE[68], situação que tem enorme relevância para o presente estudo, uma vez que a concretização deste projeto fará com que o Brasil adote formalmente as regras e as políticas editadas pela OCDE, especialmente as relativas aos preços de transferência[69-70].

Como visto nos itens anteriores, o Brasil não adota expressamente a noção de *arm's length* acatada pelos demais países membros da OCDE, contudo, ao ingressar como membro efetivo, terá que observar ao máximo tais diretrizes.

---

68 "Em 29 de maio de 2019, o Brasil enviou um pedido formal para iniciar o processo de tornar-se membro da OCDE. Como mencionado acima, no contexto da possível acessão do Brasil a este organismo uma adesão completa e clara dos países membro da OCDE ao princípio *arm's length* é esperada. Portanto, mudanças na estrutura de preços de transferência do Brasil com o objetivo de alinhar as regras existentes com o padrão da OCDE também devem ser contempladas à luz de um futuro processo de acessão." (*Preços de Transferência no Brasil: Convergência para o Padrão OCDE*, p. 5, disponível em: <https://www.oecd.org/tax/transfer-pricing/precos-de-transferencia-no-brasil-convergencia-para-o-padrao-ocde-folheto.pdf>, acesso em: 23/10/2020).

69 "[...]. Essa iniciativa decorre do sólido envolvimento do Brasil no trabalho tributário da OCDE, que começou em 2010 quando o país tornou-se membro do Fórum Global sobre Transparência e Intercâmbio de Informações para Fins Tributários, que foi posteriormente fortalecido em 2013, quando se tornou membro do Projeto do G20/OCDE para Conter a Erosão da Base e Transferência de Lucros (BEPS), tendo como um dos focos importantes preços de transferência. Além das questões tributárias, em 2017, o Brasil também expressou o interesse em iniciar o processo para tornar-se membro da OCDE". (*Preços de Transferência no Brasil: Convergência para o Padrão OCDE*, p. 2, disponível em: <https://www.oecd.org/tax/transfer-pricing/precos-de-transferencia-no-brasil-convergencia-para-o-padrao-ocde-folheto.pdf>, acesso em: 23/10/2020).

70 "Nesse contexto, ao considerarmos as recentes manifestações oficiais acerca do interesse do Brasil em ingressar na OCDE, as regras de preço de transferência nacionais passaram a ser alvo de maior debate, já que a legislação sobre a matéria constitui um dos principais entraves para o ingresso do país na organização." (MACHADO, Clarissa Gianete; CAMARGO, Luiz Felipe. *Conversão das regras de preços de transferência para o modelo OCDE – Impactos e plano de transição, in: Temas atuais em tributação internacional – Brasil 2020*. São Paulo: Trench, Rossi e Watanabe Advogados, 2020. PDF, p. 131).

Neste sentido, foi lançado em fevereiro de 2018 um projeto conjunto entre o Brasil e a OCDE para avaliação das semelhanças, diferenças e lacunas existentes entre as diretrizes traçadas pela organização e a legislação brasileira de preços de transferência, objetivando-se alcançar a máxima convergência entre tais regras, conforme notícia veiculada no sítio da OCDE na internet:

> **A OCDE e o Brasil lançam projeto para examinar as diferenças nas regras fiscais internacionais** – 28/02/2018 – A OCDE e o Brasil lançaram hoje um projeto conjunto para examinar as semelhanças e lacunas entre a abordagem brasileira e a abordagem da OCDE com relação à avaliação das transações internacionais entre empresas associadas para efeitos fiscais. O projeto avaliará também o potencial do Brasil de se aproximar das regras relativas aos preços de transferência da OCDE, que são utilizadas como uma referência fundamental pelos países membros da OCDE e seguidas por países em todo o mundo. O plano de trabalho terá uma duração de 15 meses e analisará o quadro jurídico e administrativo que constitui a base do sistema de preços de transferência brasileiro, bem como a sua implementação. O plano examinará pontos fortes e fracos da abordagem brasileira e explorará, simultaneamente, opções para um maior alinhamento com a norma internacionalmente aceita da OCDE, as Diretrizes da OCDE relativas aos Preços de Transferência, o que poderia ser um importante elemento de qualquer processo futuro de adesão do Brasil à Organização. 'O Brasil é um parceiro-chave da OCDE, pelo que estamos contentes em tomar este passo em conjunto para superar as clivagens em relação a preços de transferência,' declarou o Secretário-Geral da OCDE, Angel Gurría, no lançamento do projeto na companhia do Ministro da Fazenda, Henrique Meirelles, o Secretário da Receita Federal, Jorge Antônio Rachid, e o Presidente da Confederação Nacional da Indústria (CNI), Robson Braga de Andrade. 'Regras de preços de transferência eficazes são fundamentais para evitar a dupla tributação e assegurar que quaisquer lucros tributáveis não serão desviados artificialmente. O projeto que lançamos hoje irá permitir uma melhor compreensão das opções para melhorar a aplicação das regras relativas aos preços de transferência no Brasil, e alcançar uma maior convergência. Isso deverá contribuir para uma melhoria no clima de investimentos no Brasil ao reduzir o risco de dupla tributação', afirmou o Sr. Gurría[71].

---

[71] Disponível em: <https://www.oecd.org/tax/a-ocde-e-o-brasil-lancam-projeto-para-examinar-as-diferencas-nas-regras-fiscais-internacionais.htm>, acesso em: 18/07/2019.

O plano de trabalho do projeto foi dividido em três fases:

- FASE 1: análise preliminar do quadro jurídico e administrativo das regras de preços de transferência no Brasil;
- FASE 2: avaliação dos pontos fortes e fracos das regras de preços de transferência e práticas administrativas existentes;
- FASE 3: opções para alinhamento com as normas de preços de transferência internacionalmente aceitas da OCDE.

Em 11/07/2019, foi realizado evento em Brasília, no qual a RFB e a OCDE emitiram declaração conjunta apresentando os resultados alcançados no referido projeto, dentre os quais a conclusão de que se faz necessário explorar e aprofundar todas as opções existentes para se alcançar *"[...] o alinhamento do Brasil com o padrão da OCDE que contemplem a adesão ao princípio do* arm's length, *a inclusão de medidas de simplificação para garantir a facilidade de cumprimento das obrigações tributárias, a eficácia da administração tributária e a segurança jurídica em matéria tributária sob a perspectiva internacional"*[72], o que demonstra a atualidade e a importância de uma melhor compreensão do *arm's length*.

Em 18/12/2019, as conclusões do referido projeto foram apresentadas ao público com a publicação de um relatório conjunto denominado "Transfer Pricing in Brazil: Towards Convergence with the OECD Standard" ("Preços de Transferência no Brasil: Convergência para o Padrão OCDE").

Do ponto de vista técnico, o projeto comparou os principais elementos, conceitos e objetivos constantes das diretrizes da OCDE sobre preços de transferência com aqueles existentes no Brasil, de modo a constatar se, e quais, elementos do padrão OCDE estavam ou não refletidos no modelo brasileiro, procedimento este que foi denominado de "análise de lacunas".

As "lacunas" identificadas no sistema brasileiro foram analisadas com base em cinco diretrizes: (i) a garantia da base tributável apropriada em cada jurisdição; (ii) evitar a dupla tributação; – essas duas primeiras conhecidas como *"objetivo duplo das regras de preços de transferência"* –; (iii) a simplicidade da administração tributária; (iv) a facilidade de conformidade tributária; e (v) a segurança jurídica em matéria tributária sob as perspectivas nacional e internacional[73].

---

72 Conforme notícia veiculada no sítio da RFB na internet, disponível em: <http://receita.economia.gov.br/noticias/ascom/2019/julho/ocde-e-brasil-compartilham-os-resultados-do-projeto-para-alinhar-as-regras-de-precos-de-transferencia-do-brasil-ao-padrao-da-oecd>, acesso em: 18/07/2019.

73 *Preços de Transferência no Brasil: Convergência para o Padrão OCDE*, p. 2, disponível em: <https://www.oecd.org/tax/transfer-pricing/precos-de-transferencia-no-brasil-convergencia-para-o-padrao-ocde-folheto.pdf>, acesso em: 23/10/2020.

Sob uma perspectiva teórico-jurídica, claramente constata-se que o projeto visa a ponderação entre os princípios da igualdade tributária, da capacidade contributiva e da praticabilidade, tudo em prol da consecução do princípio da segurança jurídica, tanto no âmbito interno, como no internacional.

Ou seja, estão em "confronto", de um lado a igualdade e a capacidade contributiva – representadas pelos objetivos de garantir a base tributável apropriada em cada jurisdição e evitar a dupla tributação –, e, de outro, a praticabilidade – representada pela busca da simplificação da administração tributária e da facilitação para se obter o máximo de conformidade tributária possível. Esta ponderação será estudada em maior detalhe no item 4.2.

> "Simplicidade e administrabilidade não devem comprometer a proteção da base tributária contra a BEPS, ou criar insegurança jurídica em matéria tributária para transações internacionais por meio da dupla tributação. Facilidade da administração e conformidade tributária, são, não obstante, metas importantes para o Brasil e para qualquer sistema de preços de transferência em geral, e elas podem ser alcançadas por meio de medidas que podem ser consistentes com o princípio *arm's length* e prática internacionalmente aceita."[74]

A principal conclusão alcançada pela pesquisa foi que, de fato, há lacunas e divergências relevantes entre as regras do Brasil e da OCDE[75] que não se limitam à expressa adoção ou não do *arm's length* apenas, podendo ser destacadas as seguintes:

- uma das principais lacunas identificadas é a falta e/ou inadequação da legislação brasileira específica de preços de transferência sobre operações complexas (intangíveis, prestação de serviços intragrupo e *cost sharing*, reestruturações de negócios etc.);

---

74 *Preços de Transferência no Brasil: Convergência para o Padrão OCDE*, p. 3, disponível em: <https://www.oecd.org/tax/transfer-pricing/precos-de-transferencia-no-brasil-convergencia-para-o-padrao-ocde-folheto.pdf>, acesso em: 23/10/2020.

75 No mesmo sentido: "Enquanto as normas brasileiras apresentam como principal finalidade a determinação de receitas mínimas tributáveis e despesas máximas dedutíveis para fins de apuração do Imposto sobre a Renda (IRPJ) e Contribuição Social Sobre o Lucro Líquido (CSLL), o chamado "preço parâmetro", as normas da OCDE englobam uma análise mais completa das operações realizadas, com base nas funções desenvolvidas, ativos utilizados e riscos assumidos pelas partes que praticam as operações sujeitas a controle. Também chamada de "benchmark analysis", trata-se de uma análise comparativa de transações semelhantes entre empresas independentes." (MACHADO, Clarissa Gianete; CAMARGO, Luiz Felipe. *Conversão das regras de preços de transferência para o modelo OCDE – Impactos e plano de transição, in: Temas atuais em tributação internacional – Brasil 2020*. São Paulo: Trench, Rossi e Watanabe Advogados, 2020. PDF, pp. 128-129).

- a existência de lacunas e de divergências entre a legislação brasileira e as regras da OCDE geram situações de ***dupla tributação***;
- tais lacunas e divergências também fomentam a ***erosão da base tributável*** e a ***transferência indevida de lucros***, resultando em reduções da receita tributável do Brasil;
- a fragilidade de alguns pontos particulares do sistema brasileiro, como a adoção de margens fixas, a liberdade para escolha do método de cálculo etc;
- tais lacunas e divergências geram oportunidades para planejamentos tributários e acaba tratando favoravelmente alguns contribuintes ***(subtributação)*** em prejuízo de outros ***(tributação excessiva)***;
- as principais vantagens identificadas no sistema brasileiro foram a simplicidade, a praticidade, a previsibilidade e a segurança jurídica da metodologia brasileira aplicada à análise dos preços de transferência, o que acaba reduzindo os custos e o tempo em litígios. Constatou-se também que tais vantagens *"são relativas e que a complexidade surge de outros aspectos, principalmente a abordagem item por item, o padrão estrito de comparabilidade e os requisitos de documentação em determinadas situações"*[76];
- apesar de simplificarem a conformidade e a administração tributárias, o sistema de margens fixas, a liberdade na seleção do método de cálculo e a previsão de *safe harbours*[77] são os três pontos da metodologia brasileira que preocupam os especialistas, pois, justamente estes três pontos é que fazem o Brasil não alcançar completamente os dois objetivos das regras de preços de transferência;
- a segurança jurídica gerada pelas regras de preços de transferência ocorre apenas no âmbito interno, havendo grandes incertezas jurídicas sob a perspectiva internacional;
- a ausência de Acordos de Precificação Antecipada (*Advance Pricing Arrangements*);
- inexistência de regras para atribuição de lucros aos estabelecimentos permanentes (*permanent establishments*).

---

76 *Preços de Transferência no Brasil: Convergência para o Padrão OCDE*, p. 7, disponível em: <https://www.oecd.org/tax/transfer-pricing/precos-de-transferencia-no-brasil-convergencia-para-o-padrao-ocde-folheto.pdf>, acesso em: 23/10/2020.

77 Os *safe harbours* podem ser definidos como previsões legais que afastam a aplicação das regras de preços de transferência em situações específicas e sob determinadas condições que devem ser atendidas pelo contribuinte.

Após a exposição das lacunas e divergências, o relatório da pesquisa apresenta as duas opções de alinhamento, entre as regras brasileiras e as da OCDE, que estão sendo efetivamente consideradas:

- **"Alinhamento total e imediato:** a primeira opção procuraria alinhar imediatamente as regras brasileiras de preços de transferência com o padrão da OCDE, incluindo o princípio *arm's length* e as orientações para sua aplicação contidas nas Diretrizes da OCDE sobre preços de transferência e outras orientações relevantes, e faria as novas regras plicáveis a todos os contribuintes imediatamente.
- **Alinhamento completo e gradual:** a segunda opção envolve o mesmo resultado que a primeira, mas por meio de um processo estruturado em etapas, de modo a permitir a implementação gradual das disposições novas e/ou alteradas por um período mais longo. Essa abordagem também oferece a oportunidade de priorizar as diferentes necessidades com relação à estrutura tributária, aspectos administrativos, experiência da força de trabalho, incluindo a preparação dos contribuintes etc., conforme as mudanças são implementadas progressivamente. Um alinhamento gradual pode seguir diferentes abordagens. Parece que a abordagem mais razoável seria estabelecer as condições para uma transição progressiva na entrada de contribuintes. No curto prazo, seriam admitidos no novo sistema os grandes grupos de multinacionais (a ser determinado com base num limite razoável que leva em conta a receita do grupo), enquanto permite os grupos multinacionais menores a opção voluntária ao novo regime gradualmente, diminuindo o limiar com base em uma análise das categorias de contribuintes, quantas vezes forem necessárias (a longo prazo), todos os contribuintes começarão a aplicar o novo regime. Enquanto isso, as medidas de simplificação necessárias serão desenvolvidas para garantir facilidade contínua de conformidade tributária, eficiência da administração tributária e segurança tributária, tanto do ponto de vista doméstico quanto do internacional."[78]

Das duas opções acima detalhadas, a segunda posição foi a expressamente adotada, isto é, entendeu-se que o melhor caminho seja a implementação *completa* das novas regras, porém, de forma *gradual*[79].

---

78 *Preços de Transferência no Brasil: Convergência para o Padrão OCDE*, p. 20, disponível em: <https://www.oecd.org/tax/transfer-pricing/precos-de-transferencia-no-brasil-convergencia-para-o-padrao-ocde-folheto.pdf>, acesso em: 23/10/2020.

79 "À luz da avaliação das vantagens e desvantagens das duas opções, a opção gradual em sua conceituação horizontal (i.e., se aplicando a um grupo estabelecido de

Entretanto, concordamos com o entendimento de parte da doutrina, no sentido de que o sistema de preços de transferência brasileiro possui, sim, vantagens interessantes que deveriam ser preservadas em uma eventual alteração das regras. Além disso, a doutrina também destaca que a alteração na legislação, se realizada "de supetão" e sem a possibilidade de um período de "aclimatação" para os contribuintes, causará mais prejuízos do que benefícios ao sistema como um todo. É o que entendem CLARISSA GIANETE MACHADO e LUIZ FELIPE CAMARGO:

> "Dessa forma, o estudo conjunto parece não se atentar – talvez porque não seja essa a sua função – à situação de muitos contribuintes que já operam há vários anos em conformidade com as regras de preços de transferência brasileiras, sem que tais procedimentos resultem em um cenário de dupla tributação (ou dupla não tributação).
>
> Evidente, portanto, que para esses contribuintes o alinhamento total com as diretrizes da OCDE – sem que haja a manutenção da atual sistemática de margens predeterminadas – poderá resultar em um cenário de insegurança jurídica, além de acarretar um potencial aumento dos custos necessários para o cumprimento com as regras de preços de transferência.
>
> Diante desse entrave, uma parcela dos juristas defende que a melhor estratégia para a reforma e modernização das regras de preços de transferência no Brasil deveria envolver a introdução das diretrizes da OCDE, preservando-se os atuais pontos positivos da nossa legislação. Nesse sentido, apesar de a OCDE compreender que as regras brasileiras não são completamente compatíveis com o princípio *arm's length*, [...]

---

contribuintes e não a um grupo de transações) ao invés de sua conceptualização vertical (ou seja, aplicar gradualmente a diferentes tipos de transações) parece ser o caminho mais sensato pelos seguintes motivos: (i) Permite que o processo aborde os desafios específicos das pequenas e médias empresas, distinguindo-os com base em sua capacidade e provável preparação para aplicar um novo sistema de regras; (ii) Permite que pequenas e médias empresas continuem aplicando as regras existentes por um período curto até que sejam projetados e implementados *safe harbours* específicos e medidas de simplificação; (iii) Evita os desafios relacionados à interação entre tipos de transações (por exemplo, transações inter-relacionadas e embutidas); e (iv) Oferece a oportunidade de priorizar e sequenciar a implementação dos diferentes componentes do sistema. (*Preços de Transferência no Brasil: Convergência para o Padrão OCDE*, p. 21, disponível em: <https://www.oecd.org/tax/transfer-pricing/precos-de-transferencia-no-brasil-convergencia-para-o-padrao-ocde-folheto.pdf>, acesso em: 23/10/2020).

> Como se observa, há quem defenda que a legislação brasileira não pode ser simplesmente descartada em função das diretrizes estabelecidas pela OCDE. Para esta corrente, com a qual concordamos, a internalização do padrão OCDE deveria ser feita com as devidas adaptações, para que fosse possível reconhecer a importância de algumas características da legislação brasileira, em especial a sua simplicidade e a segurança jurídica que proporciona aos contribuintes"[80].

Bastante pertinente também é a lembrança trazida pelos citados autores a respeito da existência do Projeto de Lei n. 4.695/2001, o qual, atualmente, encontra-se arquivado na Câmara dos Deputados[81]:

> "Nesse contexto, importante relembrar que esse 'alinhamento parcial' já vem sendo objeto de debate há praticamente duas décadas no Brasil, porém sem perspectiva de efetiva implementação. Exemplo dessa tentativa pode ser observado por intermédio do já mencionado Projeto de Lei n. 4.695/2001, o qual se dispunha a promover mudanças na legislação de forma a tornar as regras brasileiras consistentes com os preceitos adotados pela OCDE, ao mesmo tempo em que promoveria uma manutenção e aperfeiçoamento das regras já vigentes"[82].

Como parte do projeto conjunto de preços de transferência entre a OCDE e o Brasil, em 30/07/2020, a OCDE e a RFB lançaram uma pesquisa para obter contribuições do público para o trabalho relacionado ao desenvolvimento de *safe harbours*, bem como de outras medidas de simplificação que possam colaborar para o aumento da segurança jurídica no âmbito tributário brasileiro[83], veja-se:

---

80 MACHADO, Clarissa Gianete; CAMARGO, Luiz Felipe. *Conversão das regras de preços de transferência para o modelo OCDE – Impactos e plano de transição, in: Temas atuais em tributação internacional – Brasil 2020*. São Paulo: Trench, Rossi e Watanabe Advogados, 2020. PDF, pp. 145-146.

81 Disponível em: <https://www.camara.leg.br/proposicoesWeb/fichadetramitacao?idProposicao=28469>, acesso em: 17/11/2020.

82 MACHADO, Clarissa Gianete; CAMARGO, Luiz Felipe. *Conversão das regras de preços de transferência para o modelo OCDE – Impactos e plano de transição, in: Temas atuais em tributação internacional – Brasil 2020*. São Paulo: Trench, Rossi e Watanabe Advogados, 2020. PDF, p. 147.

83 Disponível em: <https://www.oecd.org/tax/transfer-pricing/oecd-and-brazil-federal-revenue-authority-invite-taxpayer-input-on-transfer-pricing-issues-relating-to-the-design-of-safe-harbour-provisions-and-other-comparability-considerations.htm>, acesso em: 22/10/2020.

OECD | Receita Federal | PÁTRIA AMADA BRASIL GOVERNO FEDERAL

CONVITE PARA CONTRIBUIÇÃO EM QUESTÕES DE PREÇOS DE TRANSFERÊNCIA RELACIONADAS AO DESENVOLVIMENTO DE *SAFE-HARBOURS* E OUTRAS CONSIDERAÇÕES DE COMPARABILIDADE

ANTECEDENTES

1. A OCDE e a RFB lançaram em conjunto o projeto "Preços de Transferência no Brasil" em Fevereiro de 2018 para revisar e analisar as diferenças nas regras brasileiras de preços de transferência em comparação com o padrão da OCDE. Em 18 de dezembro de

A pesquisa foi composta por 17 questões referentes (**i**) à identificação de situações em que regras de *safe harbours* específicas podem ser necessárias; (**ii**) à utilização dos dados comparáveis disponíveis; (**iii**) ao uso de *Advance Pricing Arrangements* (APAs); e (**iv**) a outras medidas de simplificação.

Tal pesquisa ficou disponível para participação do público até 30/10/2020, sendo que, até o fechamento desta edição, os resultados ainda não foram disponibilizados.

1.2. O conceito de renda

Conforme já introduzido anteriormente (e que será melhor detalhado no item seguinte), o preço de transferência pode ser definido como o valor cobrado em uma transação de venda, compra ou transferência de bens, serviços ou intangíveis, levada a efeito com empresas vinculadas residentes ou domiciliadas no exterior, ou com qualquer pessoa física ou jurídica, ainda que não vinculada, residente ou domiciliada em país com tributação favorecida ou em regime fiscal privilegiado, preço que, por não ter sido ajustado em condições de livre mercado e concorrência, tende a se desviar daquele que usualmente seria praticado em transações comparáveis, nas mesmas circunstâncias, realizadas entre terceiros não vinculados.

Referido tema encontra-se inserto na legislação do IRPJ e da CSLL[84], razão pela qual, de antemão, é possível afirmar que o principal parâmetro a ser observado na interpretação e aplicação dessas regras é o próprio conceito de renda, haja vista tais regras resultarem, na prática, na indedutibilidade de despesas ou na adição de receitas não contabilizadas às bases de cálculo destes tributos[85-86].

84 Como referido tema tem o mesmo tratamento jurídico tanto no âmbito do IRPJ como no âmbito da CSLL, adotaremos como parâmetro as noções e conceitos aplicáveis ao imposto de renda, de forma a padronizar e facilitar a abordagem.

85 SCHOUERI, Luís Eduardo. *Preços de Transferência no Direito Tributário Brasileiro*, 3. ed. rev. e atual. São Paulo: Dialética, 2013, p. 11.

É sob esta perspectiva que se deve considerar a legislação sobre preços de transferência: será ela constitucional – porque compatível com o conceito de renda, hoje positivado pelo artigo 43 do Código Tributário Nacional – se os ajustes por ela impostos servirem para corrigir eventuais distorções do lucro contábil da pessoa jurídica, aproximando o resultado, destarte, da efetiva renda da empresa, *i.e.*, da aquisição de sua disponibilidade econômica ou jurídica.[87]

Nesse sentido, há um consenso de que o lucro apurado com base em contabilidade elaborada de acordo com os princípios e normas contábeis vigentes seja a melhor representação da ideia de "renda" para as pessoas jurídicas, sendo possível afirmar, ainda, que a efetiva disponibilidade econômica e/ou jurídica passível de tributação pelo IRPJ só pode ser aquela gerada a partir de transações realizadas com a observância das regras de livre mercado e livre concorrência.[88]

Para verificar a consistência de tal afirmação analisaremos brevemente o conceito de renda atualmente aceito no Brasil. Partiremos do texto constitucional, o qual estabelece a competência para a instituição de imposto sobre a renda no art. 153, inciso III, da Constituição Federal, nos seguintes termos:

> Art. 153. Compete à União instituir impostos sobre: [...]
> III – renda e proventos de qualquer natureza;

Complementando a previsão constitucional e, em cumprimento ao disposto no art. 146, inciso III, alíneas "a" e "b", da Constituição Federal[89], o Código Tributário Nacional (CTN) estabelece:

> Art. 43. O imposto, de competência da União, sobre a renda e proventos de qualquer natureza tem como fato gerador a aquisição da disponibilidade econômica ou jurídica:

86 Antecipadamente, importa ressaltar que focaremos nossas análises nas pessoas jurídicas tributadas pelo imposto de renda sob a sistemática do lucro real.

87 SCHOUERI, Luís Eduardo. *Preços de Transferência no Direito Tributário Brasileiro*, 3. ed. rev. e atual. São Paulo: Dialética, 2013, p. 12.

88 SCHOUERI, Luís Eduardo. *Preços de Transferência no Direito Tributário Brasileiro*, 3. ed. rev. e atual. São Paulo: Dialética, 2013, p. 13-14.

89 "Art. 146. Cabe à lei complementar: [...] III – estabelecer normas gerais em matéria de legislação tributária, especialmente sobre: a) definição de tributos e de suas espécies, bem como, em relação aos impostos discriminados nesta Constituição, a dos respectivos fatos geradores, bases de cálculo e contribuintes; b) obrigação, lançamento, crédito, prescrição e decadência tributários;".

> I – de renda, assim entendido o produto do capital, do trabalho ou da combinação de ambos;
> II – de proventos de qualquer natureza, assim entendidos os acréscimos patrimoniais não compreendidos no inciso anterior.
> § 1º A incidência do imposto independe da denominação da receita ou do rendimento, da localização, condição jurídica ou nacionalidade da fonte, da origem e da forma de percepção.
> § 2º Na hipótese de receita ou de rendimento oriundos do exterior, a lei estabelecerá as condições e o momento em que se dará sua disponibilidade, para fins de incidência do imposto referido neste artigo.
> Art. 44. A base de cálculo do imposto é o montante, real, arbitrado ou presumido, da renda ou dos proventos tributáveis.

Na prática, faz-se necessário analisar os exatos limites do critério material da hipótese de incidência do imposto de renda, isto é, "*[...], precisar a semântica da expressão renda e proventos de qualquer natureza, bem como identificar a ação que, se ocorrida, dará ensejo à incidência tributária, mediante ato de aplicação do direito (desde que, evidentemente, tenha a União exercido a competência a ela atribuída)*"[90].

Com relação à ação que, se ocorrida, dará ensejo à incidência tributária, verifica-se que, como a Constituição Federal expressamente vincula o imposto de renda aos caracteres da pessoalidade, generalidade, universalidade, progressividade e, especialmente, da capacidade contributiva, necessariamente, o verbo que refletirá tal ação é "adquirir" ou "auferir"[91].

Já quanto à expressão *renda e proventos de qualquer natureza*, como bem observa PAULO AYRES BARRETO, com base nas lições de Rubens Gomes de Sousa e Roberto Quiroga Mosquera, primeiramente, há que se destacar que os impostos de competência da União que oneram o patrimônio das pessoas físicas e jurídicas podem ser classificados conforme a perspectiva da incidência, isto é, conforme afetem o patrimônio de uma perspectiva *estática* ou de uma perspectiva *dinâmica*:

> Analisando o rol de impostos cometidos à competência tributária da União, temos que: (i) o imposto territorial rural e o imposto sobre grandes fortunas são exemplos característicos de atribuição de competência que toma o patrimônio, a partir de uma

---

90 BARRETO, Paulo Ayres. *Imposto sobre a renda e preços de transferência*. São Paulo: Dialética, 2001, p. 66.

91 Neste sentido: BARRETO, Paulo Ayres. *Imposto sobre a renda e preços de transferência*. São Paulo: Dialética, 2001, p. 67; CARRAZZA, Roque Antonio. *Imposto sobre a Renda (perfil constitucional e temas específicos)*, 3. ed., rev., ampl. e atual. São Paulo: Malheiros, 2009, p. 64.

> perspectiva estática, como índice de capacidade econômica; (ii) os impostos de importação e exportação, sobre produtos industrializados e operações de crédito, câmbio e seguro, ou relativas a títulos ou valores mobiliários oneram o patrimônio, a partir de uma perspectiva dinâmica, independentemente da ocorrência de acréscimo patrimonial; (iii) e, por fim, o imposto sobre a renda classifica-se como tributo em relação ao qual o patrimônio é onerado, a partir de uma perspectiva dinâmica, exigindo-se, para tanto, mutação que se constitua num acréscimo de patrimônio. Revelará capacidade econômica aquele contribuinte que lograr êxito na obtenção de um acréscimo ao conjunto de bens e direitos de sua propriedade, num determinado intervalo de tempo[92].

Nesse sentido, atingindo o imposto de renda o patrimônio do contribuinte em seu aspecto dinâmico, importa frisar que as principais discussões que se colocam a respeito do tema são, justamente: (i) se o conceito de renda foi ou não previsto na Constituição Federal de 1988; e (ii) a efetiva extensão ou amplitude do conceito de renda e proventos de qualquer natureza.

Quanto ao item (i) anterior, uma parte da doutrina entende que na Constituição Federal de 1988 não há previsão de um conceito de renda, nem de proventos de qualquer natureza, de forma que caberia ao legislador infraconstitucional definir tais conceitos. É partidário desta primeira corrente doutrinária LUÍS EDUARDO SCHOUERI, como pode ser observado nesta passagem:

> Feitas tais considerações, cumpre indagar qual das teorias da renda foi adotada pelo ordenamento pátrio. A Constituição Federal discrimina, em seu art. 153, inciso III, a competência da União para tributar 'renda e proventos de qualquer natureza', sem, contudo, definir o que se deve entender com essa expressão.
>
> Ora, uma vez que o conceito de renda não é unívoco, havendo diversas teorias que buscam explicá-lo, não se pode dizer que, do texto constitucional, seja possível definir o que é renda para fins de tributação no Brasil. Certamente, argumentos históricos (a evolução da legislação) e sistemáticos (outros dispositivos constitucionais) apontam certas balizas, mas a indeterminação se mantém.
>
> De acordo com o art. 146, inciso III, alínea 'a', do texto constitucional, cabe à lei complementar a definição do fato gerador, da base de cálculo e dos contribuintes dos impostos discriminados na Constituição. O recorte e a definição do que é renda, portanto, é tarefa atribuída constitucionalmente ao legislador complementar. [...].

---

92 BARRETO, Paulo Ayres. *Imposto sobre a renda e preços de transferência*. São Paulo: Dialética, 2001, p. 67.

> Com a atuação do legislador complementar, a renda, antes uma noção extraída do todo constitucional, toma a forma de um conceito, limitação para a atuação do legislador ordinário[93].

Em sentido contrário, há outra parte da doutrina a qual entende que há na Constituição Federal, sim, um conceito de renda e de proventos de qualquer natureza, ainda que não completamente delimitado. Ou seja, para esta corrente, o legislador infraconstitucional, ao detalhar tais conceitos na legislação, não tem liberdade absoluta e, obrigatoriamente, deve se pautar por essa noção constitucional de renda, ainda que esta seja apenas pressuposta na Constituição. É o que também pensamos.

São adeptos desta segunda corrente doutrinária HUGO DE BRITO MACHADO[94] e ROQUE CARRAZZA, este que assim se pronuncia a respeito do assunto:

> Com o devido acatamento, ousamos discordar, já que estamos convencidos de que há, sim, uma noção constitucional de renda e proventos de qualquer natureza, que não pode ser desconsiderada (seja pelo legislador complementar nacional, seja pelo ordinário federal). Rememoramos que as regras-matrizes de todos os tributos – aí incluído o imposto sobre a renda e os proventos de qualquer natureza – estão contidas na Constituição. O legislador infraconstitucional não pode fugir destes arquétipos. Ora, ainda que possamos aceitar que ele possui alguma liberdade para definir renda e proventos de qualquer natureza, o certo é que tal liberdade é, sobremodo restrita[95].

Independentemente das opiniões a respeito deste ponto específico, vale menção à ponderação de RICARDO MARIZ DE OLIVEIRA, para quem "*é inegável o valor científico desses estudos, mas a verdade é que nenhum deles logrou apresentar uma conclusão pacífica, reconhecida pela comunidade científica sem qualquer objeção, e capaz de solucionar todas as situações que se apresentam na vida prática, mesmo para uma distinção segura entre renda e proventos de qualquer natureza*"[96].

---

93 SCHOUERI, Luís Eduardo. *O mito do lucro real na passagem da disponibilidade jurídica para a disponibilidade econômica. In:* MOSQUERA, Roberto Quiroga; LOPES, Alexsandro Broedel (coords.). Controvérsias jurídico-contábeis (aproximações e distanciamentos). São Paulo: Dialética, 2010, pp. 245-246.

94 MACHADO, Hugo de Brito. *O conceito legalista de renda, in:* Revista CEJ, Brasília, Ano XIII, n. 47, out./dez. 2009, disponível em: <http://www.jf.jus.br/ojs2/index.php/revcej/article/view/1306/1292>, acesso em: 10/07/2019, p. 9.

95 CARRAZZA, Roque Antonio. *Imposto sobre a Renda (perfil constitucional e temas específicos)*, 3. ed., rev., ampl. e atual. São Paulo: Malheiros, 2009, p. 57.

96 OLIVEIRA, Ricardo Mariz de. *Fundamentos do Imposto de Renda*, v.1. São Paulo: IBDT, 2020, p. 205.

Já com relação ao item (ii) anteriormente referido, é possível identificar na doutrina, basicamente, três diferentes teorias a respeito do que deve ser entendido por *renda e proventos de qualquer natureza*, quais sejam, a *teoria da fonte*, a *teoria da renda-acréscimo patrimonial* e a *teoria legalista*.

> Enfim, a procura é do conhecimento do conceito de renda, em sentido lato, vindo de fora do direito, uma vez que a realidade sobre a qual repousa o imposto de renda é uma realidade do mundo econômico, não obstante a sua disciplina pelo direito de cada Nação. E é também conceito estudado e proposto por juristas após os economistas e financistas, não obstante muitas vezes tenham aqueles se deixado levar pelo que prescreviam as leis ordinárias das épocas em que falaram[97].

A *teoria da fonte* (*source income theory*), segundo ROQUE CARRAZZA, entende a renda como *"o produto periódico de uma fonte permanente, capaz de subsistir ao ato de produção da riqueza nova. É, se preferirmos, o* plus *que a pessoa (física ou jurídica) obtém de uma fonte permanente, sem empobrecê-la. Tal teoria, desconsidera, para fins deste imposto, tanto os ganhos quanto as perdas sem vinculação com a atividade operacional ou existencial do contribuinte."*[98]

Já a teoria da *renda-acréscimo patrimonial* (*increment of wealth theory*) teve como fundamento o chamado "modelo SHS" (Schanz-Haig-Simons)[99], cujo precursor em 1896 foi o financista GEORG SCHANZ, para quem deve ser considerado renda todo o ingresso obtido num determinado período, que resulte num aumento líquido do patrimônio do indivíduo[100].

---

97 OLIVEIRA, Ricardo Mariz de. *Fundamentos do Imposto de Renda*, v. 1. São Paulo: IBDT, 2020, p. 211.

98 CARRAZZA, Roque Antonio. *Imposto sobre a Renda (perfil constitucional e temas específicos)*, 3. ed., rev., ampl. e atual. São Paulo: Malheiros, 2009, p. 63.

99 Trata-se do modelo resultante da junção das teorias sobre a renda dos financistas Georg Schanz, Robert Murray Haig e Henry C. Simons, os quais entendem a renda como acréscimo patrimonial.

100 "Dice que la renta – yo diría más bien el *ingreso*, ya que usa la expresión germana *'einkommen'* y no *'ertrag'* – es el 'incremento neto del patrimonio en un período de tiempo determinado, incluyendo los beneficios (*nutzungen*) y rendimientos remunerados por terceros... Incluye todos los provechos, los beneficios, los servicios valuables, regalos, herencias, legados, ganancias de lotería, anualidades de seguros, ganancias especulativas y todo tipo de intereses por préstamos y ganancias de capital'. (...). La opinión de SCHANZ, tal como queda expuesta, difiere de todos sus predecesores. Podría sintetizarla en los términos siguientes: a) *Renta es la riqueza que acrecienta el patrimonio de un individuo en un período de tiempo determinado.* b) Es indiferente que la fuente de esa riqueza llamada renta, sea una *fuente permanente* de la cual la renta pueda surgir periódicamente, o que, por el contrario, *esa fuente desaparezca* con el acto

Somando-se à ideia de renda acima mencionada, em 1921, o também financista, ROBERT MURRAY HAIG, conceituou "renda" sob uma perspectiva simultaneamente econômica e financeira, entendendo-a como o valor em moeda do aumento líquido do poder econômico do indivíduo num determinado período, sendo que tal aumento pode se dar em bens ou serviços, devendo-se entender por aumento líquido, todo acréscimo novo que se incorpora ao patrimônio, mesmo que seja consumido[101].

---

mismo de producción de la renta. c) Es indiferente que la renta provenga de una fuente productiva, o que, por el contrario, la fuente sea una *liberalidad*, un *acontecimiento accidental* o extraordinario, etc. d) Para su cálculo, el rédito debe reducirse a un común denominador, es decir, a su expresión *monetaria*." (GARCÍA BELSUNCE, Horacio A. *El concepto de rédito en la doctrina y en el derecho tributario*. Buenos Aires: Depalma, 1967, pp. 133-135). Tradução livre: "Ele diz que a renda – eu prefiro dizer o ingresso, uma vez que usa a expressão alemã 'einkommen' e não 'ertrag' – é o 'aumento líquido do patrimônio em um determinado período de tempo, incluindo os benefícios (nutzungen) e rendimentos pagos por terceiros... Inclui todos os proveitos, benefícios, serviços mensuráveis, presentes, heranças, legados, ganhos em loterias, anuidades de seguros, ganhos especulativos e todos os tipos de juros sobre empréstimos e ganhos de capital. (...) A opinião de SCHANZ, como afirmado acima, difere de todos os seus antecessores. Poderia ser sintetizada nos seguintes termos: a) Renda é a riqueza acrescida ao patrimônio de um indivíduo em um determinado período de tempo. b) É indiferente que a fonte dessa riqueza chamada renda, seja uma fonte permanente da qual a renda possa surgir periodicamente, ou que, pelo contrário, essa fonte desapareça com o próprio ato de produção de renda. c) É indiferente que a renda provenha de uma fonte produtiva, ou que, pelo contrário, a fonte seja uma liberalidade, um evento acidental ou extraordinário, etc. d) Para seu cálculo, rendimento deve ser reduzido a um denominador comum, ou seja, à sua expressão monetária".

101 "'El valor monetario del incremento neto del poder económico individual entre dos fechas'. (...). En síntesis, los conceptos de HAIG en materia de renta podrían resumirse así: a) El *rédito es un ingreso que puede consistir en bienes o servicios*, ambos *valuables en moneda*. b) El ingreso puede ser *periódico, transitorio* o *accidental*, y no es necesario que se mantenga intacta la fuente que lo produce, pudiendo inclusive desaparecer ésta con el acto de producción. c) En el concepto de ingreso se incorporan los *aumentos de capital* y las *utilidades devengadas y no distribuidas*. d) *No es necesaria la realización y separación* del ingreso para que éste pueda computarse, bastando que *pueda evaluarse* dentro del periodo en el cual debe imputarse. e) Dados los términos de la definición, que consideran como ingreso al '*incremento neto del poder económico*', parecería que se refiere al *acrecentamiento de capital* y se excluiría, entonces, todo aquello *consumido* en el periodo fiscal. Aunque así resultaría de la interpretación literal de la definición, advierto que ésa no es la conclusión que surge del contexto general de la obra de HAIG, porque no se trata de determinar el incremento al cierre de un ejercicio, como seria si solamente fuera computable el capital acumulado, sino que debe entenderse el *incremento neto como toda acreencia nueva que se incorpora al patrimonio, aunque sea inmediatamente consumida*; esto es – y recalco para que no haya confusión – que el incremento no debe ser medido al final de un ejercicio, sino que dentro del periodo hay que sumar todos los ingresos como incorporaciones netas al patrimonio del individuo que aumentan su poder

Na mesma linha e completando o modelo SHS, em 1938, HENRY C. SIMONS definiu renda como sendo o total de ingressos consumidos e acumulados num determinado período[102].

---

económico." (GARCÍA BELSUNCE, Horacio A. *El concepto de rédito en la doctrina y en el derecho tributario*. Buenos Aires: Depalma, 1967, pp. 140-147). Tradução livre: "'O valor monetário do aumento líquido do poder econômico individual entre duas datas'. (...). Em resumo, os conceitos de HAIG sobre renda podem ser resumidos da seguinte forma: a) Rendimento é um ingresso que pode consistir em bens ou serviços, ambos mensuráveis em moeda. b) O rendimento pode ser periódico, transitório ou acidental, e não é necessário que se mantenha intacta a fonte que a produz, podendo até desaparecer com o ato de produção. c) O conceito de rendimento inclui aumentos de capital e lucros acumulados e não distribuídos. d) Não é necessária a realização e separação do ingresso para que este possa ser computado, bastando que possa ser avaliado dentro do período em que devem ser imputados. e) Dados os termos da definição, que consideram como ingresso o 'aumento líquido do poder econômico', parece que se refere ao aumento de capital e se excluiria, então, todo aquele consumido no período fiscal. Embora isso resulte da interpretação literal da definição, observo que essa não é a conclusão que emerge do contexto geral do trabalho de HAIG, porque não se trata de determinar o aumento ao final de um exercício, como seria se apenas fosse computado o capital acumulado, mas o aumento líquido deve ser entendido como qualquer novo acréscimo incorporado ao patrimônio, mesmo que seja imediatamente consumida; Isso é – e enfatizo para que não haja confusão – que o aumento não deve ser medido ao final de um exercício, mas que, durante o período, todos os ingressos devem ser somados como acréscimos líquidos ao patrimônio do indivíduo que aumentam seu poder econômico".

102 "Define el *rédito* como *'la suma algebraica del valor de los consumos y del valor de lo acumulado entre el principio y el fin del periodo'*. En otras palabras, dice, es meramente el resultado de adicionar el consumo durante un periodo más la riqueza al fin de ese periodo, deduciendo la riqueza existente a su comienzo. (…). En conclusión, de la doctrina de SIMONS resulta lo siguiente: a) La *renta* incluye *todos los ingresos, materiales, inmateriales, usos y servicios*, en tanto puedan ser *valuados* conforme a los precios del mercado. b) Esos ingresos pueden ser *regulares* o *irregulares* y no es requisito que se conserve la fuente que los produce. c) Esos ingresos deben ser *consumidos* o estar *acumulados* en el patrimonio en un periodo determinado, o sea, que para calcular la renta de un individuo al cierre del ejercicio fiscal, se toma el patrimonio acumulado y se le resta el patrimonio al principio del ejercicio; al saldo se le suma el valor de los consumos. d) La renta individual es diferente de la renta social. e) Los *ingresos gratuitos*, esto es, aquellos que no responden a una contraprestación, también deben ser incluidos entre las rentas." (GARCÍA BELSUNCE, Horacio A. *El concepto de rédito en la doctrina y en el derecho tributario*. Buenos Aires: Depalma, 1967, pp. 151-155). Tradução livre: "Define o rendimento como 'a soma algébrica do valor do consumo e do valor acumulado entre o início e o final do período'. Em outras palavras, ele diz, é apenas o resultado da adição do consumo durante um período mais a riqueza ao final desse período, deduzindo a riqueza existente no início. (...) Em conclusão, a doutrina SIMONS resulta no seguinte: a) A renda inclui todos os ingressos, materiais, intangíveis, usos e serviços, desde que possam ser avaliados de acordo com os preços de mercado. b) Esses ingressos podem ser regulares ou irregulares e não é necessário que a fonte que o produz seja conservada. c) Esses ingressos devem ser consumidos ou acumulados no patrimônio em um determinado período, ou seja, para calcular a renda de um indivíduo

Nesse sentido, vale menção ao conceito de *renda-acréscimo patrimonial* elaborado por GARCÍA BELSUNCE, com base nas lições dos mencionados autores:

> Sobre la base de lo que antecede, puedo definir el rédito a la luz de la teoría del 'incremento patrimonial' de la siguiente manera: Rédito es todo ingreso neto en bienes materiales, inmateriales o servicios valuables en dinero, periódico, transitorio o accidental, de carácter oneroso o gratuito, que importe un incremento neto del patrimonio de un individuo en un período determinado de tiempo, esté acumulado o haya sido consumido y que se exprese en términos monetarios[103].

Oportunos são os esclarecimentos de RICARDO MARIZ DE OLIVEIRA a respeito do tema:

> As consequências de uma e de outra corrente podem ser sentidas pelos respectivos alcances. Basta dizer que para a primeira corrente [teoria da fonte] as doações e outros ingressos no patrimônio, que não sejam produzidos por ele próprio ou por seu titular, não se configuram como renda, ao passo que para a segunda corrente [renda-acréscimo patrimonial] esses ingressos representam renda simplesmente por ocorrer o acréscimo patrimonial, independentemente da sua origem ou causa produtora. Mais concretamente, para a segunda corrente não existe diferença entre renda e transferência patrimonial[104].

A teoria *legalista*, por fim, trata da questão a partir de um aspecto estritamente positivista. Isso porque, entende que deve ser considerado "renda" aquilo que a legislação estabelecer que é, independentemente de se caracterizar ou não como acréscimo patrimonial, sendo o legislador infraconstitucional livre para realizar esta definição.

---

ao final do exercício fiscal, toma-se o patrimônio acumulado se subtrai no início do período; ao saldo é somado o valor dos consumos. d) A renda individual é diferente da renda social. e) Os ingressos gratuitos, ou seja, aqueles que não decorrem de uma contraprestação, também devem ser incluídos entre as rendas."

103 GARCÍA BELSUNCE, Horacio A. *El concepto de rédito en la doctrina y en el derecho tributario.* Buenos Aires: Depalma, 1967, p. 186. Tradução livre: "Com base no exposto, posso definir a teoria da 'renda-acréscimo patrimonial' da seguinte forma: renda é todo ingresso líquido em bens tangíveis, intangíveis ou serviços mensuráveis em dinheiro, periódico, transitório ou acidental, oneroso ou gratuito, que importe um aumento líquido do patrimônio de um indivíduo em um determinado período de tempo, esteja acumulado ou tenha sido consumido e que possa ser expresso em termos monetários".

104 OLIVEIRA, Ricardo Mariz de. *Fundamentos do Imposto de Renda*, v. 1. São Paulo: IBDT, 2020, p. 213.

O próprio Supremo Tribunal Federal (STF), no passado, já se posicionou nesse sentido, como pode ser observado nos trechos do voto vencedor proferido pelo Ministro Nelson Jobim no julgamento do Recurso Extraordinário (RE) n. 201.465-6/MG de 02/05/2002[105]:

> **5.2. O Conceito de Renda.**
>
> Dito isso, passo a examinar o conceito de renda. [...]. Observo, desde logo, que o substantivo 'RENDA' está, na Constituição, sem qualquer adjetivação. [...]. Digo eu. A legislação ordinária, no lugar da expressão constitucional 'RENDA', passou a utilizar, para uma das modalidades de base de cálculo, a expressão 'LUCRO REAL'. Observo que a adjetivação 'REAL' é obra da legislação infraconstitucional ordinária. Não está na Constituição, nem na lei complementar – CTN. A definição de 'LUCRO REAL' está no DL 1.598 de 26.12.1977, como [...]. Após essas definições, o DL arrola os itens que devem ser adicionados e excluídos do LUCRO LÍQUIDO DO EXERCÍCIO, para se chegar, enfim, ao LUCRO REAL tributável (DL 1.598/77, art. 6º, §§ 2º a 7º).
>
> A técnica legal para a determinação do LUCRO REAL TRIBUTÁVEL é a da enumeração taxativa (a) dos elementos que compõem o LUCRO LÍQUIDO DO EXERCÍCIO e (b) dos itens que devem ser, a este, adicionados e abatidos. Todo esse cômputo faz-se pelo denominado 'BALANÇO FISCAL'. Por tudo isso, constata-se que o 'BALANÇO FISCAL' apura lucro diferente daquele apresentado pela contabilidade. [...]. O 'BALANÇO FISCAL' e o 'BALANÇO CONTÁBIL' são diferentes porque o chamado LUCRO REAL, base de cálculo do IR, não é a mesma coisa que LUCRO LÍQUIDO DO EXERCÍCIO.
>
> Vê-se, desde logo, que o conceito de LUCRO REAL TRIBUTÁVEL é puramente legal e decorrente exclusivamente da lei, que adota a técnica da enumeração taxativa. Algumas parcelas que, na contabilidade empresarial, são consideradas despesas, não são assim consideradas no BALANÇO FISCAL. [...]. Insisto. Isso tudo demonstra que o conceito de LUCRO REAL TRIBUTÁVEL é um conceito decorrente da lei. Não é um conceito ontológico, como se existisse, nos fatos, uma entidade concreta denominada 'LUCRO REAL'. Não tem nada de material ou essencialista. É um conceito legal. Não há um LUCRO REAL que seja ínsito ao conceito de RENDA, como quer o MINISTRO RELATOR [...]. O conceito de RENDA, para efeitos tributários, é o legal. [...]. Para efeitos tributários, não há que se falar em

105 RE n. 201.465-6/MG, Relator: Min. MARCO AURÉLIO, Relator p/ Acórdão: Min. NELSON JOBIM, Tribunal Pleno, julgado em 02/05/2002, DJ 17-10-2003, pp. 15, EMENT VOL-02128-02, pp. 311 e seguintes.

> um LUCRO REAL que não seja o decorrente da definição legal. [...]. O ACÓRDÃO trabalha com um conceito ontológico de LUCRO REAL – algo que está no mundo, independente de regra legal. A linha de argumento do ACÓRDÃO levaria a afirmação de haver deduções, por essência, obrigatórias, porque naturais. Um conceito que estaria contido na expressão RENDA, do inciso III do art. 153 da CF, lido, pelo ACÓRDÃO como 'RENDA REAL'. [...].
> É claro que a fixação, pela lei, do LUCRO TRIBUTÁVEL, decorrente de adições e deduções incidentes sobre o LUCRO DO EXERCÍCIO, está sujeita a juízo de proporcionalidade. O critério da proporcionalidade é a limitação do poder discricionário da lei, utilizável pelo Poder Judiciário.

GARCÍA BELSUNCE apresenta como partidários da teoria legalista Rubens Gomes de Sousa, Dino Jarach e Giuliani Fonrouge, nos seguintes termos:

> GOMES DE SOUSA tiene una concepción totalmente positivista del rédito, al decir que *'la noción del hecho generador en el impuesto a la renta está íntimamente ligada a la noción de rendimiento; ésta, a su vez, resulta del derecho positivo'.*
> (...)
> Conclusiones sobre el concepto legalista del rédito – La claridad de los conceptos de GOMES DE SOUSA, JARACH y GIULIANI FONROUGE me exime de mayores comentarios al respecto. Además, la coincidencia de las tres opiniones que he agrupado en la doctrina legalista hace innecesario extraer conclusiones[106].

Entretanto, a este respeito, faz-se necessário um esclarecimento: Rubens Gomes de Sousa, autor do Anteprojeto de Código Tributário Nacional, não adotou a teoria *legalista* como base deste diploma legal, como sustenta GARCÍA BELSUNCE. Rubens Gomes de Sousa, ao contrário, claramente fundamentou-se na teoria da *renda-acréscimo patrimonial* – ainda que não a tenha aplicado em sua integralidade –, o que pode ser comprovado a partir de uma simples leitura

---

106 GARCÍA BELSUNCE, Horacio A. *El concepto de rédito en la doctrina y en el derecho tributario.* Buenos Aires: Depalma, 1967, pp. 187-192. Tradução livre: "GOMES DE SOUSA tem uma concepção totalmente positivista da renda, dizendo que: 'a noção do fato gerador do imposto de renda está intimamente ligada à noção de rendimento; esta, por sua vez, resulta do direito positivo. (...). Conclusões sobre o conceito legalista de renda – A clareza dos conceitos de GOMES DE SOUSA, JARACH e GIULIANI FONROUGE me exime de maiores comentários a respeito. Além disso, a coincidência das três opiniões que agrupei na doutrina legalista torna desnecessário outras conclusões".

dos arts. 43 e 44, do CTN, mencionados algumas linhas atrás, os quais originaram-se dos arts. 40 e 42 do Anteprojeto de Código Tributário Nacional, elaborado por RUBENS GOMES DE SOUSA, transcritos a seguir:

> SECÇÃO IV – Do impôsto sôbre a renda e proventos de qualquer natureza
>
> Art. 40. Compete privativamente à União instituir impôsto sôbre a renda e proventos de qualquer natureza, tendo como fato gerador da respectiva obrigação tributária principal a aquisição da disponibilidade de riqueza nova, em dinheiro ou suscetível de avaliação em dinheiro, proveniente do capital, do trabalho, ou da combinação de ambos.
>
> [...]
>
> Art. 42. Contribuinte do impôsto é o adquirente da disponibilidade a que se refere o art. 40, independentemente da natureza do título jurídico de que decorra essa aquisição, ou da ausência de título[107].

Como se verifica no art. 40 do Anteprojeto há menção expressa de que o fato gerador do imposto se dá com "a aquisição da disponibilidade de riqueza nova", ou seja, se a riqueza deve ser "nova", necessariamente, ela representa um acréscimo a uma determinada "riqueza velha" ou patrimônio preexistente (ainda que tal patrimônio seja zero).

Destarte, se, para a ocorrência do fato gerador do imposto de renda, exige-se que haja um *acréscimo de riqueza*, não poderá o legislador livremente determinar que algo seja "renda" sem este algo ser um acréscimo de riqueza, um acréscimo patrimonial, o que, em nossa opinião, denota uma preponderância da teoria da *renda-acréscimo patrimonial* como opção doutrinária do autor do Anteprojeto

Este também é o entendimento de ROQUE CARRAZZA, conforme comprova o trecho a seguir transcrito, no qual este autor reproduz passagem escrita pelo próprio Rubens Gomes de Sousa a respeito do assunto:

> O próprio Rubens Gomes de Sousa, eminente autor do anteprojeto do Código Tributário Nacional, argumenta neste sentido: Assim, a Comissão de 1964 julgou mais adequado à função prática de definir o fato gerador do imposto dar ênfase ao requisito da aquisição da disponibilidade. Mas nem por isso, repito, o requisito de tratar-se de *riqueza nova* foi repudiado; pelo contrário, não só ele está implícito no conceito de disponibilidade, como já disse, mas está também expresso no art. 43, I, onde se diz que a

---

107 Trabalhos da Comissão Especial do Código Tributário Nacional, disponível em: <https://www2.senado.leg.br/bdsf/handle/id/511517>, acesso em: 03/07/2019, p. 275.

> renda é um 'produto' do capital, do trabalho ou da combinação de ambos, e no art. 43, II, onde se diz que os proventos de qualquer natureza são os 'acréscimos patrimoniais' não compreendidos no inciso anterior. A propósito, vale sublinhar que essa redação do inciso II implica que também a renda, de que trata o inciso I, é um acréscimo patrimonial, como já está dito pela palavra 'produto' constante desse inciso[108].

No mesmo sentido é o escólio de HUGO DE BRITO MACHADO em artigo escrito especificamente sobre essa questão:

> Em face do exposto, podemos firmar as seguintes conclusões: 1ª) – O contexto no qual Rubens Gomes de Sousa afirmou que a *renda para fins tributários é determinada livremente pelo legislador, segundo a comodidade técnica da arrecadação,* não nos permite concluir que ele tenha defendido o conceito legalista de renda, como muitos afirmam. 2ª) – Em face do atual ordenamento jurídico brasileiro, afirmar que o legislador ordinário pode dizer livremente o que significa a expressão renda e proventos de qualquer natureza é destruir inteiramente a superioridade hierárquica do Código Tributário Nacional, e em última análise, da própria Constituição Federal. 3ª) – A liberdade do próprio legislador complementar para alterar a definição de renda albergada pelo Código Tributário Nacional não vai além dos limites decorrentes do significado da expressão renda e proventos de qualquer natureza, utilizada pela Constituição Federal para atribuir competência impositiva à União[109-110].

---

108 CARRAZZA, Roque Antonio. *Imposto sobre a Renda (perfil constitucional e temas específicos)*, 3. ed., rev., ampl. e atual. São Paulo: Malheiros, 2009, p. 63.

109 MACHADO, Hugo de Brito. *O conceito legalista de renda, in:* Revista CEJ, Brasília, Ano XIII, n. 47, out./dez. 2009, disponível em: <http://www.jf.jus.br/ojs2/index.php/revcej/article/view/1306/1292>, acesso em: 10/07/2019, p. 9.

110 No mesmo artigo o autor escreve: "É certo que, em estudo publicado no Brasil em 1970, embora escrito cerca de 20 anos antes e publicado na Europa, Rubens Gomes de Sousa afirmou que *os resultados da arrecadação prevalecem sobre a preocupação com o aprimoramento científico do sistema tributário.* E acrescentou: *Não seria, portanto, exagerado ampliar a definição para dizer que o imposto de renda é aquele que incide sobre o que a lei define como renda.* (SOUSA, 1970, v. 14, p. 339). Isso, porém, não quer dizer que o referido Mestre considerasse aceitável tal conceito legalista de renda, nem muito menos que tenha sido um conceito por ele sustentado. Assim, voltamos ao assunto com o propósito de demonstrar que: a) Rubens Gomes de Sousa não defendeu o conceito legalista de renda, e ainda b) aceitar essa liberdade do legislador ordinário para definir o que se deve entender como renda, para fins de incidência do imposto sobre renda e proventos de qualquer natureza, implica negar inteiramente a utilidade da discriminação constitucional das competências impositivas e a própria supremacia constitucional. [...]. Como se depreende do contexto no qual

Gomes de Sousa manifestou-se, a liberdade do legislador, a que ele se referiu, é apenas para escolher entre dois ou mais conceitos elaborados no âmbito da Ciência Econômica. Por outro lado, merece consideração o fato de que, àquela época, não se questionava a hierarquia das normas no sistema tributário. Realmente, é da maior importância registrarmos que a doutrina de Rubens Gomes de Sousa foi elaborada quando não se dava destaque à colocação das questões jurídicas à luz da Constituição. Em outras palavras, época na qual ainda não se havia desenvolvido o constitucionalismo e não se buscava na Constituição a necessária proteção dos cidadãos contra o arbítrio estatal expresso pela voz do legislador. Nem se tratava o ordenamento jurídico como sistema hierarquizado de normas. [...]. Daí se vê claramente que Rubens Gomes de Sousa colocava a lei como a primeira manifestação do Estado, limitando o seu poder de tributar, o que evidentemente não se compadece com um Estado que adota uma Constituição, colocando-a como norma fundamental de seu ordenamento jurídico, e nela estabelece regras a respeito da relação jurídica tributária. Em um Estado que adota uma ordem jurídica hierarquizada, tendo a Constituição em seu patamar superior, e nesta coloca regras a respeito da tributação, é nela e não na lei ordinária que reside a primeira e mais importante limitação do poder de tributar. Assim, é indiscutível que a liberdade do legislador para definir renda, na doutrina de Gomes de Sousa, deve ser entendida como a liberdade daquele que faz a regra da Constituição, cuidando da tributação da renda ou de qualquer outra realidade econômica que lhe parecer conveniente tributar. É a liberdade de quem edita a regra jurídica de maior hierarquia no sistema, em face das diferentes definições de renda, viáveis no âmbito da Economia. [...]. Como qualquer intérprete de normas jurídicas, o legislador, um intérprete da Constituição, goza de relativa liberdade ao interpretar qualquer de seus dispositivos. Desta forma, goza de liberdade relativa para formular o conceito de renda. Pode escolher entre os diversos conceitos fornecidos pelos economistas e financistas, procurando alcançar a capacidade contributiva e tendo em vista considerações de ordem prática. Não pode, todavia, formular, arbitrariamente, um conceito de renda, ou de proventos de qualquer natureza. Nem se diga que o legislador pode estabelecer um conceito de renda por ficção legal. Como assevera Valdir de Oliveira Rocha, *esse fazer de conta não pode subsistir.* É da maior evidência que, se assim não fosse, ruiria inteiramente todo o sistema jurídico-constitucional. [...]. Dessa forma, o Código Tributário Nacional estabeleceu duas limitações ao legislador ordinário. Primeira, quando definiu renda como acréscimo patrimonial. E a segunda, quando estabeleceu que o fato gerador do imposto sobre renda e proventos de qualquer natureza é a aquisição da disponibilidade econômica ou jurídica da renda ou dos proventos. [...]. É admissível, igualmente, a liberdade do legislador para estabelecer normas reguladoras da determinação do montante da renda, tendentes a evitar práticas fraudulentas. Não pode ele, porém, a esse pretexto, criar ficções legais absolutas. Nem pode, de qualquer outro modo, regular de tal forma a determinação da base de cálculo do imposto, que este termine por ser devido sem que tenha ocorrido o fato renda, vale dizer, acréscimo patrimonial. [...]. Finalmente, resta-nos examinar a questão de saber se a definição de renda, albergada pelo art. 43 do Código Tributário Nacional, pode ser alterada pelo legislador complementar, de forma que o imposto possa incidir sobre algo que não cabe no conceito de renda ali definido. O legislador constituinte teve a liberdade para atribuir à União competência para instituir imposto sobre renda e proventos de qualquer natureza, ou

A respeito de o CTN não ter adotado a teoria legalista, LUÍS EDUARDO SCHOUERI[111] entende da mesma forma:

> Ao lado das teorias econômicas, deve-se mencionar também a teoria legalista, de cunho essencialmente jurídico, pela qual renda é o que a lei disser que é. Horacio A. García Belsunce, em seu importante trabalho sobre o conceito de renda, apontou Rubens Gomes de Sousa como um dos partidários dessa teoria.
>
> Não parece acertada a inclusão do autor brasileiro na corrente legalista. Uma leitura atenta de sua obra revela que Rubens Gomes de Sousa não afirmou que renda é aquilo que a lei assim o definir. [...]
>
> Assim, Rubens Gomes de Sousa não disse que renda é aquilo que a lei definir como tal. Para o autor, a renda será a disponibilidade econômica sobre valores em dinheiro ou que possam ser avaliados em dinheiro, que sejam provenientes do capital, do trabalho ou da combinação de ambos, e que seja compreendida na definição legal. A definição em lei, portanto, é o último passo no conceito de renda de Rubens Gomes de Sousa, e não a primeira, como entendera Horacio A. García Belsunce. Ou seja: não é renda tudo o que a lei disser; ao contrário, *dentro* do conceito econômico, será renda o fenômeno descrito pelo legislador. A lei restringe-se, portanto, ao conceito econômico; o limite do conceito legal de renda é o econômico. Ainda assim, nem toda renda econômica o será juridicamente, se não for reconhecida pelo legislador[112].

Válidos também são os argumentos apresentados por RICARDO MARIZ DE OLIVEIRA sobre a teoria legalista:

---

sobre qualquer outra forma de expressão de capacidade contributiva. Preferiu autorizar a instituição de imposto sobre a renda. Instituiu-se, assim, limite à liberdade do legislador complementar. A liberdade deste, agora, para definir renda e proventos de qualquer natureza não vai além da liberdade que tem o intérprete para escolher uma das significações razoáveis dessa expressão. Admitir que o legislador complementar tem ampla liberdade para estabelecer o significado dessa expressão é destruir inteiramente a superioridade hierárquica da Constituição." (MACHADO, Hugo de Brito. *O conceito legalista de renda*, *in:* Revista CEJ, Brasília, Ano XIII, n. 47, out./dez. 2009, disponível em: <http://www.jf.jus.br/ojs2/index.php/revcej/article/view/1306/1292>, acesso em: 10/07/2019, pp. 6-9).

111 SCHOUERI mostra a evolução da discussão e faz abordagem semelhante. (SCHOUERI, Luís Eduardo. *O mito do lucro real na passagem da disponibilidade jurídica para a disponibilidade econômica. In:* MOSQUERA, Roberto Quiroga; LOPES, Alexsandro Broedel (coords.). Controvérsias jurídico-contábeis (aproximações e distanciamentos). São Paulo: Dialética, 2010, pp. 242-245).

112 SCHOUERI, Luís Eduardo. *O mito do lucro real na passagem da disponibilidade jurídica para a disponibilidade econômica. In:* MOSQUERA, Roberto Quiroga; LOPES, Alexsandro Broedel (coords.). Controvérsias jurídico-contábeis (aproximações e distanciamentos). São Paulo: Dialética, 2010, p. 244.

> Muito embora ela se volte principalmente para o conteúdo da base de cálculo, e não para o fato gerador em si, não é necessário ir muito fundo para se saber que a corrente legalista somente pode ser aceita no plano da definição constitucional de competências tributárias, em virtude do amplo poder detido por uma Constituição originária, mas mesmo assim sob alguns limites derivados principalmente da natureza das coisas e da necessidade de haver real densidade econômica nos signos de capacidade contributiva eleitos como fatos passíveis de tributação.
> Mas, depois de definida a competência constitucional, as leis tributárias inferiores não têm qualquer liberdade para se afastar dela, seja quando a mesma se constitua numa situação jurídica advinda de outros ramos do direito – como o imposto sobre transmissão *inter vivos* da propriedade imobiliária –, seja quando se constitua numa situação de fato, ainda que impregnada pelas consequências econômicas de negócios e atos jurídicos, como é o caso do imposto de renda[113].

Diante do exposto, concordamos com estes autores e entendemos ser possível afirmar que, apesar de o legislador infraconstitucional ter uma certa liberdade para definir a extensão dos conceitos de renda e proventos de qualquer natureza, não pode ele se afastar, todavia, da noção de *acréscimo patrimonial*, tendo sido exatamente este o sentido impresso e adotado pelo legislador no mencionado art. 43, do CTN[114], com base e em consonância com a noção de renda constante da Constituição Federal.

> [...]. Traduzem, em suma, para quem os recebe, um aumento patrimonial, entre dois momentos de tempo. Enfim, os *proventos* tributáveis são aqueles que aumentam a riqueza do contribuinte. Têm, pois, juridicamente, a mesma concepção da renda, já que ambos levam em conta *acréscimos patrimoniais*.
> [...]

113 OLIVEIRA, Ricardo Mariz de. *Fundamentos do Imposto de Renda*, v.1. São Paulo: IBDT, 2020, pp. 212-213.

114 "Mesmo cientes disto, observamos, de bom grado, que o próprio Código Tributário Nacional, desde que interpretado de modo adequado, não ultrapassou os limites constitucionais. [...]. De modo que, retomando o fio do raciocínio – o Código Tributário Nacional reforça o entendimento de que o IR só pode incidir sobre *aquisição de riqueza nova*, em dinheiro ou equivalente, advinda do capital, do trabalho ou da combinação de ambos. O mesmo diploma normativo sinaliza no sentido de que a tributação da renda só pode dar-se quando esta já está ao alcance da mão do contribuinte." (CARRAZZA, Roque Antonio. *Imposto sobre a Renda (perfil constitucional e temas específicos)*, 3. ed., rev., ampl. e atual. São Paulo: Malheiros, 2009, pp. 60-62).

> Parece claro que o art. 43 do CTN explicita que o legislador federal, ao traçar a *hipótese de incidência* do IR, só pode juridicizar situações que revelem *riqueza nova* ou *acréscimos patrimoniais*. As duas expressões interligam-se, porquanto tais *acréscimos* levam à incorporação de *riqueza nova* a patrimônio preexistente. E *riqueza nova*, como é de compreensão intuitiva, pressupõe *valores líquidos*. Noutro giro, *riqueza nova* e *valores líquidos* são consectários do *acréscimo patrimonial*[115].

Neste passo, RICARDO MARIZ DE OLIVEIRA levanta dois interessantes pontos ao tratar das teorias que explicam o conceito de renda, os quais acabaram influenciando o nosso entendimento a respeito da matéria.

A primeira observação é a de que o legislador do art. 43, do CTN, não teria adotado a teoria da renda-acréscimo patrimonial sem quaisquer limites, pois, *"[...], se a teoria da renda -acréscimo tivesse sido adotada na sua integralidade, teria bastado ao CTN dizer que o fato gerador do imposto de renda é o acréscimo patrimonial de qualquer origem, sendo irrelevante o fato de ter sido produzido pelo patrimônio ou pelo seu titular, ou ter simplesmente vindo gratuitamente de fora dele. Neste caso, e tendo em vista a denominação constitucional do imposto, ele poderia ter-se atido à sua história (ademais consistente com o uso das expressões), definindo renda como o gênero que englobasse todas as espécies de aumento patrimonial, inclusive o derivado do capital ou da sua alienação, do trabalho ou da combinação dos anteriores, e definindo proventos de qualquer natureza como a espécie relativa aos rendimentos da aposentadoria e do funcionalismo público."*[116]

Isso porque, *"[...] a adoção da teoria da renda-acréscimo, sem restrições e limitações, conduz a situações complicadas, não apenas por possível colidência jurídica com outras competências tributárias constitucionais, mas certamente de colidência econômica indesejável e provavelmente discutível sob o ponto de vista jurídico, o que as faz desaguar numa inafastável necessidade de estabelecimento de limites para a abrangência dos demais fatores produtores de acréscimo patrimonial no conceito de renda."*[117]

De fato, concordamos com o autor que uma análise sistemática do nosso sistema tributário não nos permite concluir que o art. 43, do CTN, tenha adotado a teoria da renda-acréscimo ilimitadamente[118].

---

115 CARRAZZA, Roque Antonio. *Imposto sobre a Renda (perfil constitucional e temas específicos)*, 3. ed., rev., ampl. e atual. São Paulo: Malheiros, 2009, pp. 59-64.

116 OLIVEIRA, Ricardo Mariz de. *Fundamentos do Imposto de Renda*, v. 1. São Paulo: IBDT, 2020, p. 222.

117 OLIVEIRA, Ricardo Mariz de. *Fundamentos do Imposto de Renda*, v. 1. São Paulo: IBDT, 2020, pp. 222-223.

118 "Realmente, a renda-acréscimo, pura e simples, abarca os aumentos de patrimônio de toda e qualquer ordem, o que se verá logo a seguir ser inaceitável e impossível. Assim, por essa teoria estaria abrangido pelo imposto de renda um acréscimo de patrimônio mediante doação ou herança recebida, entre outras espécies de

O segundo ponto é o de que na redação do art. 43, do CTN, especialmente a de seu inciso I, quando dispõe *"de renda, assim entendido o produto do capital, do trabalho ou da combinação de ambos"*, é possível identificar que a teoria da fonte também foi acatada pelo legislador brasileiro, de modo que a noção de renda trazida pelo art. 43, do CTN, abrange também a renda-produto e não só a renda-acréscimo patrimonial, o que também seria permitido pela dicção constitucional do art. 153, inciso III, veja-se:

> Em síntese, mesmo sem ingressar nas críticas justamente assacadas contra a corrente legalista, a Constituição e o CTN não se filiaram a ela, assim como não se filiaram necessariamente a uma das duas correntes definidoras da renda em sentido amplo, isto é, nem à da renda-produto, nem à da renda-acréscimo.
>
> O que se constata é que as duas leis fundamentais do imposto de renda ficaram num terreno híbrido em que as duas teorias foram acolhidas, na Constituição, como uma possibilidade ante a extensão da denominação constitucional atribuída ao imposto e, no CTN como uma certeza decorrente dos incisos I e II do seu art. 43, aquele reflexo pleno da renda-produto, e este reflexo limitado da renda-acréscimo. Em outras palavras, há vestígios das duas correntes na definição do fato gerador fornecida pelo art. 43 do CTN[119].

LUÍS EDUARDO SCHOUERI trilha o mesmo caminho ao afirmar:

> Cabe neste ponto registrar que, embora parte respeitável da doutrina extraia do comando acima reproduzido a ideia de que a renda sempre compreenderia um acréscimo patrimonial, tal entendimento não parece mandatório. É verdade que o inciso II se refere a acréscimos patrimoniais não compreendidos no inciso anterior, o que pressupõe que o inciso I também inclua acréscimos patrimoniais. Entretanto, não está dito que o inciso I compreende apenas os casos de acréscimos patrimoniais. Aquele primeiro inciso versa sobre a renda-produto, que pode, ou não, resultar em acréscimos patrimoniais. O inciso II, por sua vez, versa sobre acréscimos patrimoniais, apenas. Há uma intersecção, que compreende os casos de renda-

---

ingressos ou entradas nos patrimônios, ao que a doutrina, no particular de doações e heranças, é unissonamente contra, [...].,

Em outras palavras, a doutrina da época do CTN, diretamente envolvida em sua confecção ou participante do primeiro escalão de qualidade e conhecimentos, entendeu que o art. 43 não abrangia todo e qualquer acréscimo patrimonial, e estabeleceu a distinção entre renda em sentido lato – de renda e proventos de qualquer natureza – e transferências patrimoniais." (OLIVEIRA, Ricardo Mariz de. *Fundamentos do Imposto de Renda*, v. 1. São Paulo: IBDT, 2020, pp. 223-224).

119 OLIVEIRA, Ricardo Mariz de. *Fundamentos do Imposto de Renda*, v. 1. São Paulo: IBDT, 2020, p. 242.

> -produto que implique acréscimos patrimoniais. Entretanto, assim como no inciso II haverá acréscimos patrimoniais que não são renda-produto (como o ganho de capital), também no inciso I poderá haver renda-produto que não se mede a partir de um acréscimo patrimonial. [...]; a mera existência de renda-produto é suficiente para a tributação, independentemente de qualquer acréscimo[120].

Ou seja, a partir dos argumentos apresentados por estes dois autores, verifica-se que é possível dar um passo à frente na interpretação da questão, o qual vai no sentido de que o conceito de renda no direito brasileiro está calcado tanto na *teoria da fonte* (inciso I, do art. 43, do CTN), como na *teoria da renda-acréscimo patrimonial* (inciso II, do art. 43, do CTN).

É importante destacar que, atualmente e ao contrário da posição firmada no RE n. 201.465-6/MG de 02/05/2002, anteriormente mencionado, o STF tem se posicionado no sentido de que há, sim, um conceito de renda na Constituição Federal e que a noção de renda vigente no Brasil fundamenta-se no acréscimo patrimonial[121] e não na teoria legalista. É o que pode ser constatado no RE n. 208.526/RS, de 20/11/2013[122], do qual vale destacar os seguintes trechos do Voto-Vista proferido pelo Ministro Cezar Peluso, o qual seguiu a tese vencedora prolatada pelo relator, Ministro Marco Aurélio:

---

120 SCHOUERI, Luís Eduardo. *O mito do lucro real na passagem da disponibilidade jurídica para a disponibilidade econômica. In:* MOSQUERA, Roberto Quiroga; LOPES, Alexsandro Broedel (coords.). Controvérsias jurídico-contábeis (aproximações e distanciamentos). São Paulo: Dialética, 2010, p. 247.

121 Frise-se que o entendimento de que no Brasil a noção de "renda" baseia-se no acréscimo patrimonial já podia ser identificada no RE n. 117.887, julgado pelo Tribunal Pleno em 11/02/1993, com a relatoria do Min. Carlos Velloso: "EMENTA: CONSTITUCIONAL. TRIBUTÁRIO. IMPOSTO DE RENDA. RENDA – CONCEITO. Lei n. 4.506, de 30.XI.64, art. 38, C.F./46, art. 15, IV; CF/67, art. 22, IV; EC 1/69, art. 21, IV. CTN, art. 43. I. – Rendas e proventos de qualquer natureza: o conceito implica reconhecer a existência de receita, lucro, proveito, ganho, acréscimo patrimonial que ocorrem mediante o ingresso ou o auferimento de algo, a título oneroso. C.F., 1946, art. 15, IV; CF/67, art. 22, IV; EC 1/69, art. 21, IV. CTN, art. 43. II. – Inconstitucionalidade do art. 38 da Lei 4.506/64, que institui adicional de 7% de imposto de renda sobre lucros distribuídos. III. – R.E. conhecido e provido." (RE n. 117.887, Relator: Min. CARLOS VELLOSO, Tribunal Pleno, julgado em 11/02/1993, DJ 23/04/1993, pp. 6923, EMENT VOL-01700-05, pp. 786, RTJ VOL-00150-02, pp. 578 e seguintes).

122 "IMPOSTO DE RENDA – BALANÇO PATRIMONIAL – ATUALIZAÇÃO – OTN – ARTIGOS 30 DA LEI n. 7.730/89 E 30 DA LEI N. 7.799/89. Surge inconstitucional a atualização prevista no artigo 30 da Lei n. 7.799/89 no que, desconsiderada a inflação, resulta na incidência do Imposto de Renda sobre lucro fictício." (RE n. 208.526/RS, Relator: Min. MARCO AURÉLIO, Tribunal Pleno, julgado em 20/11/2013, DJe-213, publicado em 30/10/2014, EMENT VOL-02754-03, pp. 346 e seguintes).

Ao assim proceder, a decisão recorrida fez, contudo, tabula rasa de diversas normas constitucionais, como se verá ao longo deste voto. O que importa sobrelevar, neste ponto, é que não se cuida de caso da chamada ofensa indireta ou reflexa à Constituição. Entendo que a questão deve ser conhecida e apreciada pelo Tribunal, pois as normas objurgadas guardam aptidão para afrontar, diretamente, a Constituição da República. É que os próprios preceitos legais, que versam sobre correção monetária, são passíveis de ter a constitucionalidade estimada, na medida em que podem implicar, por si mesmos, distorção da noção constitucional de renda e degeneração da base de cálculo do imposto. [...]. Não há como conceber ofensa indireta por norma que modifica, escancaradamente, a base de cálculo e a materialidade de um imposto.

[...]

Pois bem, ultrapassada a barreira da admissibilidade do recurso, a solução da controvérsia sobre o índice de correção aplicável pede resposta à seguinte questão: o índice, da forma como o estatuem as leis, fere a Constituição? Cuida-se, aqui, de investigar se o núcleo semântico 'renda' foi desrespeitado pelas provisões constantes do art. 30, § 1º, da Lei n. 7.730/89, e do art. 30 da Lei n. 7.799/89, ao determinarem correção monetária de balanços em níveis inferiores à efetiva perda de valor da moeda.

I. A NOÇÃO DE RENDA NA CONSTITUIÇÃO.

4. Embora a existência de um 'conceito constitucional de renda' seja deveras controversa, divergindo, a respeito das notas que o caracterizariam, teorias de renda-produto, de renda-acréscimo e concepções legalistas de renda, estou em que nenhuma delas merecerá crédito, se não reverenciar ideia de que 'as palavras são utilizadas na Constituição com o fim de transmitir uma mensagem com sentido, com o propósito de designar algum conceito, mesmo sendo um conceito do tipo indeterminado [...]. Contudo, se existe um conceito, há características definitórias que informam seus limites, que permite identificá-lo e diferençá-lo de outros conceitos'. Parece-me indiscutível, portanto, que os sentidos licitamente atribuíveis à expressão 'renda' são limitados, não podendo transpor aquilo que se denomina o 'conteúdo semântico mínimo', [...]. É claro que à construção da noção jurídica completa de renda não basta a previsão geral da Constituição, a qual supõe a existência de normas inferiores que se aproximem, em grau crescente de concreção, dos fatos jurídicos tributários. O essencial é notar que a Constituição traz demarcação rígida dos contornos do tributo. E é essencial, porque, se exorbitar dos contornos estabelecidos pela competência, ou incidir nas proibições veiculadas por normas constitucionais de limitação ao poder de

tributar, a regra será inconstitucional. [...]. Sabe-se que concorrem para consecução de pretensão tributária legítima, o refinamento e a maior concretude possibilitadas pelas normas infraconstitucionais, em especial pela lei complementar (CTN) e pela lei ordinária, as quais não podem afastar-se da compreensão ínsita ao termo 'renda', tal como lhe advém do texto constitucional como um *quid iuris*. [...].

5. Embora úteis à captura dos fatos jurídicos tributários, as normas infraconstitucionais não se prestam à definição, 'de baixo para cima', do conceito de renda adotado pela Constituição, pois que isso romperia a hierarquia nomológica do sistema. Não toca, por outro lado, à Corte Suprema vaticinar, aprioristicamente, qual seria a compreensão de eventual 'conceito constitucional de renda', mediante descrição pormenorizada de todos os seus elementos definidores, enquanto tarefa legítima da lei ordinária, que, nisto, deve manter-se dentro dos parâmetros constitucionalmente estabelecidos e respeitar as normas constantes da lei complementar. [...]. Afirmar que a noção substancial de renda está na Constituição pressupõe, é óbvio, possibilidade de apreendê-la sem necessidade de remissões a conceitos veiculados por diplomas normativos de hierarquia inferior, como o CTN ou outras normas infraconstitucionais, pois doutro modo se entraria a interpretar a Constituição à luz de normas subalternas. Daí, devemos ser capazes de extrair à Constituição o substrato da noção de renda que gozará da proteção e guarda do Supremo Tribunal Federal.

[...]

8. A concepção de renda que há de vingar no caso é, evidentemente, aquela abraçada pelo Tribunal, a que incumbe, na condição de guarda da Constituição, a revelação de seus sentidos emergentes. E metodologia mais adequada, senão decisiva ao propósito, é precisar os extremos negativos do conceito, extirpando do ordenamento e do campo de competência da União, em cada caso, tudo quanto não possa, sob nenhum critério racional, ser concebido como renda. Isso equivale a preservar o núcleo semântico-jurídico primordial da parcela de realidade fática econômica representada pelo vocábulo renda, sem implicar atuação do Judiciário como 'legislador positivo'. [...]. Ora, esse conceito geral corresponde, precisamente, ao cerne conceitual de renda que se deve resguardar. Segue-se daí que o conceito de renda tem, como todas as expressões categoremáticas, um núcleo semântico mínimo, empregado pela Constituição Federal, para, a um só tempo, traçar o âmbito de incidência possível do tributo e delimitar (no sentido de lhe definir os contornos) a competência do ente tributante. Ao assim dispor, a Carta Constitucional exclui da possibilidade de tributação tudo aquilo que não esteja no campo semântico por ela demarcado.

9. Não constitui novidade alguma a necessidade de expungir do ordenamento disposição legal que vulnere noções adotadas pela Constituição. [...]. Está-se, mais uma vez, diante de uma dessas situações em que impende declarar a inconstitucionalidade de lei em razão do extravasamento dos marcos encravados no texto constitucional. O campo semântico da palavra, demarcado também à luz do que assentou a jurisprudência do Tribunal, envolve as notas de **ganho** e de **acréscimo**. Por outro lado, a repartição das competências tributárias está traçada de forma nítida no texto constitucional, de tal modo que não se pode confundir nem aproximar as diversas materialidades definidoras de competências, como se entre elas não medeassem consideráveis dessemelhanças. Assim, não é lícito tomar por renda – que tem conformação conceitual mínima – nenhum pressuposto de fato que desencadeie outras competências, tal como 'receita', 'faturamento', 'lucro', 'patrimônio', nem pressuposto de fato que não desencadeie competência alguma (*e.g.*, meros ingressos ou simples trânsito de valores).

II. CORREÇÃO MONETÁRIA INSUFICIENTE E DESVIRTUAMENTO DA NOÇÃO DE RENDA.

10. Não é franqueado ao legislador infraconstitucional manipular, direta ou indiretamente, a noção constitucional de renda, alargando-lhe as fronteiras na edição da norma que institua o tributo. É inadmissível considerar válida lei ordinária que produza tal efeito, desvirtuando o sentido da categoria 'renda'. [...]. Nenhuma lei, quer seja a instituidora do tributo, quer verse sobre tema que indiretamente lhe diga respeito, pode transpor as fronteiras da regra-matriz posta pela Constituição, adotando critérios plásticos na eleição dos fatos geradores, das bases de cálculo ou de outros critérios conformadores do tributo. Como afirma RICARDO LOBO TORRES, *'o que se não puder definir como renda, dentro do conceito lato que a entende como acréscimo do patrimônio em determinado lapso de tempo, não poderá constituir fato gerador do tributo, ainda que o eleja o legislador.'* Se incorrer nesses vícios, não escapará à tacha de inconstitucional, destino, aliás, doutras normas que, ainda sem instituir diretamente tributo, acabem por desnaturá-lo, mediante adulteração de seus critérios, conducente à destruição da moldura constitucional pré-definida[123].

123 Destaque-se que este Recurso Extraordinário foi julgado sob a sistemática da repercussão geral que resultou na definição do Tema 311 (apesar de o paradigma ser

Dando continuidade à análise da matéria, em 27 de junho de 2019, ao julgar o Tema 117 de Repercussão Geral, o STF analisou a constitucionalidade da chamada "trava dos 30%" para compensar prejuízos fiscais do IRPJ e da CSLL[124]. O Tribunal, por maioria, decidiu pela constitucionalidade da limitação, firmando a seguinte tese: *"É constitucional a limitação do direito de compensação de prejuízos fiscais do IRPJ e da base de cálculo negativa da CSLL"*.

O *leading case* julgado foi o RE 591.340/SP[125], cuja ementa segue abaixo:

> TRIBUTÁRIO. IMPOSTO DE RENDA DE PESSOA JURÍDICA E CONTRIBUIÇÃO SOCIAL SOBRE O LUCRO LÍQUIDO. PREJUÍZO. COMPENSAÇÃO. LIMITE ANUAL. LEI 8.981/1995, ARTS. 42 E 58. LEI 9.065/95, ARTS. 15 E 16. CONSTITUCIONALIDADE.
>
> 1. A técnica fiscal de compensação gradual de prejuízos, prevista em nosso ordenamento nos arts. 42 e 58 da Lei 8.981/1995 e 15 e 16 da Lei 9.065/1995, relativamente ao Imposto de Renda de Pessoa Jurídica e à Contribuição Social sobre o Lucro Líquido, não ofende nenhum princípio constitucional regente do Sistema Tributário Nacional.
>
> 2. Recurso extraordinário a que nega provimento, com afirmação de tese segundo a qual: É constitucional a limitação do direito de compensação de prejuízos fiscais do IRPJ e da base de cálculo negativa da CSLL.

Independentemente do fato de o relator do caso, Ministro Marco Aurélio, ter sido vencido, bem como das críticas que possam ser feitas ao resultado do julgamento, é possível identificar no referido acórdão a reafirmação de que o

---

o RE n. 221.142). Todavia, a tese firmada abrange apenas a declaração de inconstitucionalidade do § 1º, do art. 30, da Lei n. 7.730/1989, e do art. 30, da Lei n. 7.799/1989 – correção monetária de balanços patrimoniais – e não o conceito de renda propriamente dito e explorado no presente trabalho.

124 Tema 117: Limitação do direito de compensação de prejuízos fiscais do IRPJ e da base de cálculo negativa da CSLL. Relator: Ministro MARCO AURÉLIO. Leading Case: RE n. 591.340/SP. Descrição: "Recurso extraordinário em que se discute, à luz dos artigos 145, § 1º; 148; 150, II e IV; 153, III; e 195, I, c, da Constituição Federal, a constitucionalidade, ou não, dos artigos 42 e 58 da Lei n. 8.981/95, bem como dos artigos 15 e 16 da Lei n. 9.065/95, no que limitaram em 30% (trinta por cento), para cada ano-base, o direito do contribuinte de compensar os prejuízos fiscais do Imposto de Renda sobre a Pessoa Jurídica – IRPJ e da base de cálculo negativa da Contribuição Social sobre o Lucro Líquido – CSLL". Disponível em: <http://www.stf.jus.br/portal/jurisprudenciaRepercussao/verAndamentoProcesso.asp?incidente=2633289&numeroProcesso=591340&classeProcesso=RE&numeroTema=117#>, acesso em: 04/09/2019.

125 RE 591.340/SP, Relator(a): MARCO AURÉLIO, Relator(a) p/ Acórdão: ALEXANDRE DE MORAES, Tribunal Pleno, julgado em 27/06/2019, ACÓRDÃO ELETRÔNICO DJe-019-DIVULG 31/01/2020-PUBLIC 03/02/2020.

conceito de renda apenas se caracteriza com a ocorrência de acréscimo patrimonial. É o que se extrai dos seguintes trechos do voto do relator:

> Esse entendimento se coaduna com a óptica do Supremo, ao pressupor como renda a realização de acréscimo patrimonial, conforme consignado nos já citados recursos extraordinários n. 172.058, de minha relatoria, Pleno, acórdão publicado no Diário da Justiça de 13 de outubro de 1995, e n. 117.887, relator o ministro Carlos Velloso, Pleno, acórdão veiculado no Diário da Justiça de 23 de abril de 1993.
>
> [...]
>
> A medida implementada pelas Leis n. 8.981/1995 e n. 9.065/1995 acarreta incidência sobre resultados que não necessariamente acrescem o patrimônio do recorrente, mas, tão somente, repõem perdas verificadas nos períodos anteriores. Ou seja, por meio de tributação de renda ficta, uma vez que, conforme consignei, ela de fato não existe, alcança-se o patrimônio do contribuinte, colocando-se em risco a manutenção da própria fonte produtora.
>
> [...]
>
> Inobservado acréscimo patrimonial, não há como cogitar da existência de lucro. Se não há lucro, não há demonstração de aptidão para suportar a carga tributária. A limitação ao aproveitamento do prejuízo acumulado apresenta, assim, contornos verdadeiramente confiscatórios, situação vedada ante o previsto no artigo 150, inciso IV, do Diploma Maior.

Em que pese o voto do Ministro Alexandre de Moraes ter sido divergente do voto do relator quanto à constitucionalidade da trava dos 30% (tendo sido, inclusive, designado como redator para o acórdão), ele também deixa claro que o conceito de renda só se verifica quando há resultados positivos ou, em outra palavras, acréscimo patrimonial:

> Consequentemente, rejeito os argumentos no sentido de que a limitação fiscal não se harmoniza com o que a CONSTITUIÇÃO FEDERAL predica a respeito dos conceitos de renda e lucro (resultados positivos), sem que haja dedução integral de prejuízos acumulados (resultados negativos) pretéritos.

Também se pronunciaram expressamente no mesmo sentido – de que a noção de renda sempre compreende um acréscimo patrimonial – o Ministro Edson Fachin[126] e o Ministro Ricardo Lewandowski.[127]

---

126 Segue trecho do voto: "Em primeiro impende compreender que vigora na ordem tributária um 'conceito constitucional de renda' que pode ser conceituado como a 'hipótese de incidência do imposto sobre a renda: produto líquido (receitas menos

Destarte, entendemos que se pode dar por encerrada a celeuma e firmar que o entendimento do STF é o de que o conceito de renda sempre alude a um acréscimo patrimonial, tendo sido afastada mais uma vez, portanto, a teoria legalista.

Avançando na análise do tema e aplicando tais noções ao IRPJ, importa destacar que é impossível se alcançar, via tributação, a renda efetiva de uma pessoa jurídica, haja vista a renda "real" ou "definitiva" somente poder ser quantificada comparando-se a situação econômico-patrimonial da pessoa jurídica no dia de início de suas atividades e no dia da sua completa extinção, procedimento que, em nome da praticabilidade, é abandonado, estabelecendo o legislador regras para se chegar a uma "renda" possível de ser tributada em determinado período, ainda que não seja exatamente a renda real e efetiva da pessoa jurídica.

Em consequência disto, o legislador ordinário precisa adotar algumas premissas para quantificar tal renda passível de tributação. O legislador

---

as despesas necessárias à manutenção da fonte produtora) calculado durante o período de um ano.' (ÁVILA, Humberto. Conceito de renda e compensação de prejuízos fiscais. São Paulo: Malheiros, 2011, p.34).

Tal conceito constitucional de renda delimita, por conseguinte, o exercício da competência tributária da União que ao promover limitação à compensação dos prejuízos fiscais termina por tributar patrimônio; riqueza alheia ao conceito constitucional de renda.

Conforme transcrito o conceito de renda é fixado dentro de um determinado período. Para fins de tributação do efetivo acréscimo patrimonial é imprescindível confrontar resultados presentes e passados, sendo justamente o determinado pelo regime de competência, o que essencial para apuração IRPJ e CSLL.

[...]

Além da relevância deste aspecto temporal na fixação do poder de tributar renda, oportuno asseverar que este Eg.STF possui entendimento reiterado acerca do 'conceito constitucional de renda' para concluir que demanda necessariamente 'ganho' e/ou 'acréscimo' com a citação de Bulhões Pedreira: 'Por maiores que sejam as divergências doutrinárias sobre o conceito de renda, há um elemento de sua composição sobre o qual não pairam dúvidas: o de que ela envolve necessariamente a ideia de GANHO, de ACRÉSCIMO'. (RE n.117.887, rel. Min. Carlos Velloso)

O conceito constitucional de renda, abstraído a partir do princípio da capacidade contributiva, pressupõe acréscimo patrimonial sendo vedada interpretação que extrapole o poder de tributar conferido pela Constituição: '...se a lei pudesse chamar de compra o que não é compra, de importação o que não é importação, de exportação o que não é exportação, de renda o que não é renda, ruiria todo o sistema tributário inscrito na Constituição.' (RE n.71.758, rel.Min. Thompson Flores)."

127 Segue trecho do voto: "[...]. Estou entendendo que a Lei, ao estabelecer essa trava, vai contra aquilo que a própria Constituição estabelece como o conceito de renda, que, na verdade, é um acréscimo patrimonial, segundo consta do art. 145 § 1º da Carta Magna, que leva em conta a capacidade contributiva do contribuinte."

brasileiro, assim como da maioria dos países, adotou, principalmente, as seguintes: (i) partir do lucro contábil da pessoa jurídica; e (ii) determinar alguns ajustes (adições, exclusões e compensações) a este lucro contábil[128], de forma a aproximá-lo ao máximo de uma base de cálculo que corresponda à capacidade contributiva ideal a ser atingida pela tributação.

E é justamente neste ponto que as regras de preços de transferência se conectam com o conceito constitucional de renda, pois, considerando que tais regras nada mais são do que ajustes ao lucro contábil da pessoa jurídica visando a sua adequação aos valores de mercado, verifica-se que o legislador brasileiro acatou a ideia de que a capacidade contributiva a ser idealmente atingida e tributada pelo IRPJ é aquela que seja oriunda de transações levadas a efeito com base nas regras de livre mercado. Ou seja, à segunda premissa indicada no parágrafo anterior, há que se acrescentar a necessidade, para fins fiscais (*i.e.*, para se alcançar a capacidade contributiva ideal), de que tais ajustes resultem na adequação do lucro contábil às regras de livre

---

128 Decreto-lei n. 1.598/1977, *in verbis*: "Art. 6º. Lucro real é o lucro líquido do exercício ajustado pelas adições, exclusões ou compensações prescritas ou autorizadas pela legislação tributária.

§ 1º O lucro líquido do exercício é a soma algébrica de lucro operacional (art. 11), dos resultados não operacionais, do saldo da conta de correção monetária (art. 51) e das participações, e deverá ser determinado com observância dos preceitos da lei comercial.

§ 2º Na determinação do lucro real serão adicionados ao lucro líquido do exercício:

a) os custos, despesas, encargos, perdas, provisões, participações e quaisquer outros valores deduzidos na apuração do lucro líquido que, de acordo com a legislação tributária, não sejam dedutíveis na determinação do lucro real;

b) os resultados, rendimentos, receitas e quaisquer outros valores não incluídos na apuração do lucro líquido que, de acordo com a legislação tributária, devam ser computados na determinação do lucro real.

§ 3º Na determinação do lucro real poderão ser excluídos do lucro líquido do exercício:

a) os valores cuja dedução seja autorizada pela legislação tributária e que não tenham sido computados na apuração do lucro líquido do exercício;

b) os resultados, rendimentos, receitas e quaisquer outros valores incluídos na apuração do lucro líquido que, de acordo com a legislação tributária, não sejam computados no lucro real;

c) os prejuízos de exercícios anteriores, observado o disposto no artigo 64.

[...]

Art. 7º. O lucro real será determinado com base na escrituração que o contribuinte deve manter, com observância das leis comerciais e fiscais.

[...]

§ 4º Ao fim de cada período-base de incidência do imposto o contribuinte deverá apurar o lucro líquido do exercício mediante a elaboração, com observância das disposições da lei comercial, do balanço patrimonial, da demonstração do resultado do exercício e da demonstração de lucros ou prejuízos acumulados."

mercado, porquanto, só assim a base de cálculo do IRPJ alcançada representará a renda enquanto capacidade contributiva idealmente tributável.

> Compreende-se, assim, por que razão o lucro contábil deixa de ser um parâmetro necessariamente confiável para a apuração da riqueza gerada pela pessoa jurídica: sendo o resultado aritmético das transações efetuadas, apenas servirá ele de medida da renda se os negócios se celebrarem entre partes independentes. Desta forma, a ideia de que o lucro contábil serviria de ferramenta adequada para apurar a renda ganha uma condicionante: desde que o lucro reflita preços de mercado. Que fazer quando as transações se efetuaram entre partes ligadas? Do mesmo modo, o lucro contábil servirá como medida da renda da pessoa jurídica se os preços ali computados forem os de mercado. Não o sendo, substituem-se os valores das transações concretas pelos preços de mercado, e chegar-se-á a um lucro, diverso do contábil, que melhor refletirá a renda da pessoa jurídica. Assim, entende-se que ao substituir os preços das transações entre partes ligadas pelos preços de mercado, a legislação sobre preços de transferência nada mais busca, senão aferir com maior exatidão a riqueza gerada pela empresa. À luz do conceito de renda, portanto, a legislação sobre preços de transferência será aceita – e até exigida – quando, privilegiando os preços de mercado, apurar com exatidão a riqueza e, portanto, a renda tributável. Em consequência, apenas se tolera a substituição dos preços praticados em uma transação se em seu lugar se registrarem valores que representem com maior exatidão os preços de mercado[129].

Contudo, é necessário frisar: ao estabelecer tais ajustes, o legislador não pode se afastar da noção constitucional de renda como acréscimo patrimonial, isto é, não pode determinar um ajuste ou uma regra de preço de transferência que resulte na tributação de grandeza que não se revele um acréscimo patrimonial efetivo.

Diante disso, em última análise, entendemos que o legislador ordinário não é totalmente livre para determinar o conceito de renda, contrariando aqueles que adotam a teoria legalista. O legislador ordinário pode, sim, trabalhar dentro das balizas da noção constitucional de renda, isto é, de acréscimo patrimonial, inclusive no que se refere à estipulação de regras de preços de transferência, como adiante será mais bem demonstrado.

---

129 SCHOUERI, Luís Eduardo. *Preços de Transferência no Direito Tributário Brasileiro*, 3. ed. rev. e atual. São Paulo: Dialética, 2013, pp. 13-14.

1.3. A disciplina dos preços de transferência: evolução histórica e principais noções do tema no direito brasileiro

Apesar de há tempos existente no cenário internacional, a temática dos preços de transferência no Brasil é relativamente recente[130], tendo sido aqui introduzida apenas com advento da Lei n. 9.430/1996[131] (produção de efeitos a partir de 1º de janeiro de 1997), a qual, após ter sido objeto de diversas instruções normativas, atualmente, encontra-se regulamentada pela Instrução Normativa RFB n. 1.312/2012.

---

130 "O Brasil promulgou uma legislação sobre preços de transferência em 1996. Foram necessárias disposições específicas em relação aos preços de transferência dado o aumento do fluxo de investimentos estrangeiros durante a década de 90 que, apesar das reduções eventuais que refletiam as crises mundiais, continuou em crescimento desde então. Com a adoção das regras de preços de transferência, o Brasil buscou "impedir a transferência prejudicial de recursos para países estrangeiros através da manipulação de preços utilizados na importação ou exportação de bens, serviços ou direitos, em transações com partes vinculadas não residentes".
No contexto internacional, as orientações da OCDE consagradas nas Diretrizes de Preços de Transferência da OCDE para Empresas Multinacionais e Administrações Tributárias são adotadas pela maioria dos países ao redor do mundo em seus esforços para garantir que a base tributária seja adequada e para, prevenir a dupla tributação e evitar práticas de erosão da base e transferência de lucros. Embora o sistema brasileiro tenha sido claramente inspirado na a versão das Diretrizes da OCDE sobre preços de transferência disponível no momento da introdução da legislação em 1996, o sistema não evoluiu significativamente desde então e não incorporou o progresso das orientações encontradas nas Diretrizes da OCDE. Como resultado, o sistema de preços de transferência do Brasil não está totalmente alinhado com o padrão internacional do princípio do *arm's length*, consagrado no artigo 9 da Convenção Modelo da OCDE e da Convenção Modelo das Nações Unidas cuja aplicação é interpretada em detalhes nas Diretrizes da OCDE." (*Preços de Transferência no Brasil: Convergência para o Padrão OCDE*, pp. 4-5, disponível em: <https://www.oecd.org/tax/transfer-pricing/precos-de-transferencia-no-brasil-convergencia-para-o-padrao-ocde-folheto.pdf>, acesso em 23/10/2020).

131 "A preocupação do legislador ordinário federal com os negócios realizados entre pessoas ligadas não é recente. Todavia, antes da entrada em vigor da Lei n. 9.430/96, a prática de preços artificiais nas relações internacionais não era contemplada de modo específico, ensejando apenas a aplicação do regime de distribuição disfarçada de lucros. [...]. Com efeito, os artigos 72 e 73 da Lei n. 4.506, de 30 de dezembro de 1964, elencavam as hipóteses de distribuição disfarçada de lucro, em operações entre pessoas ligadas. A matéria é hoje regulada pelo Decreto-Lei n. 1.598, de 26 de dezembro de 1977, e Decreto-Lei n. 2.065, de 26 de outubro de 1983. Todavia, diferenças significativas existem entre o disposto nos referidos Decretos-lei e a sistemática de ajuste, consubstanciada pela Lei n. 9.430/96, sendo que tal sistemática só ganhou positivação com o advento da citada Lei.". (MIRSHAWKA, Valéria Zimpeck. *Preços de transferência: diferentes visões*, 2012, 148 p. Dissertação (Mestrado em Direito) – Faculdade de Direito, Universidade de São Paulo, São Paulo, 2012, pp. 16-17).

Internacionalmente, os preços de transferência são disciplinados pelos diversos países com base nas diretrizes editadas pela Organização para a Cooperação e Desenvolvimento Econômico (OCDE)[132], as quais o legislador brasileiro não seguiu fielmente, apesar de evidentemente nelas ter se inspirado[133].

Para uma melhor compreensão da matéria e do contexto no qual ela se insere, logo de início, vale apresentar um conceito geral de "preço de transferência"[134], o qual entendemos ser o mais adequado à realidade brasi-

---

132 Conforme informações veiculadas pela OCDE em seu sítio na internet: "Há muito tempo que a OCDE está na primeira linha dos esforços para desenvolver abordagens comuns aos preços de transferência. Baseando-se no relatório de 1979, 'Preços de Transferência e Empresas Multinacionais', as Diretrizes da OCDE relativas aos Preços de Transferência para Empresas Multinacionais e Administrações Fiscais – elaboradas em 1995 e atualizadas em 2017 para incorporar os resultados do trabalho da OCDE sobre o Combate à Erosão da Base Tributária e à Transferência de Lucros (BEPS) – são seguidas por países em todo o mundo. Essas diretrizes refletem uma compreensão comum de como aplicar o princípio da plena concorrência (*arm's length principle*), que foi incorporado no Modelo de Convenção sobre a Tributação da OCDE e da ONU. Como um membro do G20, o Brasil tem trabalhado em estreita colaboração com a OCDE em questões fiscais internacionais já há vários anos. O Brasil é um membro do Fórum Mundial sobre Transparência e Troca de Informações e do Marco Inclusivo relativo a BEPS." (disponível em: < https://www.oecd.org/tax/a-ocde-e-o-brasil-lancam-projeto-para-examinar-as-diferencas-nas-regras-fiscais-internacionais.htm>, acesso em: 18/07/2019).

133 "Permanece como característica da legislação brasileira afastar-se, em diversos pontos, do consenso que parece surgir na OCDE. [...]. Conforme se verá com mais vagar, o posicionamento da OCDE nem sempre foi seguido pelo legislador brasileiro;". (SCHOUERI, Luís Eduardo. *Preços de Transferência no Direito Tributário Brasileiro*, 3. ed. rev. e atual. São Paulo: Dialética, 2013, pp. 9-10).

134 "A transfer price is the price charged for a cross-border transfer of goods, assets, rights, money, services, etc., between one part of an organization and another part of the same organization. The most common form of such an organization would be a consolidated group of multinational enterprises ("MNE group") comprising a parent company and its subsidiaries. For tax purposes, it is the fact that the various parts of the organization are under some form of common control that is important because this may mean that any transfer of goods, etc. is not subject to the full play of market forces. The degree of control that will cause tax authorities to look at transfer prices varies from jurisdiction to jurisdiction, but generally involves an effective majority control". (OWENS, Jeffrey P. *Should the Arm's Length Principle Retire?, in:* International Transfer Pricing Journal, vol. 12, n. 3. Amsterdam: IBFD, 2005, p. 99). Tradução livre: "Preço de transferência é o preço cobrado por uma transferência internacional de mercadorias, ativos, direitos, dinheiro, serviços etc., entre uma parte de uma organização e outra parte da mesma organização. A forma mais comum de uma organização desse tipo seria um grupo consolidado de empresas multinacionais ("grupo MNE") que compreende uma empresa controladora e suas subsidiárias. Para fins tributários, é importante o fato de as várias partes da organização estarem sob alguma forma de controle comum, porque isso pode significar que qualquer transferência de mercadorias etc. não está sujeita às forças do mercado. O grau de controle que fará com que as autoridades fiscais analisem os preços de transferência varia de jurisdição para jurisdição, mas geralmente envolve um controle majoritário efetivo".

leira e que será adiante esmiuçado. Pois bem, o preço de transferência pode ser definido como o valor cobrado em uma transação de venda, compra ou transferência de bens, serviços ou intangíveis, levada a efeito com *empresas vinculadas* sediadas em jurisdições distintas, ou com qualquer pessoa física ou jurídica, ainda que não vinculada, residente ou domiciliada em *país com tributação favorecida* ou em *regime fiscal privilegiado*, sendo que, *"tratando-se de preços que não se negociaram em um mercado livre e aberto, podem eles se desviar daqueles que teriam sido acertados entre parceiros comerciais não relacionados, em transações comparáveis nas mesmas circunstâncias"*[135].

Como indica LUÍS EDUARDO SCHOUERI, sob uma ótica geral, a temática dos preços de transferência visa estabelecer critérios razoáveis para se definir em qual país a renda deva ser tributada:

> Com efeito, o debate acerca dos preços de transferência num cenário internacional, é um dos aspectos de uma discussão mais ampla, qual seja, em que país se espera que uma renda seja tributada. A discussão, em síntese, é acerca da distribuição da tributação entre os países envolvidos. Os preços de transferência, do ponto de vista do direito tributário internacional, surgem como critério para que se defina a jurisdição com legitimidade para tributar uma renda. Não é demais lembrar que, por isso mesmo, o tema assume importância nos acordos de bitributação.[136]

De maneira mais específica, aplicando esta noção ao imposto de renda no Brasil, PAULO AYRES BARRETO sintetiza o principal objetivo da legislação de preços de transferência da seguinte maneira:

> O exame dos preços de transferência visa à identificação de eventual transferência indireta de lucro nas operações entre partes vinculadas. Presente tal situação, procede-se a um ajuste na base calculada do imposto sobre a renda, incidindo, assim, o referido imposto sobre a parcela de lucro transferida indiretamente por intermédio de preços manipulados por força das relações existentes entre as partes vinculadas. Centra-se a questão na apuração da base calculada do imposto sobre a renda[137].

---

135 SCHOUERI, Luís Eduardo. *Preços de Transferência no Direito Tributário Brasileiro*, 3. ed. rev. e atual. São Paulo: Dialética, 2013, p. 11.

136 SCHOUERI, Luís Eduardo. *Preços de Transferência no Direito Tributário Brasileiro*, 3. ed. rev. e atual. São Paulo: Dialética, 2013, p. 50.

137 BARRETO, Paulo Ayres. *Imposto sobre a renda e preços de transferência*. São Paulo: Dialética, 2001, p. 152.

Esmiuçando o conceito de preço de transferência acima sugerido, vê-se que ele é composto basicamente por dois elementos: (i) transação internacional de venda, compra ou transferência de bens, serviços ou intangíveis; (ii) transação realizada entre *empresas vinculadas*, ou com qualquer pessoa física ou jurídica, ainda que não vinculada, residente ou domiciliada em *país com tributação favorecida* ou em *regime fiscal privilegiado*.

Quanto ao item (i), há que se ressaltar que, para fins de aplicação das regras de preços de transferência, é preciso ter havido uma operação internacional de venda, compra ou transferência de bens, serviços ou intangíveis, entre uma pessoa jurídica domiciliada no Brasil e uma outra pessoa, física ou jurídica, residente ou domiciliada no exterior, ou seja, faz-se necessário ter havido uma operação de *importação* ou de *exportação lato sensu*.

Já no que se refere ao item (ii), para estar sujeita às regras de preços de transferência, a referida operação de venda, compra ou transferência, deve ter como partes, de um lado, pessoa jurídica brasileira, e, de outro, empresa(s) vinculada(s) domiciliada(s) no exterior (em qualquer jurisdição), ou qualquer pessoa física ou jurídica, ainda que não vinculada, residente ou domiciliada em país com tributação favorecida ou em regime fiscal privilegiado.

Antes de ingressar na análise mais detalhada dos principais conceitos aplicáveis na seara dos preços de transferência, faz-se necessário consignar que não é o objetivo deste trabalho tratar ou fazer uma análise comparativa das regras de preços de transferência com as regras que disciplinam a distribuição disfarçada de lucros (DDL).

Apesar de o regime da DDL ser semelhante ao regime dos preços de transferência, já que ambos visam, em última instância, a proteção da arrecadação contra eventuais transferências indiretas de lucros, são regimes tributários distintos, de modo que, no presente trabalho focaremos apenas na sistemática dos preços de transferência e faremos menção apenas aos esclarecimentos apontados a seguir por RICARDO MARIZ DE OLIVEIRA acerca da coexistência deste regime com o da DDL:

> Neste capítulo, estudaremos dois temas – distribuição disfarçada de lucros e preços de transferência – que são aqui postos lado a lado devido à sua proximidade quanto a alguns dos seus objetivos, a despeito das suas regras distintas. Trata-se de matérias regidas em leis ordinárias, mas que, além do interesse geral que suscitam, se aproximam dos fundamentos gerais do imposto de renda por tocarem diretamente nos mesmos, como veremos. [...] Elas [normas sobre DDL] foram verdadeiro ensaio do direito brasileiro para posterior introdução das normas relativas ao 'transfer pricing', embora um ensaio abrangente não apenas de atos e

negócios jurídicos internacionais, pois que também se aplicavam, como ainda se aplicam, aos ocorridos entre pessoas residentes ou domiciliadas no território nacional. [...]

Foi em virtude dessas semelhanças que se indagou se teria ocorrido a revogação tácita das disposições pertinentes à DDL, pelas disposições legais sobre preços de transferência. A resposta, contudo, é negativa, porque os dois regimes são independentes e coexistem sem se agredir. Isto é assim porque, como se verá nas duas próximas seções deste capítulo:

– as normas sobre DDL definem pessoas ligadas de modo diferente do que as pessoas são consideradas vinculadas para fins de preços de transferência;

– as pessoas vinculadas, segundo a lei de preços de transferência, necessariamente devem ser residentes ou domiciliadas no exterior, ao passo que as pessoas ligadas para fins de DDL podem estar ou não no Brasil;

– para fins de preços de transferência, também são consideradas pessoas que, mesmo não sendo vinculadas, sejam residentes ou domiciliadas em países com tributação favorecida, assim entendidos aqueles que não tributem a renda ou a tributem com alíquota máxima inferior a vinte por cento, além de pessoas residentes ou domiciliadas em países que tenham sigilo quanto à composição societária ou à titularidade de pessoas jurídicas, ao passo que tais fatores de qualificação de locais de residência ou domicílio não existem na disciplina da DDL;

– além disso, para os mesmos fins, as normas de preços de transferência atingem operações realizadas em regime fiscal privilegiado mesmo com pessoas físicas ou jurídicas não vinculadas, mas residentes ou domiciliadas no exterior, considerando-se regime fiscal privilegiado aquele que apresentar uma ou mais das seguintes características: não tribute a renda ou a tribute em alíquota máxima inferior a 20%; conceda vantagem de natureza fiscal a pessoa física ou jurídica não residente sem exigência de realização de atividade econômica substantiva no país ou dependência; não tribute, ou o faça em alíquota máxima inferior a 20% (vinte por cento), os rendimentos auferidos fora de seu território; não permita o acesso (garanta o sigilo de) a informações relativas à composição societária, titularidade de bens ou direitos ou às operações econômicas realizadas; no regime de DDL, tais especificações não integram as suas hipóteses;

– os parâmetros de comparação de preços das operações controladas para fins de DDL são essencialmente os preços e condições correntes no mercado, ao passo que, nos preços de transferência,

os preços de comparação derivam de métodos e critérios fechados, previstos pela lei em caráter exclusivo para este fim;
– a DDL pode atingir pagamentos de 'royalties' e assistência técnica, os quais são expressamente excluídos das regras de preços de transferência.
Trata-se, pois, de normas distintas, com diferentes hipóteses de incidência, diferentes destinatários e consequências próprias. Sinal claro e confirmatório da coexistência das normas de DDL e das de preços de transferência é a manutenção de ambas na consolidação representada pelo RIR/99, na sua função de regulamento das leis vigentes, a teor do art. 99 do CTN, destinado à fiel aplicação das mesmas, segundo o art. 84, inciso IV, 'in fine', da CF/88. Sendo assim, é possível que uma determinada situação à primeira vista se enquadre numa das hipóteses de incidência da DDL e também numa hipótese de incidência dos preços de transferência, pois, apesar das distinções acima relacionadas, resta muito campo para coincidências de fatores suficientes para subsunção simultânea às normas dos dois regimes. [...]
Em situações como esta, pode ocorrer dúvida sobre a existência de um conflito entre normas, produzindo aparentes antinomias de comandos legislativos. Essas situações, entretanto, embora possam ser complexas, não representam um especial problema para o jurista quanto aos caminhos que deva trilhar para determinar qual lei seja aplicada em cada situação, pois ele sabe que, sendo inviável que ocorra a incidência cumulativa de duas normas que não são complementares e que podem se contradizer, é necessário, em caráter preliminar, determinar qual deva ser aplicada a cada caso concreto. Ora, as aparentes antinomias são resolvidas sempre pelos critérios da especialidade, do tempo e da hierarquia. No caso, havendo normas de mesmo grau e não se tratando de hipótese em que o tempo de promulgação das normas exerça papel relevante, resta o critério da especialidade, e por este, inegavelmente, as normas sobre preços de transferência são mais específicas do que as de DDL quando estejam em cogitação negócios internacionais submetidos à disciplina dos preços de transferência[138].

Feito este alerta dogmático, passaremos à análise dos demais conceitos envolvidos na aplicação das regras de preços de transferência.

---

138 OLIVEIRA, Ricardo Mariz de. *Fundamentos do Imposto de Renda*, v. 2. São Paulo: Quartier Latin, 2020, pp. 987-992.

1.3.1. Conceito de empresa vinculada

Com relação à definição de *empresa vinculada*, o art. 23, da Lei n. 9.430/1996, estabelece expressamente os casos em que se caracteriza a existência de vínculo para fins de aplicação das regras de preços de transferência. Desse modo, será considerada vinculada à pessoa jurídica domiciliada no Brasil:

(i) a matriz desta, quando domiciliada no exterior;
(ii) a sua filial ou sucursal, domiciliada no exterior;
(iii) a pessoa física ou jurídica, residente ou domiciliada no exterior, cuja participação societária no seu capital social a caracterize como sua controladora ou coligada, na forma definida na legislação societária[139];
(iv) a pessoa jurídica domiciliada no exterior que seja caracterizada como sua controlada ou coligada, na forma definida na legislação societária;
(v) a pessoa jurídica domiciliada no exterior, quando esta e a empresa, domiciliada no Brasil, estiverem sob controle societário ou administrativo comum ou quando pela menos dez por cento do capital social de cada uma pertencer a uma mesma pessoa física ou jurídica;
(vi) pessoa física ou jurídica, residente ou domiciliada no exterior, que, em conjunto com a pessoa jurídica domiciliada no Brasil, tiver participação societária no capital social de uma terceira pessoa jurídica, cuja soma as caracterizem como controladoras ou coligadas desta, na forma definida na legislação societária;
(vii) a pessoa física ou jurídica, residente ou domiciliada no exterior, que seja sua associada, na forma de consórcio ou condomínio, conforme definido na legislação brasileira[140], em qualquer empreendimento;

---

139 Lei n. 6.404/1976, *in verbis*: "Art. 243. O relatório anual da administração deve relacionar os investimentos da companhia em sociedades coligadas e controladas e mencionar as modificações ocorridas durante o exercício. § 1º São coligadas as sociedades nas quais a investidora tenha influência significativa. § 2º Considera-se controlada a sociedade na qual a controladora, diretamente ou através de outras controladas, é titular de direitos de sócio que lhe assegurem, de modo permanente, preponderância nas deliberações sociais e o poder de eleger a maioria dos administradores. [...]. § 4º Considera-se que há influência significativa quando a investidora detém ou exerce o poder de participar nas decisões das políticas financeira ou operacional da investida, sem controlá-la. § 5º É presumida influência significativa quando a investidora for titular de 20% (vinte por cento) ou mais do capital votante da investida, sem controlá-la".

140 Lei n. 6.404/1976: "Art. 278. As companhias e quaisquer outras sociedades, sob o mesmo controle ou não, podem constituir consórcio para executar determinado empreendimento, observado o disposto neste Capítulo. § 1º O consórcio não tem personalidade jurídica e as consorciadas somente se obrigam nas condições previstas

(**viii**) a pessoa física residente no exterior que for parente ou afim até o terceiro grau, cônjuge ou companheiro de qualquer de seus diretores ou de seu sócio ou acionista controlador em participação direta ou indireta;

(**ix**) a pessoa física ou jurídica, residente ou domiciliada no exterior, que goze de exclusividade, como seu agente, distribuidor ou concessionário, para a compra e venda de bens, serviços ou direitos;

(**x**) a pessoa física ou jurídica, residente ou domiciliada no exterior, em relação à qual a pessoa jurídica domiciliada no Brasil goze de exclusividade, como agente, distribuidora ou concessionária, para a compra e venda de bens, serviços ou direitos.

1.3.2. Conceitos de jurisdição com tributação favorecida e de regime fiscal privilegiado

No que tange à definição de *país com tributação favorecida* e de *regime fiscal privilegiado* para fins de preços de transferência, verifica-se que tais noções se encontram estabelecidas nos arts. 24 e 24-A, da Lei n. 9.430/1996, respectivamente.

De acordo com o art. 24, *caput* e § 4º, da Lei n. 9.430/1996, será considerado país com tributação favorecida o *"[...] país que não tribute a renda ou que a tribute à alíquota máxima inferior a vinte por cento"*, bem como *"[...] aquele cuja legislação não permita o acesso a informações relativas à composição societária de pessoas jurídicas, à sua titularidade ou à identificação do beneficiário efetivo de rendimentos atribuídos a não residentes"*.

Como bem apontam ISABELA BONFÁ DE JESUS, FERNANDO BONFÁ DE JESUS e RICARDO BONFÁ DE JESUS, com fundamento no

---

no respectivo contrato, respondendo cada uma por suas obrigações, sem presunção de solidariedade. § 2º A falência de uma consorciada não se estende às demais, subsistindo o consórcio com as outras contratantes; os créditos que porventura tiver a falida serão apurados e pagos na forma prevista no contrato de consórcio".

"Art. 279. O consórcio será constituído mediante contrato aprovado pelo órgão da sociedade competente para autorizar a alienação de bens do ativo não circulante, do qual constarão: I – a designação do consórcio se houver; II – o empreendimento que constitua o objeto do consórcio; III – a duração, endereço e foro; IV – a definição das obrigações e responsabilidade de cada sociedade consorciada, e das prestações específicas; V – normas sobre recebimento de receitas e partilha de resultados; VI – normas sobre administração do consórcio, contabilização, representação das sociedades consorciadas e taxa de administração, se houver; VII – forma de deliberação sobre assuntos de interesse comum, com o número de votos que cabe a cada consorciado; VIII – contribuição de cada consorciado para as despesas comuns, se houver. Parágrafo único. O contrato de consórcio e suas alterações serão arquivados no registro do comércio do lugar da sua sede, devendo a certidão do arquivamento ser publicada".

art. 24-B, também da Lei n. 9.430/1996[141], o Poder Executivo editou o art. 1º, da Portaria MF n. 488/2014[142], reduzindo para 17% (dezessete por cento) o percentual de 20% (vinte por centro) anteriormente indicado:

> O Brasil possui uma legislação que atribui uma nomenclatura diferente para os países e jurisdições considerados 'paraísos fiscais', e nos termos da legislação vigente a classificação atribuída divide-se em: Jurisdição com Tributação Favorecida (JTF) e Regime Fiscal Privilegiado (RFP). Vejamos o que é cada uma delas, iniciando pelas JTFs. Consideram-se JTFs países ou dependências (jurisdições) que não tributam a renda ou que a tributam à alíquota inferior a 17%. Além disso, será considerada JTF o país ou a jurisdição que não permita acesso a informações relativas à composição societária de pessoas jurídicas ou à sua titularidade. A lista a seguir das jurisdições é taxativa e a portaria da RFB 488/2014 reduziu para 17% (dezessete por cento) a alíquota máxima da tributação da renda no conceito de país com tributação favorecida e regime fiscal privilegiado[143].

Nos termos do art. 24-A, parágrafo único, da Lei n. 9.430/1996, *"[...] considera-se regime fiscal privilegiado aquele que apresentar uma ou mais das seguintes características: I – não tribute a renda ou a tribute à alíquota máxima inferior a 20% (vinte por cento); II – conceda vantagem de natureza fiscal a pessoa física ou jurídica não residente: a) sem exigência de realização de atividade econômica substantiva no país ou dependência; b) condicionada ao não exercício de atividade econômica substantiva no país ou dependência; III – não tribute, ou o faça em alíquota máxima inferior a 20% (vinte por cento), os rendimentos auferidos fora de seu território; IV – não permita o acesso a informações relativas à composição societária, titularidade de bens ou direitos ou às operações econômicas realizadas"*.

---

141 *In verbis*: "Art. 24-B. O Poder Executivo poderá reduzir ou restabelecer os percentuais de que tratam o *caput* do art. 24 e os incisos I e III do parágrafo único do art. 24-A, ambos desta Lei.
Parágrafo único. O uso da faculdade prevista no *caput* deste artigo poderá também ser aplicado, de forma excepcional e restrita, a países que componham blocos econômicos dos quais o País participe".

142 *In verbis*: "Art. 1º. Fica reduzido para 17% (dezessete por cento) o percentual de que trata o *caput* do art. 24 e os incisos I e III do parágrafo único do art. 24-A, ambos da Lei n. 9.430, de 27 de dezembro de 1996, para os países, dependências e regimes que estejam alinhados com os padrões internacionais de transparência fiscal, nos termos definidos pela Secretaria da Receita Federal do Brasil, sem prejuízo da observância das demais condições estabelecidas pelos arts. 24 e 24-A da referida Lei".

143 JESUS, Isabela Bonfá de; JESUS, Fernando Bonfá de; JESUS, Ricardo Bonfá de. *Manual de Direito e Processo Tributário*, 5. ed. rev. e atual. São Paulo: Thomson Reuters Brasil, 2019, p. 247.

> E de outro lado, a legislação vigente também equiparou as operações realizadas com (ou por) empresas em determinado tipo societário localizadas em jurisdições pontuais como sendo operações sujeitas às restrições das operações com paraísos fiscais. Para tal situação, aplica-se o nome de Regime Fiscal Privilegiado (RFP)[144].

Zelando pela transparência e com vistas a facilitar o entendimento dos contribuintes, a Receita Federal do Brasil (RFB) editou a Instrução Normativa RFB n. 1.037/2010, na qual elenca taxativamente os *países com tributação favorecida*[145] e os *regimes fiscais privilegiados*[146].

1.3.3. Aplicação e funcionamento das regras de preços de transferência no Brasil

Estabelecidas essas primeiras noções conceituais, entendemos ser necessário explicar, ainda que de maneira objetiva, como se dá a aplicação e o funcionamento das regras de preços de transferência no direito brasileiro,

---

144 JESUS, Isabela Bonfá de; JESUS, Fernando Bonfá de; JESUS, Ricardo Bonfá de. *Manual de Direito e Processo Tributário*, 5. ed. rev. e atual. São Paulo: Thomson Reuters Brasil, 2019, p. 248.

145 Instrução Normativa RFB n. 1.037/2010: "Art. 1º Para efeitos do disposto nesta Instrução Normativa, consideram-se países ou dependências que não tributam a renda ou que a tributam à alíquota inferior a 20% (vinte por cento) ou, ainda, cuja legislação interna não permita acesso a informações relativas à composição societária de pessoas jurídicas ou à sua titularidade, as seguintes jurisdições: I – Andorra; II – Anguilla; III – Antígua e Barbuda; IV – (Revogado); V – Aruba; VI – Ilhas Ascensão; VII – Comunidade das Bahamas; VIII – Bahrein; IX – Barbados; X – Belize; XI – Ilhas Bermudas; XII – Brunei; XIII – Campione D' Italia; XIV – Ilhas do Canal (Alderney, Guernsey, Jersey e Sark); XV – Ilhas Cayman; XVI – Chipre; XVII – (Revogado); XVIII – Ilhas Cook; XIX – (Revogado); XX – Djibouti; XXI – Dominica; XXII – Emirados Árabes Unidos; XXIII – Gibraltar; XXIV – Granada; XXV – Hong Kong; XXVI – Kiribati; XXVII – Lebuan; XXVIII – Líbano; XXIX – Libéria; XXX – Liechtenstein; XXXI – Macau; XXXII – (Revogado); XXXIII – Maldivas; XXXIV – Ilha de Man; XXXV – Ilhas Marshall; XXXVI – Ilhas Maurício; XXXVII – Mônaco; XXXVIII – Ilhas Montserrat; XXXIX – Nauru; XL – Ilha Niue; XLI – Ilha Norfolk; XLII – Panamá; XLIII – Ilha Pitcairn; XLIV – Polinésia Francesa; XLV – Ilha Queshm; XLVI – Samoa Americana; XLVII – Samoa Ocidental; XLVIII – (Revogado); XLIX – Ilhas de Santa Helena; L – Santa Lúcia; LI – Federação de São Cristóvão e Nevis; LII – Ilha de São Pedro e Miguelão; LIII – São Vicente e Granadinas; LIV – Seychelles; LV – Ilhas Solomon; LVI – (Revogado); LVII – Suazilândia; LVIII – (Revogado); LIX – Sultanato de Omã; LX – Tonga; LXI – Tristão da Cunha; LXII – Ilhas Turks e Caicos; LXIII – Vanuatu; LXIV – Ilhas Virgens Americanas; LXV – Ilhas Virgens Britânicas; LXVI – Curaçao; LXVII – São Martinho; LXVIII – Irlanda."

146 Instrução Normativa RFB n. 1.037/2010: "Art. 2º São regimes fiscais privilegiados: I – (Revogado); II – com referência à legislação do Uruguai, o regime aplicável às pessoas jurídicas constituídas sob a forma de "Sociedades Financeiras de Inversão (Safis)"

porquanto a exata noção do *arm's length* depende dessa compreensão prévia. Pode-se resumir o procedimento de aplicação do seguinte modo:

---

até 31 de dezembro de 2010; III – com referência à legislação da Dinamarca, o regime aplicável às pessoas jurídicas constituídas sob a forma de holding company que não exerçam atividade econômica substantiva; IV – com referência à legislação do Reino dos Países Baixos, o regime aplicável às pessoas jurídicas constituídas sob a forma de holding company que não exerçam atividade econômica substantiva; V – com referência à legislação da Islândia, o regime aplicável às pessoas jurídicas constituídas sob a forma de International Trading Company (ITC); VI – (Revogado); VII – com referência à legislação dos Estados Unidos da América, o regime aplicável às pessoas jurídicas constituídas sob a forma de Limited Liability Company (LLC) estaduais, cuja participação seja composta de não residentes, não sujeitas ao imposto de renda federal; ou VIII – com referência à legislação da Espanha, o regime aplicável às pessoas jurídicas constituídas sob a forma de Entidad de Tenencia de Valores Extranjeros (E.T.V.Es.); IX – com referência à legislação de Malta, o regime aplicável às pessoas jurídicas constituídas sob a forma de International Trading Company (ITC) e de International Holding Company (IHC). X – com referência à Suíça, os regimes aplicáveis às pessoas jurídicas constituídas sob a forma de holding company, domiciliary company, auxiliary company, mixed company e administrative company cujo tratamento tributário resulte em incidência de Imposto sobre a Renda da Pessoa Jurídica (IRPJ), de forma combinada, inferior a 20% (vinte por cento), segundo a legislação federal, cantonal e municipal, assim como o regime aplicável a outras formas legais de constituição de pessoas jurídicas, mediante rulings emitidos por autoridades tributárias, que resulte em incidência de IRPJ, de forma combinada, inferior a 20% (vinte por cento), segundo a legislação federal, cantonal e municipal; XI – com referência à legislação da República da Áustria, o regime aplicável às pessoas jurídicas constituídas sob a forma de holding company que não exerçam atividade econômica substantiva; XII – com referência à legislação da República da Costa Rica, o Regime de Zonas Francas (RZF); XIII – com referência à legislação de Portugal, o regime do Centro Internacional de Negócios da Madeira (CINM); e XIV – com referência à legislação de Singapura, os seguintes regimes de alíquota diferenciada para: a) armador ou fretador ou para empresa de transporte aéreo não residentes (special rate of tax for non-resident shipowner or charterer or air transport undertaking); b) seguradoras e resseguradoras ou o regime de isenção aplicável a tais empresas (exemption and concessionary rate of tax for insurance and reinsurance business); c) Centro de Finanças e Tesouraria (concessionary rate of tax for Finance and Treasury Centre); d) administrador fiduciário (concessionary rate of tax for trustee company); e) renda derivada de títulos de dívida (concessionary rate of tax for income derived from debt securities); f) empresa de comércio global e empresa elegível (concessionary rate of tax for global trading company and qualifying company); g) empresa de incentivo do setor financeiro (concessionary rate of tax for financial sector incentive company); h) prestação de serviços de processamento para instituições financeiras (concessionary rate of tax for provision of processing services for financial institutions); i) gestor de investimentos em transporte marítimo (concessionary rate of tax for shipping investment manager); j) beneficiário de renda fiduciária (concessionary rate of tax for trust income to which beneficiary is entitled); k) arrendamento de aeronaves e motores de aeronaves (concessionary rate of tax for

(**i**) a pessoa jurídica brasileira deve selecionar todas as suas operações de importação e exportação de bens, serviços e intangíveis, ocorridas em um determinado ano-calendário[147];
(**ii**) selecionadas as operações, deve identificar em quais delas a importação/exportação foi realizada com pessoas vinculadas ou, ainda que não vinculadas, pessoas residentes ou domiciliadas em país com tributação favorecida ou em regime fiscal privilegiado;
(**iii**) passo seguinte, a pessoa jurídica brasileira deve aplicar um ou todos os métodos de cálculo de preços de transferência[148-149]

---

leasing of aircraft and aircraft engines); l) gestor de investimentos em aeronaves (concessionary rate of tax for aircraft investment manager); m) empresa de investimento em contêineres (concessionary rate of tax for container investment enterprise); n) gestor de investimentos em contêineres (concessionary rate of tax for container investment manager); o) corretores de seguros autorizados (concessionary rate of tax for approved insurance brokers); p) renda derivada da gestão de negócios registrados de fideicomissos ou de empresas elegíveis (concessionary rate of tax for income derived from managing qualifying registered business trust or company); q) corretores de navios e de operações de proteção de frete marítimo (concessionary rate of tax for ship broking and forward freight agreement trading); r) serviços de suporte relacionados com transporte marítimo (concessionary rate of tax for shipping-related support services); s) renda derivada da gestão de investimentos autorizados (concessionary rate of tax for income derived from managing approved venture company); e t) empresa em processo de expansão internacional (concessionary rate of tax for international growth company).
Parágrafo único. Para fins de identificação de regimes fiscais privilegiados previstos nos incisos III e IV do *caput*, entende-se que a pessoa jurídica que exerce a atividade de holding desempenha atividade econômica substantiva quando possui, no seu país de domicílio, capacidade operacional apropriada para os seus fins, evidenciada, entre outros fatores, pela existência de empregados próprios qualificados em número suficiente e de instalações físicas adequadas para o exercício da gestão e efetiva tomada de decisões relativas:
I – ao desenvolvimento das atividades com o fim de obter rendas derivadas dos ativos de que dispõe; ou
II – à administração de participações societárias com o fim de obter rendas decorrentes da distribuição de lucro e do ganho de capital."

147 "Ademais, as regras brasileiras de preços de transferência devem ser aplicadas por produto e por transação (*i.e.*, o chamado *basket approach* não é autorizado) com algumas exceções. Nesse sentido, é possível aplicar diferentes métodos para cada produto e operação, desde que o método seja corretamente aplicado durante todo o ano-calendário." (MACHADO, Clarissa Gianete; CAMARGO, Luiz Felipe. *Conversão das regras de preços de transferência para o modelo OCDE – Impactos e plano de transição, in: Temas atuais em tributação internacional – Brasil 2020*. São Paulo: Trench, Rossi e Watanabe Advogados, 2020. PDF, p. 133).

148 "A compreensão do conteúdo do princípio *arm's length*, ao mesmo tempo em que se revela ferramenta útil na aplicação da disciplina do *transfer pricing*, não pode ser apresentada como instrumento suficiente para a compreensão da matéria. Com efeito, já foi indicado, na análise da evolução das disciplinas legislativas em diversos países, que a mera existência de cláusulas gerais referentes aos preços de

previstos nos arts. 18, 18-A, 19 e 19-A, da Lei n. 9.430/1996, conforme se trate de operação de importação ou exportação;

(iv) aplicados os métodos e realizados os cálculos, alcança-se o preço parâmetro e compara-se este preço parâmetro com o preço efetivamente praticado na operação;

(v.a) caso as operações analisadas sejam de *importação*, a aplicação dos métodos resultará em um preço parâmetro o qual indicará o *valor máximo* que a pessoa jurídica brasileira poderia ter pago pelo bem ou serviço importado, ou melhor: este valor pago na importação só será dedutível para fins de IRPJ e CSLL até o limite daquele preço parâmetro calculado, de forma que, em sendo o preço pago superior ao preço parâmetro, a diferença maior entre eles deverá ser adicionada às bases de cálculo do IRPJ e da CSLL;

(v.b) caso as operações analisadas sejam de *exportação*, a aplicação dos métodos resultará em um preço parâmetro o qual indicará o *valor mínimo* que a pessoa jurídica brasileira deveria ter cobrado pelo bem ou serviço exportado, ou seja, em sendo o preço cobrado *inferior* ao preço parâmetro calculado, a diferença entre eles deverá ser adicionada às bases de cálculo do IRPJ e da CSLL como uma receita (mesmo não constando da contabilidade).

1.3.4. Aspectos gerais dos métodos aplicáveis às operações de importação

Especificamente quanto à determinação do preço parâmetro nas operações de *importação* de bens, serviços e direitos adquiridos no exterior de pessoa vinculada e/ou domiciliada em país com tributação favorecida ou em regime fiscal privilegiado, os arts. 18 e 18-A, da Lei n. 9.430/1996, estabelecem e explicitam os quatro métodos cuja aplicação é possível no direito brasileiro. Ou seja, os custos referentes aos bens, serviços e direitos, indicados

---

transferência não permitia uma atuação eficaz das administrações tributárias em casos concretos". (SCHOUERI, Luís Eduardo. *Preços de Transferência no Direito Tributário Brasileiro*, 3. ed. rev. e atual. São Paulo: Dialética, 2013, p. 48).

149 "Em princípio, o contribuinte pode escolher qualquer método (exceto para as transações de commodities), mesmo que este leve a resultados inapropriados. Portanto, é mais provável que os contribuintes selecionem o método que leva ao resultado tributário mais favorável, o que pode levar em alguns casos a uma possível redução de dupla tributação, mas em outros casos, à subtributação e à perda de receita para o Brasil. Isso significa que, quando a escolha de mais de um método for viável, o contribuinte não levará em conta qual dos métodos é o mais adequado para atingir se atingir o *arm's length*, mas qual dos métodos disponíveis resulta na menor tributação." (*Preços de Transferência no Brasil: Convergência para o Padrão OCDE*, pp. 8-9, disponível em: <https://www.oecd.org/tax/transfer-pricing/precos-de-transferencia-no-brasil-convergencia-para-o-padrao-ocde-folheto.pdf>, acesso em: 23/10/2020).

nos documentos de importação ou de aquisição, apenas serão dedutíveis para fins de IRPJ e CSLL até o valor que não exceda ao preço determinado por um dos seguintes métodos[150]:

(i) Método dos Preços Independentes Comparados (PIC)[151]: este método pode ser *"definido como a média aritmética ponderada dos preços de bens, serviços ou direitos, idênticos ou similares, apurados no mercado brasileiro ou de outros países, em operações de compra e venda empreendidas pela própria interessada ou por terceiros, em condições de pagamento semelhantes"* (art. 18, inciso I), devendo ser consideradas apenas as operações de compra e venda praticadas entre compradores e vendedores não vinculados (art. 18, § 2º). A legislação determina que, na hipótese em que os dados utilizados para fins de cálculo se refiram às suas próprias operações (*comparação interna*), as operações utilizadas para fins de cálculo devem representar, no mínimo, 5% do valor das operações de importação sujeitas ao controle de preços de transferência, realizadas pela pessoa jurídica, no período de apuração, quanto ao tipo de bem, direito ou serviço importado, sendo que, caso não haja operações que representem os 5% exigidos, o percentual poderá ser complementado com as importações efetuadas no ano-calendário imediatamente anterior, ajustado pela variação cambial do período. (art. 18, § 10, inciso I, e § 17)[152]. Já no caso de *comparação*

---

150 Art. 18, § 9º, da Lei n. 9.430/1996, *in verbis*: "Art. 18. [...]. § 9º O disposto neste artigo não se aplica aos casos de *royalties* e assistência técnica, científica, administrativa ou assemelhada, os quais permanecem subordinados às condições de dedutibilidade constantes da legislação vigente."

151 "Pelo método dos preços independentes comparados, as importações oriundas de pessoas vinculadas consideram-se em limites adequados, para efeitos de dedutibilidade pelo contribuinte brasileiro, quando se efetuam por preços e condições equivalentes àquelas que se efetuam no mercado entre partes não vinculadas. De igual modo, no caso das exportações, considera-se que o exportador obteve receita suficiente quando a transação se dá em iguais bases. Por tal conceituação, verifica-se que a referência aos preços independentes comparados é, por si só, uma busca do parâmetro *arm's length*. Dos três métodos transacionais tradicionais propostos pela OCDE, este é o único que efetivamente compara uma transação entre pessoas ligadas com transações de fato ocorridas entre pessoas independentes (*Ist-Ist-Vergleich*), já que nos demais métodos, a investigação sempre parte da indagação de como *teriam* agido pessoas independentes em igual situação (*hypothetischer Fremdvergleich; Soll-Ist Vergleich*). Na doutrina especializada, o método acima divide-se em duas espécies: a comparação interna (*innerer Preisvergleich*, confronto interno) e a externa (*äuβerer Preisvergleich*, confronto externo)." (SCHOUERI, Luís Eduardo. *Preços de Transferência no Direito Tributário Brasileiro*, 3. ed. rev. e atual. São Paulo: Dialética, 2013, p. 179).

152 "Para a média proposta pelo legislador, a IN n. 38/97, a IN 243/02 e a IN n. 1.312/12 determinaram que se tomassem os preços de bens, serviços ou direitos, idênticos ou

externa (*i.e.*, operações realizadas entre terceiros não vinculados), as operações utilizadas para fins de cálculo devem corresponder a preços independentes realizados no mesmo ano-calendário das respectivas operações de importações sujeitas ao controle de preços de transferência, sendo que, caso não exista preço independente no ano-calendário da importação, poderá ser utilizado preço independente relativo à operação efetuada no ano-calendário imediatamente anterior ao da importação, ajustado pela variação cambial do período (art. 18, § 10, inciso II, e § 11)[153].

(ii) Método do Preço de Revenda menos Lucro (PRL): o art. 18, inciso II, da Lei n. 9.430/1996, define este método como *"[...] a média aritmética ponderada dos preços de venda, no País, dos bens, direitos ou serviços importados, em condições de pagamento semelhantes e calculados conforme a metodologia a seguir: [...]"*. O dispositivo legal passa,

---

similares: – vendidos pela mesma pessoa jurídica exportadora, a pessoas jurídicas não vinculadas, residentes ou não residentes; – adquiridos pela mesma importadora, de pessoas jurídicas não vinculadas, residentes ou não residentes; – em operações de compra e venda praticadas entre terceiros não vinculados, residentes ou não residentes. A comparação da lista acima com a classificação proposta na doutrina revela que, nos primeiros dois casos, está-se diante de uma comparação interna, enquanto o último dos casos versa sobre a comparação externa. A base será, sempre, preços efetivamente praticados. Em relação às comparações internas, pode passar desapercebida uma sutil restrição feita pela Instrução Normativa ao texto legal: não está prevista a possibilidade de utilização, no cálculo do PIC, das operações de aquisição do mesmo produto pela exportadora ou de venda pela importadora. Essa restrição não possui base no texto da Lei n. 9.430/96, que alcança, pelo método PIC, qualquer operação com bens, serviços ou direitos idênticos ou similares, desde que praticadas entre compradores e vendedores não vinculados. Uma vez sem suporte legal expresso, essa restrição somente poderia ser aceita se decorresse de mera interpretação legal. [...]. Cabe ver, também sobre as hipóteses de comparação interna, limitação inserida no texto da lei por ocasião da edição da Medida Provisória n. 563/12, convertida na Lei n. 12.715/12, impondo representatividade da amostra colhida. Neste sentido, nota-se, no inciso I do parágrafo 10 do artigo 18 da Lei n. 9.430/96, que, caso o contribuinte apresente preços que ele mesmo praticou com terceiros, as operações utilizadas para fins de cálculo do método PIC devem representar ao menos 5% do valor das operações de importação sujeitas ao controle de preços de transferência no período de apuração para o tipo de bem, direito ou serviço importado." (SCHOUERI, Luís Eduardo. *Preços de Transferência no Direito Tributário Brasileiro*, 3. ed. rev. e atual. São Paulo: Dialética, 2013, pp. 181-182).

153 "Muito embora a IN n. 243/02 não colocasse um limite nos períodos, anteriores ou posteriores, que poderiam ser levados em consideração para fins de comparação, a Medida Provisória n. 563/12, convertida na Lei n. 12.715/12, veio a determinar, para o método PIC, que o uso de preço praticado em operação independente realizada em período distinto deve ser limitado 'à operação efetuada no ano-calendário imediatamente anterior ao da importação', conforme se passou a ler no parágrafo 11 do artigo 18 da Lei n. 9.430/96". (SCHOUERI, Luís Eduardo. *Preços de Transferência no Direito Tributário Brasileiro*, 3. ed. rev. e atual. São Paulo: Dialética, 2013, p. 189).

então, a explicar as diretrizes a serem seguidas para se fazer o cálculo do PRL, nos seguintes termos:

"a) preço líquido de venda: a média aritmética ponderada dos preços de venda do bem, direito ou serviço produzido, diminuídos dos descontos incondicionais concedidos, dos impostos e contribuições sobre as vendas e das comissões e corretagens pagas;" (art. 18, inciso II, alínea a).

"b) percentual de participação dos bens, direitos ou serviços importados no custo total do bem, direito ou serviço vendido: a relação percentual entre o custo médio ponderado do bem, direito ou serviço importado e o custo total médio ponderado do bem, direito ou serviço vendido, calculado em conformidade com a planilha de custos da empresa;" (art. 18, inciso II, alínea b). Segundo o § 6º, do mencionado art. 18, para fins do cálculo, não integram o custo o valor do frete e do seguro, cujo ônus tenha sido do importador, desde que tenham sido contratados com pessoas não vinculadas e que não sejam residentes ou domiciliadas em países com tributação favorecida ou regime fiscal privilegiado. O § 6º-A, por sua vez, determina que os tributos incidentes na importação e os gastos no desembaraço aduaneiro também não compõem o custo para fins deste cálculo.

"c) participação dos bens, direitos ou serviços importados no preço de venda do bem, direito ou serviço vendido: aplicação do percentual de participação do bem, direito ou serviço importado no custo total, apurada conforme a alínea b, sobre o preço líquido de venda calculado de acordo com a alínea a;"

d) margem de lucro: aplicação dos percentuais abaixo indicados sobre a participação do bem, direito ou serviço importado no preço de venda do bem, direito ou serviço vendido, calculado de acordo com a alínea *c* supra. As margens devem ser aplicadas de acordo com o setor econômico da pessoa jurídica brasileira sujeita ao controle de preços de transferência, e incidirão, independentemente de submissão a processo produtivo ou não no Brasil, nos seguintes percentuais (art. 18, inciso II, alínea d), e § 12, da Lei n. 9.430/1996):

(I) 40% para os setores de: (A) produtos farmoquímicos e farmacêuticos; (B) produtos do fumo; (C) equipamentos e instrumentos ópticos, fotográficos e cinematográficos; (D) máquinas, aparelhos e equipamentos para uso odontomédico-hospitalar; (E) extração de petróleo e gás natural; e (F) produtos derivados do petróleo;

(II) 30% para os setores de: (A) produtos químicos; (B) vidros e de produtos do vidro; (C) celulose, papel e produtos de papel; e (D) metalurgia; e

(III) 20% para os demais setores.

"e) preço parâmetro: a diferença entre o valor da participação do bem, direito ou serviço importado no preço de venda do bem, direito ou serviço vendido, calculado conforme a alínea c; e a "margem de lucro", calculada de acordo com a alínea d."

Para fins de aplicação do método PRL, apenas serão considerados os preços praticados pela pessoa jurídica com compradores não vinculados[154]. Caso a pessoa jurídica desenvolva atividades classificadas em mais de um setor econômico, deverá adotar a margem correspondente ao setor da atividade para o qual o bem importado tenha sido destinado, sendo que, *"na hipótese de um mesmo bem importado ser revendido e aplicado na produção de um ou mais produtos, ou na hipótese de o bem importado ser submetido a diferentes processos produtivos no Brasil, o preço parâmetro final será a média ponderada dos valores encontrados mediante a aplicação do método PRL, de acordo com suas respectivas destinações"*. Se for aplicado o método PRL, o preço parâmetro deverá ser apurado considerando-se os preços de venda no período em que os produtos forem baixados dos estoques para resultado (art. 18, §§ 3º, 13, 14 e 15, da Lei n. 9.430/1996).

(iii) Método do Custo de Produção mais Lucro (CPL): este terceiro método é *"definido como o custo médio ponderado de produção de bens, serviços ou direitos, idênticos ou similares, acrescido dos impostos e taxas cobrados na exportação no país onde tiverem sido originariamente produzidos, e de margem de lucro de 20% (vinte por cento), calculada sobre o custo apurado"* (art. 18, inciso III).

Especificamente quanto a estes três primeiros métodos, a Lei n. 9.430/1996 determina que as médias aritméticas ponderadas dos preços nos métodos PIC e PRL (itens (i) e (ii) supra), e o custo médio ponderado de produção no método CPL (item (iii) supra), serão calculados considerando-se os preços praticados e os custos incorridos durante todo o período de apuração da base de cálculo do IRPJ e da CSLL a que se referirem os custos, despesas ou encargos (art. 18, § 1º).

---

154 "O PRL normalmente é o método mais prático de ser aplicado para cumprimento com preços de transferência em importações, desde que viável. O "preço parâmetro" no PRL não depende de documentos ou informações de pessoas jurídicas não residentes ou dados de preços de mercado. Contudo, a eleição do PRL exige que o bem, serviço ou direito importado seja revendido ou aplicado na produção de outro bem, serviço ou direito vendido no Brasil pelo contribuinte brasileiro sujeito a controle de preços de transferência." (MACHADO, Clarissa Gianete; CAMARGO, Luiz Felipe. *Conversão das regras de preços de transferência para o modelo OCDE – Impactos e plano de transição, in: Temas atuais em tributação internacional – Brasil 2020.* São Paulo: Trench, Rossi e Watanabe Advogados, 2020. PDF, p. 134).

Ademais, a Lei n. 9.430/1996 também estabelece que no caso de utilização de mais de um método, será considerado dedutível o maior valor apurado, sendo que, se os valores apurados segundo os métodos acima referidos forem superiores ao de aquisição, constante dos respectivos documentos de importação, a dedutibilidade fica limitada ao montante deste último. Por outro lado, a parcela dos custos que exceder os valores apurados de acordo com os métodos deverá ser adicionada ao lucro líquido para determinação do lucro real e da base de cálculo da CSLL (art. 18, §§ 4º, 5º e 7º, Lei n. 9.430/1996). Destaque-se, também, que tais regras de preços de transferência influenciam, inclusive, a dedutibilidade dos encargos de depreciação ou amortização dos bens e direitos importados, a qual fica limitada, em cada período de apuração, ao montante calculado com base nos métodos (art. 18, § 8º, Lei n. 9.430/1996).

(iv) Método do Preço sob Cotação na Importação (PCI): o quarto e último método aplicável às importações, trazido pela legislação brasileira, é *"definido como os valores médios diários da cotação de bens ou direitos sujeitos a preços públicos em bolsas de mercadorias e futuros internacionalmente reconhecidas"* (art. 18-A). Neste método, os preços dos bens importados serão comparados com os preços de cotação desses bens, constantes em bolsas de mercadorias e futuros internacionalmente reconhecidas, ajustados para mais ou para menos do prêmio médio de mercado, na data da transação (art. 18-A, § 1º), sendo que, caso não haja cotação disponível para o dia da transação, deverá ser utilizada a última cotação conhecida (art. 18-A, § 2º). Em não podendo ser identificada a data da transação, a comparação será efetuada considerando-se a data do registro da declaração de importação da mercadoria (art. 18-A, § 3º). Caso não exista cotação dos bens em bolsas de mercadorias e futuros internacionalmente reconhecidas, os preços dos bens importados poderão ser comparados com os obtidos a partir de fontes de dados independentes fornecidas por instituições de pesquisa setoriais internacionalmente reconhecidas (art. 18-A, § 4º). Em cumprimento ao disposto no § 5º, do art. 18-A, da Lei n. 9.430/1996, a RFB divulgou, nos Anexos I, II e III, da IN RFB n. 1.312/2012, os produtos que são considerados *commodities* para fins de aplicação do PCI, as bolsas de mercadorias e futuros e as instituições de pesquisas setoriais internacionalmente reconhecidas para cotação de preços. Ressalte-se, por fim, que este método tem aplicação obrigatória no caso de importação de *commodities* sujeitas à cotação em bolsas de mercadorias e futuros internacionalmente reconhecidas (art. 18, § 16).

1.3.5. Aspectos gerais dos métodos aplicáveis às operações de exportação

Já no que tange à determinação do preço parâmetro nas operações de *exportação* de bens, serviços e direitos para pessoa vinculada no exterior e/ou domiciliada em país com tributação favorecida ou em regime fiscal privilegiado, os arts. 19 e 19-A, da Lei n. 9.430/1996, estabelecem e explicitam os cinco métodos cuja aplicação é permitida no direito brasileiro.

Iniciando pelo art. 19, *caput*, da Lei n. 9.430/1996, lê-se que *"as receitas auferidas nas operações efetuadas com pessoa vinculada ficam sujeitas a arbitramento quando o preço médio de venda dos bens, serviços ou direitos, nas exportações efetuadas durante o respectivo período de apuração da base de cálculo do imposto de renda, for inferior a noventa por cento do preço médio praticado na venda dos mesmos bens, serviços ou direitos, no mercado brasileiro, durante o mesmo período, em condições de pagamento semelhantes"*, sendo que, de acordo com o § 1° deste artigo, na hipótese de a pessoa jurídica exportadora não realizar operações de venda no mercado brasileiro, a determinação dos preços médios será feita com dados de outras pessoas jurídicas que pratiquem a venda de bens, serviços ou direitos, idênticos ou similares, no mercado interno. Ressalte-se que tal previsão legal caracteriza-se como regra de *safe harbour*[155].

Para fins de comparação, nas exportações, o preço de venda será considerado pelo valor após a diminuição dos encargos de frete e seguro, cujo ônus tenha sido da pessoa jurídica exportadora. No mercado brasileiro, por sua vez, o preço de venda será considerado líquido dos descontos incondicionais concedidos, do ICMS[156], do ISS[157], da COFINS[158] e do PIS/PASEP[159] (art. 19, § 2°, incisos I e II).

---

155 "O mencionado *safe harbour* dispõe que as receitas de operações de exportações realizadas com pessoas vinculadas estão sujeitas a controle de preços de transferência no Brasil apenas quando o preço médio praticado em tais operações de venda for inferior a 90% do preço médio cobrado em operações com bens, serviços ou direitos, idênticos ou similares, realizadas no mercado brasileiro com pessoas não vinculadas, no mesmo período e em condições de pagamento semelhantes. Isso significa que, se o preço médio cobrado nas operações de exportação para pessoa vinculada for igual ou superior ao limite de 90%, o contribuinte brasileiro não precisa comprovar o atendimento ao "preço parâmetro" calculado de acordo com um dos métodos de preços de transferência." (MACHADO, Clarissa Gianete; CAMARGO, Luiz Felipe. *Conversão das regras de preços de transferência para o modelo OCDE – Impactos e plano de transição, in: Temas atuais em tributação internacional – Brasil 2020*. São Paulo: Trench, Rossi e Watanabe Advogados, 2020. PDF, p. 135).

156 Imposto sobre operações relativas à circulação de mercadorias e sobre prestações de serviços de transporte interestadual e intermunicipal e de comunicação.

157 Imposto sobre Serviços de Qualquer Natureza.

158 Contribuição para o Financiamento da Seguridade Social.

159 Contribuição para os Programas de Integração Social (PIS) e de Formação do Patrimônio do Servidor Público (Pasep).

Nos termos do § 3º do art. 19, da Lei n. 9.430/1996, constatado que o preço médio de venda nas exportações é inferior ao limite de 90% anteriormente referido[160], as receitas das vendas nas exportações serão determinadas com base no valor apurado de acordo com um dos seguintes métodos:

> **(i)** Método do Preço de Venda nas Exportações (PVEx): *"definido como a média aritmética dos preços de venda nas exportações efetuadas pela própria empresa, para outros clientes, ou por outra exportadora nacional de bens, serviços ou direitos, idênticos ou similares, durante o mesmo período de apuração da base de cálculo do imposto de renda e em condições de pagamento semelhantes";*
> **(ii)** Método do Preço de Venda por Atacado no País de Destino, Diminuído do Lucro (PVA): *"definido como a média aritmética dos preços de venda de bens, idênticos ou similares, praticados no mercado atacadista do país de destino, em condições de pagamento semelhantes, diminuídos dos tributos incluídos no preço, cobrados no referido país, e de margem de lucro de quinze por cento sobre o preço de venda no atacado";*
> **(iii)** Método do Preço de Venda a Varejo no País de Destino, Diminuído do Lucro (PVV): *"definido como a média aritmética dos preços de venda de bens, idênticos ou similares, praticados no mercado varejista do país de destino, em condições de pagamento semelhantes, diminuídos dos tributos incluídos no preço, cobrados no referido país, e de margem de lucro de trinta por cento sobre o preço de venda no varejo"*
> **(iv)** Método do Custo de Aquisição ou de Produção mais Tributos e Lucro (CAP)[161]: *"definido como a média aritmética dos custos de aquisição ou de produção dos bens, serviços ou direitos, exportados, acrescidos dos impostos e contribuições cobrados no Brasil e de margem de lucro de quinze por cento sobre a soma dos custos mais impostos e contribuições."*

---

160 Como visto, esta regra é um dos casos de *safe harbour* existentes na legislação brasileira, o qual não foi poupado das críticas contidas no Relatório do Projeto de Preços de Transferência capitaneado pela RFB e pela OCDE: "Por exemplo, o safe harbour do teste de 90% pode levar à resultados inadequados. É um teste de transação a transação, segundo o qual, se o preço de exportação representar pelo menos 90% do preço do mercado interno, o preço de exportação adotado pelo contribuinte é considerado aceitável. A questão é que ele se baseia em uma comparação entre os preços no mercado interno brasileiro e os preços dos mesmos bens ou produtos no mercado externo, em que o potencial de lucro pode ser significativamente diferente. Por exemplo, como numa situação em que os clientes possuem um poder de compra diferente ou onde preços maiores seriam aplicados em mercados estrangeiros devido à escassez ou exclusividade de determinados produtos." (*Preços de Transferência no Brasil: Convergência para o Padrão OCDE*, p. 9, disponível em: <https://www.oecd.org/tax/transfer-pricing/precos-de-transferencia-no-brasil-convergencia-para-o-padrao-ocde-folheto.pdf>, acesso em: 23/10/2020).

161 "O quarto método previsto para as exportações é o do Custo de Aquisição ou Produção mais Tributos e Lucro (CAP), por meio do qual o "preço parâmetro" é

O § 4º do art. 19, da Lei n. 9.430/1996, estabelece que, para fins de aplicação dos métodos acima indicados, as médias aritméticas serão calculadas em relação ao período de apuração da respectiva base de cálculo do IRPJ e da CSLL da pessoa jurídica brasileira.

De acordo com os §§ 5º e 6º, do art. 19, da Lei n. 9.430/1996, caso seja aplicado mais de um método, será considerado o menor dos valores apurados, sendo que, se o valor calculado de acordo com os métodos for menor que os preços de venda constantes dos documentos de exportação, prevalecerá o montante da receita reconhecida com base nestes documentos. Por outro lado, se o valor calculado de acordo com os métodos for superior ao preço de venda efetivamente praticado na exportação, a parcela que exceder ao valor das receitas já apropriado na escrituração contábil da pessoa jurídica deverá ser adicionada na apuração do lucro real, do lucro presumido e do lucro arbitrado (art. 19, § 7º, da Lei n. 9.430/1996). Ademais, o § 8º, do art. 19, determina que, na aplicação dos métodos, *"[...] somente serão consideradas as operações de compra e venda praticadas entre compradores e vendedores não vinculados"*.

Como ocorre nas importações, a legislação de preços de transferência também prevê a obrigatoriedade de aplicação de método específico nas exportações de *commodities* sujeitas à cotação em bolsas de mercadorias e futuros internacionalmente reconhecidas, qual seja:

> **(v)** Método do Preço sob Cotação na Exportação (PECEX): é definido no *caput* do art. 19-A, da Lei n. 9.430/1996, como *"[...] os valores médios diários da cotação de bens ou direitos sujeitos a preços públicos em bolsas de mercadorias e futuros internacionalmente reconhecidas"*. Neste método, os preços dos bens exportados pela pessoa jurídica brasileira à pessoa vinculada, à pessoas domiciliadas em país com tributação favorecida e/ou pessoa beneficiada por regime fiscal privilegiado, serão comparados com os preços de cotação dos bens, constantes em bolsas de mercadorias e futuros internacionalmente reconhecidas, ajustados para mais ou para menos do prêmio médio de mercado, na data da transação (art.

---

calculado com base na média aritmética ponderada dos custos de aquisição ou de produção dos bens, serviços ou direitos exportados, acrescidos dos impostos e contribuições cobrados no Brasil e de margem de lucro de 15% sobre a soma dos custos mais impostos e contribuições. Este é o método mais usado no caso de transações de exportação, pois depende de informações e documentação suporte do próprio contribuinte brasileiro e é, regra geral, de fácil aplicação." (MACHADO, Clarissa Gianete; CAMARGO, Luiz Felipe. *Conversão das regras de preços de transferência para o modelo OCDE – Impactos e plano de transição, in: Temas atuais em tributação internacional – Brasil 2020*. São Paulo: Trench, Rossi e Watanabe Advogados, 2020. PDF, p. 136).

19-A, § 1º), sendo que, caso não haja cotação disponível para o dia da transação, deverá ser utilizada a última cotação conhecida (art. 19-A, § 2º). Em não sendo possível identificar a data da transação, a cotação será efetuada na data de embarque dos bens exportados (art. 19-A, § 3º). Diferentemente dos outros quatro métodos aplicáveis nas exportações "em geral", o § 4º, do art. 19-A, estabelece que, no PECEX, a integralidade das receitas obtidas com a exportação de *commodities* estão sujeitas às regras de preços de transferência, não se aplicando o limite de 90% anteriormente indicado. Caso não haja cotação em bolsas de mercadorias e futuros internacionalmente reconhecidas, os preços dos bens exportados poderão ser comparados *"com os obtidos a partir de fontes de dados independentes fornecidas por instituições de pesquisa setoriais internacionalmente reconhecidas"*, ou *"com os preços definidos por agências ou órgãos reguladores e publicados no Diário Oficial da União"* (art. 19-A, § 5º, incisos I e II).

Da mesma maneira como para o PCI nas importações, nos Anexos I, II e III, da IN RFB n. 1.312/2012, a RFB também divulgou para fins de aplicação do PECEX os produtos que são considerados *commodities* nas exportações, as bolsas de mercadorias e futuros e as instituições de pesquisas setoriais internacionalmente reconhecidas para cotação de preços (art. 19-A, § 6º).

Há que ser destacado, ainda, que o art. 20-B, da Lei n. 9.430/1996, estabelece expressamente que a aplicação dos métodos de cálculo de preços de transferência, constantes dos arts. 18 e 19, deve ser consistente por bem, serviço ou direito, para todo o ano-calendário[162].

---

162 Completando a previsão do art. 20-B, o art. 20-A, da Lei n. 9.430/1996, dispõe que: "Art. 20-A. A partir do ano-calendário de 2012, a opção por um dos métodos previstos nos arts. 18 e 19 será efetuada para o ano-calendário e não poderá ser alterada pela contribuinte uma vez iniciado o procedimento fiscal, salvo quando, em seu curso, o método ou algum de seus critérios de cálculo venha a ser desqualificado pela fiscalização, situação esta em que deverá ser intimado o sujeito passivo para, no prazo de 30 (trinta) dias, apresentar novo cálculo de acordo com qualquer outro método previsto na legislação.
§ 1º A fiscalização deverá motivar o ato caso desqualifique o método eleito pela pessoa jurídica.
§ 2º A autoridade fiscal responsável pela verificação poderá determinar o preço parâmetro, com base nos documentos de que dispuser, e aplicar um dos métodos previstos nos arts. 18 e 19, quando o sujeito passivo, após decorrido o prazo de que trata o *caput*:
I – não apresentar os documentos que deem suporte à determinação do preço praticado nem às respectivas memórias de cálculo para apuração do preço parâmetro, segundo o método escolhido;
II – apresentar documentos imprestáveis ou insuficientes para demonstrar a correção do cálculo do preço parâmetro pela método escolhido; ou

Com relação aos custos e preços médios a que se referem os arts. 18 e 19, dispõe o art. 21, *caput* e incisos I e II, da Lei n. 9.430/1996, que eles deverão ser apurados com base em: (**a**) *"publicações ou relatórios oficiais do governo do país do comprador ou vendedor ou declaração da autoridade fiscal desse mesmo país, quando com ele o Brasil mantiver acordo para evitar a bitributação ou para intercâmbio de informações"*; ou (**b**) *"pesquisas efetuadas por empresa ou instituição de notório conhecimento técnico ou publicações técnicas, em que se especifiquem o setor, o período, as empresas pesquisadas e a margem encontrada, bem como identifiquem, por empresa, os dados coletados e trabalhados"*, sendo que publicações, pesquisas e relatórios oficiais mencionados, apenas serão admitidos como prova se houverem sido elaborados com observância de métodos de avaliação aceitos no âmbito internacional e se referirem a período contemporâneo ao de apuração do IRPJ e da CSLL da pessoa jurídica brasileira (art. 21, § 1º). O § 2º, do art. 21, por seu turno, admite a utilização de margens de lucro diversas das previstas nos arts. 18 e 19, desde que o contribuinte as comprove, com base em publicações, pesquisas ou relatórios elaborados de acordo com as diretrizes supra aludidas[163].

Importante ressaltar, por fim, a amplitude das regras de preços de transferência, as quais abrangem, inclusive, operações financeiras, conforme consta do art. 22, da Lei n. 9.430/1996[164]. Não aprofundaremos a análise destas regras, haja vista elas não influenciarem diretamente o objeto do presente estudo.

III – deixar de oferecer quaisquer elementos úteis à verificação dos cálculos para apuração do preço parâmetro, pelo método escolhido, quando solicitados pela autoridade fiscal.

§ 3º A Secretaria da Receita Federal do Brasil do Ministério da Fazenda definirá o prazo e a forma de opção de que trata o *caput*."

163 Neste aspecto, vale menção ao disposto no art. 20, da Lei n. 9.430/1996, *in verbis*: *"Art. 20. O Ministro de Estado da Fazenda poderá, em circunstâncias justificadas, alterar os percentuais de que tratam os arts. 18 e 19, de ofício ou mediante requerimento conforme o § 2º do art. 21."*

164 "Art. 22. Os juros pagos ou creditados a pessoa vinculada somente serão dedutíveis para fins de determinação do lucro real até o montante que não exceda ao valor calculado com base em taxa determinada conforme este artigo acrescida de margem percentual a título de *spread*, a ser definida por ato do Ministro de Estado da Fazenda com base na média de mercado, proporcionalizados em função do período a que se referirem os juros.

§ 1º No caso de mútuo com pessoa vinculada, a pessoa jurídica mutuante, domiciliada no Brasil, deverá reconhecer, como receita financeira correspondente à operação, no mínimo o valor apurado segundo o disposto neste artigo.

§ 2º Para efeito do limite a que se refere este artigo, os juros serão calculados com base no valor da obrigação ou do direito, expresso na moeda objeto do contrato e convertida em reais pela taxa de câmbio, divulgada pela Banco Central do Brasil, para a data do termo final do cálculo dos juros.

§ 3º O valor dos encargos que exceder o limite referido no *caput* e a diferença de receita apurada na forma do parágrafo anterior serão adicionados à base de cálculo do imposto de renda devido pela empresa no Brasil, inclusive ao lucro presumido ou arbitrado.

1.3.6. O Projeto BEPS e os preços de transferência

Se fosse possível resumir o Projeto BEPS em uma única expressão, esta seria *coordenação de esforços*: coordenação de esforços entre os diversos países contra a prática, por parte dos contribuintes, de procedimentos fiscais abusivos ou prejudiciais à base tributável.

A necessidade desta coordenação de esforços decorre diretamente da maior integração econômica dos mercados que tem se verificado globalmente[165].

Partindo da ideia de que o Direito nasce do fato social, a evolução e a integração econômica exigiram uma reavaliação das regras tributárias internacionais vigentes, haja vista a insuficiência destas regras para garantir a tributação correta das operações internacionais realizadas.[166]

---

§ 4° (Revogado).
§ 5° (Revogado).
§ 6° A taxa de que trata o *caput* será a taxa:
I – de mercado dos títulos soberanos da República Federativa do Brasil emitidos no mercado externo em dólares dos Estados Unidos da América, na hipótese de operações em dólares dos Estados Unidos da América com taxa prefixada;
II – de mercado dos títulos soberanos da República Federativa do Brasil emitidos no mercado externo em reais, na hipótese de operações em reais no exterior com taxa prefixada; e
III – *London Interbank Offered Rate* – LIBOR pelo prazo de 6 (seis) meses, nos demais casos.
§ 7° O Ministro de Estado da Fazenda poderá fixar a taxa de que trata o *caput* na hipótese de operações em reais no exterior com taxa flutuante.
§ 8° Na hipótese do inciso III do § 6°, para as operações efetuadas em outras moedas nas quais não seja divulgada taxa *Libor* própria, deverá ser utilizado o valor da taxa *Libor* para depósitos em dólares dos Estados Unidos da América.
§ 9° A verificação de que trata este artigo deve ser efetuada na data da contratação da operação e será aplicada aos contratos celebrados a partir de 1° de janeiro de 2013.
§ 10. Para fins do disposto no § 9°, a novação e a repactuação são consideradas novos contratos.
§ 11. O disposto neste artigo será disciplinado pela Secretaria da Receita Federal do Brasil, inclusive quanto às especificações e condições de utilização das taxas previstas no *caput* e no § 6°."

165 OECD (2015), *Explanatory Statement, OECD/G20 Base Erosion and Profit Shifting Project*, p. 4, disponível em: <http://www.oecd.org/ctp/beps-explanatory-statement-2015.pdf>, acesso em: 17/12/2017.

166 "Sob esta ótica, o Projeto BEPS é promissor, clamando por três pilares fundamentais e interdependentes para a realização da reforma no regime tributário internacional: (i) a necessidade de se estabelecer um regime baseado na colaboração e no multilateralismo; (ii) abordagem holística e sistemática dos problemas existentes no regime atual; e (iii) inevitabilidade de se aceitar soluções inovadoras para os problemas que não têm sido resolvidos pela aplicação das normas existentes. Busca-se, para que seja superado o sistema tributário anterior, a renovação dos standards de tributação

Foram identificadas algumas fragilidades nas normas tributárias em vigor que favoreciam a adoção, por parte dos contribuintes, de práticas voltadas à erosão da base tributável e à transferência artificial de lucros (*Base Erosion and Profit Shifting* – BEPS). Tais fragilidades originam-se, principalmente, da necessidade de interpretação coordenada de diversos sistemas tributários, cada qual com seus princípios e regras específicos. Tal cenário acabou por afetar a própria confiança no sistema fiscal, especialmente no que se refere à justiça de tal sistema e à manutenção de um ambiente atrativo para investimentos[167].

---

internacional. O projeto BEPS apresenta-se como uma excelente oportunidade para se repensar o regime tributário internacional, dentro de um contexto de reforma inclusiva, que priorize soluções multilaterais e compreenda também os interesses de economias emergentes e em desenvolvimento. Assim, se é verdadeiro que a 'nova era implica que os Estados encontrem uma resposta adequada ao comportamento do contribuinte que, embora seja lícito, põe em perigo a sobrevivência do Estado Fiscal e da noção global de justiça', tal resposta deve ser obtida a partir de um debate inclusivo que permita uma reforma coerente e consistente no sistema tributário internacional". (TAKANO, Caio Augusto. *O conceito de planejamento tributário agressivo e os novos standards tributários internacionais do Projeto BEPS, in:* Revista Direito Tributário Internacional Atual n. 2, p. 40).

167 "OECD Secretary-General Angel Gurria has stated that 'Base erosion and profit shifting affects all countries, not only economically, but also as a matter of trust. BEPS is depriving countries of precious resources to jump-start growth, tackle the effects of the global economic crisis and create more and better opportunities for all. But beyond this, BEPS has been also eroding the trust of citizens in the fairness of tax systems worldwide. The measures we are presenting today represent the most fundamental changes to international tax rules in almost a century: they will put an end to double non-taxation, facilitate a better alignment of taxation with economic activity and value creation, and when fully implemented, these measures will render BEPS-inspired tax planning structures ineffective'". (AVI-YONAH, Reuven S.; XU, Haiyan. *Global Taxation After the Crisis: Why BEPS and MAATM are inadequate responses, and what can be done about it.* Public Law and Legal Theory Research Paper Series – PAPER no. 494 – January 2016, pp. 2-3, disponível em: <http://ssrn.com/abstract=2716124>, acesso em: 17/12/2017). Tradução livre: "O secretário-geral da OCDE, Angel Gurria, declarou que a erosão da base e a transferência de lucros (BEPS) afeta todos os países, não apenas economicamente, mas também por uma questão de confiança. O BEPS está privando países de recursos preciosos para impulsionar o crescimento, enfrentar os efeitos da crise econômica global e criar mais e melhores oportunidades para todos. Além disso, o BEPS também vem desgastando a confiança dos cidadãos na justiça dos sistemas tributários em todo o mundo. As medidas que estamos apresentando hoje representam as mudanças mais fundamentais nas regras tributárias internacionais em quase um século: elas acabarão com a dupla não tributação, facilitarão um melhor alinhamento da tributação com a atividade econômica e a criação de valor e, quando totalmente implementadas, essas medidas tornarão ineficazes as estruturas de planejamento tributário inspiradas no BEPS".

Nesse sentido, a OCDE e o G20 se viram diante da necessidade de criar algumas medidas voltadas ao fortalecimento das políticas fiscais dos diversos países como forma de garantir a arrecadação de tributos tão necessária à sobrevivência econômico-social destes países. Na verdade, o que o Projeto BEPS objetiva é garantir ao máximo que os lucros gerados por determinada atividade econômica sejam tributados pelo país/jurisdição onde tais atividades econômicas foram efetivamente realizadas (*i.e.*, onde houve a efetiva criação do "valor" objeto da tributação), melhorando a qualidade e a quantidade de informações disponíveis para as autoridades fiscais aplicarem suas respectivas legislações de forma mais efetiva[168]. Ou seja, temática na qual se inserem os preços de transferência.

Logo de início é importante ressaltar que a concepção – no sentido de o Projeto BEPS ser a resposta mais adequada aos problemas oriundos da erosão da base tributável e da transferência artificial de lucros – não é isenta de críticas, contudo, independentemente das críticas, o fato é que o Projeto BEPS representa o primeiro e, talvez, mais importante passo para a renovação dos padrões de tributação internacional, mesmo dependendo de algumas condições que são de difícil implementação.

O BEPS – sigla em inglês para *Base Erosion and Profit Shifiting* – pode ser definido como a adoção de estratégias por parte dos contribuintes que, explorando lacunas ou desajustes existentes na legislação tributária de diversos países, artificialmente transferem lucros para jurisdições com baixa ou nenhuma tributação onde, na prática, há uma baixíssima atividade econômica[169].

Neste sentido, a OCDE criou uma ação global que visa a implementação de práticas específicas voltadas a evitar a erosão da base tributável e a transferência artificial de lucros. Tal ação global é composta por 15 ações específicas denominadas "Projeto BEPS", "Pacote BEPS" ou "Ações BEPS", as quais servem para "equipar" os governos dos diversos países com instrumentos internos e internacionais para lutar contra erosão da base tributável e a transferência artificial de lucros[170].

---

168 OECD (2015), *Explanatory Statement, OECD/G20 Base Erosion and Profit Shifting Project*, p. 4, disponível em: <http://www.oecd.org/ctp/beps-explanatory-statement-2015.pdf>, acesso em: 17/12/2017.

169 Disponível em: <http://www.oecd.org/tax/beps/beps-about.htm>, acesso em 17/12/2017.

170 "Domestic laws and rules that are not co-ordinated across borders, international tax standards that have not always kept pace with the changing global business environment and a pervasive lack of relevant information at the level of tax administrations and policy makers combine to provide opportunities for taxpayers to undertake BEPS strategies." (OECD – 2015, *Explanatory Statement, OECD/G20 Base*

Constata-se que um dos principais objetivos do Projeto BEPS é conferir aos países as ferramentas necessárias para garantir que os lucros gerados por determinado contribuinte sejam tributados no país/jurisdição onde: (i) as atividades econômicas foram efetivamente realizadas; e (ii) o valor foi criado[171].

De acordo com a OCDE, atualmente, mais de 100 países e jurisdições estão implementando as denominadas "Ações BEPS"[172].

Tais ferramentas visam também aumentar a segurança jurídica dos contribuintes e das administrações fiscais dos diversos países na intepretação

---

Erosion and Profit Shifting Project, p. 5, disponível em: <http://www.oecd.org/ctp/beps-explanatory-statement-2015.pdf>, acesso em: 17/12/2017). Tradução livre: "As leis e regras domésticas que não são coordenadas através das fronteiras, os padrões tributários internacionais que nem sempre acompanharam o ambiente de negócios global em mudança e a falta generalizada de informações relevantes no nível das administrações tributárias e dos formuladores de políticas, combinam-se para oferecer oportunidades aos contribuintes de adotarem estratégias de BEPS".

171 OECD (2015), *Explanatory Statement, OECD/G20 Base Erosion and Profit Shifting Project*, p. 4, disponível em: <http://www.oecd.org/ctp/beps-explanatory-statement-2015.pdf>, acesso em: 17/12/2017.

172 São eles: "1. Albania. 2. Andorra. 3. Angola. 4. Anguilla. 5. Antigua and Barbuda. 6. Argentina. 7. Armenia. 8. Aruba. 9. Australia. 10. Austria. 11. The Bahamas. 12. Bahrain. 13. Barbados. 14. Belgium. 15. Belize. 16. Benin. 17. Bermuda. 18. Bosnia and Herzegovina. 19. Botswana. 20. Brazil. 21. British Virgin Islands. 22. Brunei Darussalam. 23. Bulgaria. 24. Burkina Faso. 25. Cabo Verde. 26. Cameroon. 27. Canada. 28. Cayman Islands. 29. Chile. 30. China (People's Republic of). 31. Colombia. 32. Congo. 33. Cook Islands. 34. Costa Rica. 35. Côte d'Ivoire. 36. Croatia. 37. Curaçao. 38. Czech Republic. 39. Democratic Republic of the Congo. 40. Denmark. 41. Djibouti. 42. Dominica. 43. Dominican Republic. 44. Egypt. 45. Estonia. 46. Eswatini. 47. Faroe Islands. 48. Finland. 49. France. 50. Gabon. 51. Georgia 52. Germany. 53. Gibraltar. 54. Greece. 55. Greenland. 56. Grenada. 57. Guernsey. 58. Haiti. 59. Hong Kong (China). 60. Hungary. 61. Iceland. 62. India. 63. Indonesia. 64. Ireland. 65. Isle of Man. 66. Israel. 67. Italy. 68. Jamaica. 69. Japan. 70. Jersey. 71. Jordan. 72. Kazakhstan. 73. Kenya. 74. Korea. 75. Latvia. 76. Liberia. 77. Liechtenstein. 78. Lithuania. 79. Luxembourg. 80. Macau (China). 81. Malaysia. 82. Maldives. 83. Malta. 84. Mauritius. 85. Mexico. 86. Monaco. 87. Mongolia. 88. Montserrat. 89. Morocco. 90. Namibia. 91. Netherlands. 92. New Zealand. 93. Nigeria. 94. North Macedonia. 95. Norway. 96. Oman. 97. Pakistan. 98. Panama. 99. Papua New Guinea. 100. Paraguay. 101. Peru. 102. Poland. 103. Portugal. 104. Qatar. 105. Romania. 106. Russian Federation. 107. Saint Kitts and Nevis. 108. Saint Lucia. 109. Saint Vincent and the Grenadines. 110. San Marino. 111. Saudi Arabia. 112. Senegal. 113. Serbia. 114. Seychelles. 115. Sierra Leone. 116. Singapore. 117. Slovak Republic. 118. Slovenia. 119. South Africa. 120. Spain. 121. Sri Lanka. 122. Sweden. 123. Switzerland. 124. Thailand. 125. Trinidad and Tobago. 126. Tunisia. 127. Turks and Caicos Islands. 128. Turkey. 129. Ukraine. 130. United Arab Emirates. 131. United Kingdom. 132. United States. 133. Uruguay. 134. Viet Nam. 135. Zambia." (OCDE. *Members of the OECD/G20 Inclusive Framework on BEPS*, October 2019, disponível em: <http://www.oecd.org/tax/beps/inclusive-framework-on-beps-composition.pdf>, acesso em: 19/11/2019).

das regras tributárias, evitando, assim, questionamentos/contencioso acerca da aplicação de regras tributárias internacionais e padronizando requisitos de *compliance*. Ou seja, as Ações BEPS estabelecem ou reforçam padrões internacionais e procedimentos para auxiliar os diversos países na luta contra a erosão da base fiscal[173]. A ideia por trás do Projeto BEPS é a criação coordenada, entre os diversos países, de medidas a serem implementadas internamente por cada um, bem como internacionalmente, mediante tratados internacionais, com o objetivo de enfrentar estruturas e procedimentos dos contribuintes voltados à erosão da base tributável e à transferência artificial de lucros: é tratar a causa do problema e não apenas os sintomas[174].

Durante os trabalhos do Projeto BEPS, constatou-se a necessidade de um nivelamento inicial entre os países, primeiramente em virtude da grande diversidade de características legais e factuais de cada um e, depois, em razão da quantidade e da qualidade das informações existentes e aptas a serem produzidas por cada país. Assim, tratou-se de estabelecer alguns padrões mínimos a serem aplicados consistentemente pelos países. Dentre as medidas a serem adotadas para se alcançar o mencionado "nivelamento", destacam-se: (i) a prevenção de *treaty shopping*; (ii) os relatórios país a país; (iii) o combate às práticas fiscais prejudiciais; e (iv) melhoramentos no campo da resolução de disputas. Nesse sentido, alguns padrões existentes foram atualizados e outros novos estão sendo implementados, observando-se, no entanto, que nem todos os participantes do Projeto BEPS aprovaram integralmente tais medidas e padrões por meio de tratados internacionais e/ou regras de preços de transferência[175].

---

173 "The stakes are high. Although measuring the scope of BEPS proves challenging, the findings of the work performed since 2013 confirm the potential magnitude of the issue, with estimates indicating that the global corporate income tax (CIT) revenue losses could be between 4% to 10% of global CIT revenues, i.e. USD 100 to 240 billion annually. The losses arise from a variety of causes, including aggressive tax planning by some multinational enterprises (MNEs), the interaction of domestic tax rules, lack of transparency and coordination between tax administrations, limited country enforcement resources and harmful tax practices." (OECD – 2015, *Explanatory Statement, OECD/G20 Base Erosion and Profit Shifting Project*, p. 4, disponível em: <http://www.oecd.org/ctp/beps-explanatory-statement-2015.pdf>, acesso em: 17/12/2017). Tradução livre: "As apostas são altas. Embora a mensuração do escopo do BEPS seja um desafio, as conclusões do trabalho realizado desde 2013 confirmam a magnitude potencial da questão, com estimativas indicando que as perdas de receita do imposto de renda corporativo global (CIT) podem estar entre 4% e 10% das receitas globais do CIT, ou seja, de US$ 100 a 240 bilhões anualmente. As perdas surgem de uma variedade de causas, incluindo planejamento tributário agressivo por algumas empresas multinacionais (MNEs), interação de regras tributárias domésticas, falta de transparência e coordenação entre administrações tributárias, recursos limitados de aplicação e práticas tributárias prejudiciais".

174 OECD (2015), *Explanatory Statement, OECD/G20 Base Erosion and Profit Shifting Project*, p. 5, disponível em: <http://www.oecd.org/ctp/beps-explanatory-statement-2015.pdf>, acesso em: 17/12/2017.

O Pacote BEPS também inclui uma abordagem comum que facilitará a convergência das práticas nacionais/internas às Ações BEPS pelos países interessados, por exemplo, em limitar a erosão da base tributável mediante despesas com juros oriundas de contratos de empréstimo intragrupo e de terceiros que gerem pagamentos de juros dedutíveis excessivos. Há também orientações baseadas em boas práticas para os países que buscam fortalecer sua legislação interna relativa à divulgação obrigatória de transações, acordos ou estruturas agressivas ou abusivas adotadas pelos contribuintes[176].

O Projeto BEPS também trata da ampliação dos riscos de erosão da base tributável na chamada "economia digital", especialmente por meio de alterações na definição de estabelecimento permanente e da atualização das diretrizes aplicáveis aos preços de transferência e às regras CFC. Está sendo criado um mecanismo inovador para atualizar um total de mais de 3.500 (três mil e quinhentos) tratados bilaterais que serão afetados pelas Ações BEPS. Aproximadamente noventa países constituíram um grupo para negociar um tratado multilateral visando facilitar a alteração e a adequação destes tratados bilaterais, sem a necessidade de os países investirem recursos para renegociar cada tratado específico. Algumas das medidas contidas no Projeto BEPS já podem e estão sendo imediatamente aplicadas, como é o caso das *Guidelines* de preços de transferência. Todavia, outras medidas só poderão ser implementadas por meio de tratados internacionais (incluído, aqui, o referido tratado multilateral). Há medidas que também requerem alterações nas leis internas de cada país, tais como as regras CFC, dedutibilidade de juros, relatório país a país etc. Ou seja, mesmo diante de todo o esforço internacional da OCDE e do G20, fica claro que a efetiva e consistente aplicação das Ações BEPS dependerá muito da iniciativa de cada um dos países. Dadas as diversidades jurídicas, legislativas e políticas dos diversos países envolvidos, é evidente a impossibilidade de uma implementação cem por cento uniforme das ações. Tal impossibilidade pode resultar em uma possível implementação das ações de maneiras diferentes, todavia, essas "diferenças nas formas de implementação" não podem contrariar as ideias e os objetivos fundamentais do Projeto BEPS[177].

---

175 OECD (2015), *Explanatory Statement, OECD/G20 Base Erosion and Profit Shifting Project*, p. 6, disponível em: <http://www.oecd.org/ctp/beps-explanatory-statement-2015.pdf>, acesso em: 17/12/2017.

176 OECD (2015), *Explanatory Statement, OECD/G20 Base Erosion and Profit Shifting Project*, p. 8, disponível em: <http://www.oecd.org/ctp/beps-explanatory-statement-2015.pdf>, acesso em: 17/12/2017.

177 OECD (2015), *Explanatory Statement, OECD/G20 Base Erosion and Profit Shifting Project*, p. 9, disponível em: <http://www.oecd.org/ctp/beps-explanatory-statement-2015.pdf>, acesso em: 17/12/2017.

Analisando o Projeto BEPS, verifica-se que a correta e coordenada regulação dos preços de transferência é essencial para evitar ou, pelo menos, minimizar a erosão da base tributável e a transferência artificial de lucros.

Os preços de transferência sempre foram uma preocupação relevante nos diversos países, haja vista, no passado recente, ter sido uma das principais vias adotadas pelos contribuintes para redução da carga tributária e, consequentemente, para a erosão da base tributável e transferência artificial de lucros.

Tanto isso é verdade, que o Projeto BEPS dedicou ao tema quatro Ações (Ações 8, 9, 10 e 13), abordando temas-chave para a disciplina dos preços de transferência, sempre buscando um alinhamento das regras de preços de transferência com a criação de valor.

Na Ação 8, o Projeto foca na questão dos intangíveis, especialmente aqueles de difícil mensuração (*hard-to-value-intangibles*), ou seja, estabelece algumas diretrizes para ajudar a resolver a questão da alocação de lucros em transações controladas mediante a valoração de intangíveis.

Na Ação 9, são estabelecidas algumas diretrizes referentes à alocação contratual de riscos, permitindo-a apenas quando esteja calcada em decisões negociais reais e desde que o contribuinte tenha controle sobre os riscos.

Na Ação 10, o relatório se concentra em áreas de alto risco, o que inclui diretrizes para a alocação de lucros decorrentes de transações controladas que não são comercialmente racionais, limitações para o uso dos preços de transferência como forma de afastar/desviar os lucros das jurisdições onde estão localizadas as atividades econômicas mais importantes do grupo empresarial, bem como minimizar o uso de determinadas espécies de despesas entre as empresas de um mesmo grupo.

Na Ação 13, propõe-se um reexame da documentação relativa às operações sujeitas às regras de preços de transferência (Relatório País a País), como forma de melhorar a qualidade das informações prestadas às administrações tributárias para que estas possam aperfeiçoar sua fiscalização e reduzir a "carga de *compliance*" que hoje recai sobre os contribuintes.

Ou seja, a combinação destas quatro ações traz uma revisão de diretrizes com o intuito de dar o adequado tratamento a essas questões e, também, garantir que as regras de preços de transferência assegurem resultados que melhor alinhem os lucros operacionais das empresas às atividades econômicas que os geram[178].

---

178 OECD (2015), *Explanatory Statement, OECD/G20 Base Erosion and Profit Shifting Project*, p. 15, disponível em: <http://www.oecd.org/ctp/beps-explanatory-statement-2015.pdf>, acesso em: 17/12/2017.

Destaque-se, por fim, que o objetivo do presente trabalho não é analisar os preços de transferência em face das alterações trazidas pelo Projeto BEPS, já que isso demandaria análise mais específica e detalhada, o que fugiria do nosso escopo, razão pela qual, nos limitamos apenas a apresentar os contornos mais gerais acerca da matéria.

Após este panorama geral, passaremos a abordar a relação que as regras de preços de transferência mantêm com o conceito de renda para fins tributários e, assim, verificar como o *arm's length* pode ser posicionado no ordenamento jurídico tributário brasileiro.

2. Natureza Jurídica do *Arm's Length*

2.1. Princípios *versus* regras

Para melhor compreender o *arm's length*, especialmente, para verificar se ele foi recepcionado pela legislação interna e, se sim, em que medida, faz-se necessário conhecer sua natureza jurídica, porquanto, só assim será possível saber qual é o correto regime jurídico a ser aplicado na sua interpretação[179].

Conforme pontua a doutrina, o nosso sistema jurídico é composto por duas espécies de normas: os princípios e as regras[180].

A distinção entre tais espécies normativas é bastante difícil, havendo na doutrina diversos entendimentos e critérios em que os autores se baseiam para efetuar a diferenciação[181].

Iniciando pelo léxico, o termo "princípio" significa "*1. Momento em que uma coisa, ação, processo etc. passa a existir; começo, exórdio, início. 2. Causa primeira de alguma coisa a qual contém e faz compreender suas propriedades essenciais ou características; razão. 3. Em uma área de conhecimento, conjunto de proposições*

---

179 "A busca de uma definição mais precisa de princípios jurídicos é necessária. Não tanto pela diferença da denominação, mas pela distinção estrutural entre os fenômenos jurídicos que se procura descrever mediante o emprego de diversas categorias jurídicas. Ora, tanto a doutrina como a jurisprudência são unânimes em afirmar que as normas jurídicas mais importantes de um ordenamento jurídico são os princípios. Do próprio ordenamento jurídico brasileiro constam normas positiva ou doutrinariamente denominadas de princípios, alguns fundamentais, outros gerais. Sua definição não pode, por isso, ser equívoca, antes deve ser de tal forma formulada, que a sua aplicação diante do caso concreto possa ser intersubjetivamente controlável". (ÁVILA, Humberto. *A distinção entre princípios e regras e a redefinição do dever de proporcionalidade.* Revista Diálogo Jurídico, v. 1, n. 4, Salvador: 2001, pp. 5-6).

180 CANOTILHO, J. J. Gomes. *Direito Constitucional e teoria da constituição*, 7. ed, 14. reimp. Coimbra: Almedina, 2003, p. 1159; ALEXY, Robert. *Teoria dos direitos fundamentais.* Tradução: Virgílio Afonso da Silva. 2. ed. São Paulo: Malheiros, 2015, p. 87; CARRAZZA, Roque Antonio. *Curso de Direito Constitucional Tributário*, 30. ed. São Paulo: Malheiros, 2015, p. 50.

181 ALEXY, Robert. *Teoria dos direitos fundamentais.* Tradução: Virgílio Afonso da Silva. 2. ed. São Paulo: Malheiros, 2015, pp. 86-87.

fundamentais e diretivas que servem de base e das quais todo desenvolvimento posterior deve ser subordinado. 4. Regra ou norma de ação e conduta moral; ditame, lei, preceito."[182]

O termo "regra", por sua vez, significa "*1. O que regula, disciplina ou rege; norma, preceito, rédea. [...]. 3. Preceito que determina uma norma de conduta e de pensamento.*"[183]

Como se constata, tanto o "princípio" como a "regra" podem ter o significado de "norma", o que, ainda que não juridicamente, confirma a conclusão inicial de que ambos são espécies do gênero "norma". O termo "princípio" tem o significado adicional de "*início, causa primeira, fundamento*"[184], o que o diferenciaria do termo "regra", todavia, tais significados extraídos do léxico não são suficientes para garantir uma distinção precisa, não sendo seguro interpretar qualquer sistema normativo apenas com base nestas definições. Faz-se necessário, portanto, aprofundar a análise.

Tradicionalmente, a doutrina jurídica conceitua "princípio" como a espécie de norma que estrutura, orienta e serve de fundamento ao sistema jurídico, caracterizada por grande generalidade, abstração e conteúdo axiológico[185]. As regras, por sua vez, seriam o contrário disto, ou seja, normas jurídicas específicas, concretas e com baixo teor axiológico. Exemplo dessa corrente mais tradicional[186] de interpretação dos princípios e das regras é o entendimento de

---

182 PRINCÍPIO. Dicionário online Michaelis. Disponível em: <http://michaelis.uol.com.br/busca?r=0&f=0&t=0&palavra=princ% C3%ADpio>, acesso em: 27/05/2019.

183 REGRA. Dicionário online Michaelis. Disponível em: <http://michaelis.uol.com.br/busca?r=0&f=0&t=0&palavra=regra>, acesso em: 27/05/2019.

184 "Etimologicamente, o termo 'princípio' (do latim *principium*, *principii*) encerra a ideia de começo, origem, base. Em linguagem leiga é, de fato, o ponto de partida e o fundamento (causa) de um processo qualquer. Introduzida, na Filosofia, por Anaximandro, a palavra foi utilizada por Platão, no sentido de fundamento do raciocínio (*Teeteto*, 155 d), e por Aristóteles, como premissa maior de uma demonstração (*Metafísica*, V. 1, 1.012 b 32– 1.013 a 19)." (CARRAZZA, Roque Antonio. *Curso de Direito Constitucional Tributário*, 30. ed. São Paulo: Malheiros, 2015, p. 47).

185 "Sabemos que os princípios jurídicos são normas fundantes de um sistema, tipificadas pelo forte conteúdo axiológico e pelo alto grau de generalidade e abstração, ensejadores do amplo alcance de seus efeitos, que cumprem o papel fundamental de orientar a interpretação e a aplicação de outras normas." (COSTA, Regina Helena. *Imunidades Tributárias: teoria e análise da jurisprudência do STF*, 3. ed. São Paulo: Malheiros, 2015, p. 41)

186 No mesmo sentido é o entendimento de PAULO DE BARROS CARVALHO: "[...] 'princípios' são 'normas jurídicas' carregadas de forte conotação axiológica. É o nome que se dá a regras do direito positivo que introduzem valores relevantes para o sistema, influindo vigorosamente sobre a orientação de setores da ordem jurídica. [...]. Neste tema, há que se ter como premissa que, sendo objeto do mundo da cultura, o direito e, mais particularmente as normas jurídicas, estão sempre impregnadas de valor. Esse

ROQUE CARRAZZA, segundo o qual "*[...], princípio jurídico é um enunciado lógico, implícito ou explícito, que, por sua grande generalidade, ocupa posição de preeminência nos vastos quadrantes do Direito e, por isso mesmo, vincula, de modo inexorável, o entendimento e a aplicação das normas jurídicas que com ele se conectam*"[187].

O maior grau de generalidade dos princípios em relação às regras é o critério de distinção mais comumente utilizado pelos autores. Entretanto, tais autores não delimitam de maneira precisa o que deve ser entendido por "generalidade", muitas vezes confundindo-a com "universalidade" ou com "abstração", impedindo, assim, uma conceituação e diferenciação precisas[188].

De acordo com J.J. GOMES CANOTILHO, os principais critérios tradicionalmente utilizados pela doutrina para distinguir as regras dos princípios são os seguintes:

> a) *Grau de abstracção*: os *princípios* são normas com um grau de abstracção relativamente elevado; de modo diverso, as *regras* possuem uma abstracção relativamente reduzida.
>
> b) *Grau de determinabilidade* na aplicação do caso concreto: os *princípios*, por serem vagos e indeterminados, carecem de

---

componente axiológico, invariavelmente presente na comunicação normativa, experimenta variações de intensidade de norma para norma, de tal sorte que existem preceitos fortemente carregados de valor e que, em função de seu papel sintático no conjunto, acabam exercendo significativa influência sobre grandes porções do ordenamento, informando o vector de compreensão de múltiplos segmentos. Em direito, utiliza-se o termo 'princípio' para denotar as regras de que falamos, mas também se emprega a palavra para apontar normas que fixam importantes critérios objetivos, além de ser usada, igualmente, para significar o próprio valor, independentemente da estrutura a que está agregado e, do mesmo modo, o limite objetivo sem a consideração da norma. Assim, nessa breve digressão semântica, já divisamos quatro usos distintos: a) como norma jurídica de posição privilegiada e portadora de valor expressivo; b) como norma jurídica de posição privilegiada que estipula limites objetivos; c) como os valores insertos em regras jurídicas de posição privilegiada, mas considerados independentemente das estruturas normativas; d) como limite objetivo estipulado em regra de forte hierarquia, tomado, porém, sem levar em conta a estrutura da norma. Nos dois primeiros, temos 'princípio' como 'norma'; nos dois últimos, 'princípio' como 'valor' ou como 'critério objetivo'." (CARVALHO, Paulo de Barros. *Direito tributário, linguagem e método*, 3. ed. rev. e ampl. São Paulo: Noeses, 2009, pp. 257-262).

187 CARRAZZA, Roque Antonio. *Curso de Direito Constitucional Tributário*, 30. ed. São Paulo: Malheiros, 2015, p. 49.

188 "O conceito de generalidade de uma norma tem que ser estritamente distinguido do conceito de universalidade. [...]. O oposto da norma universal é a norma individual. [...]. O conceito oposto ao de generalidade é o conceito de especialidade. [...]. Toda norma é sempre universal ou individual. Já a generalidade, ou seu oposto, a especialidade, é um problema de grau." (ALEXY, Robert. *Teoria dos direitos fundamentais*. Tradução: Virgílio Afonso da Silva. 2. ed. São Paulo: Malheiros, 2015, pp. 87-88).

mediações concretizadoras (do legislador, do juiz), enquanto as *regras* são susceptíveis de aplicação directa.

c) *Carácter de fundamentalidade* no sistema das fontes de direito: os *princípios* são normas de natureza estruturante ou com um papel fundamental no ordenamento jurídico devido à sua posição hierárquica no sistema das fontes (ex.: princípios constitucionais) ou à sua importância estruturante dentro do sistema jurídico (ex.: princípios do Estado de Direito).

d) *"Proximidade" da ideia de direito*: os *princípios* são *standards* juridicamente vinculantes radicados nas exigências de "justiça" (Dworkin) ou na "ideia de direito" (Larenz); as *regras* podem ser normas vinculativas com um conteúdo meramente funcional.

e) *Natureza normogenética*: os *princípios* são fundamento de regras, isto é, são normas que estão na base ou constituem a *ratio* de regras jurídicas, desempenhando, por isso, uma função normogenética fundamentante[189].

Contudo, entendemos que os fundamentos/critérios expostos pela doutrina tradicional não são suficientes para se distinguir efetivamente as regras dos princípios. Assim, nossa análise será baseada na "teoria dos princípios" criada por Robert Alexy.

Para entender a teoria de ROBERT ALEXY, a qual é adotada no presente estudo, antes, faz-se necessário aprofundar e analisar a evolução doutrinária do tema, que se iniciou na década de 1970. E, para tanto, partiremos do estado legislativo e do positivismo jurídico tradicional.

O positivismo jurídico tradicional estava fundamentado, basicamente, na ideia de direito "livre" de valor e de que o Direito se caracterizava como um sistema fechado, ou seja, um sistema composto apenas por *regras*. Neste sentido, para esta corrente doutrinária, a única espécie de norma jurídica existente eram as *regras*.

Ocorre que, com o surgimento do Estado constitucional, pode-se dizer que houve uma "abertura" do Direito para a moral e para a justiça por meio dos *princípios*.

É a partir deste momento histórico que nasce a necessidade de diferenciação entre as regras e os princípios, ou seja, a partir deste ponto, "norma jurídica" passou a ser o gênero, cujas espécies são as regras e os princípios.

As definições citadas assemelham-se na medida em que procuram distinguir os princípios das regras com base em dois critérios: **grau**

189 CANOTILHO, J. J. Gomes. *Direito Constitucional e teoria da constituição*, 7. ed, 14. reimp. Coimbra: Almedina, 2003, pp. 1160-1161.

> **de abstração e generalidade da prescrição normativa**, em função do qual os princípios se distinguiriam das regras por serem dirigidos a um número indeterminado de pessoas e a um número indeterminado de circunstâncias, enquanto as regras seriam menos gerais e conteriam mais elementos de concretude relativamente à conduta; e **fundamento de validade**, a partir do qual os princípios se distinguiriam das regras por serem dedutíveis do Estado de Direito, ao passo que as regras seriam dedutíveis de textos normativos. Uma hermenêutica histórica dessas obras, capaz de revisitar as circunstâncias em que as teorias jurídicas foram concebidas, logo evidencia a dupla finalidade que lhes deu causa. De um lado, elas procuraram demonstrar que as decisões judiciais são tomadas também com fundamento em argumentos não-reconduztíveis diretamente a textos normativos, mas reconduzíveis a prescrições normativas e dedutíveis da ideia mesma de Direito. De outro lado, e como consequência, elas procuraram redefinir o próprio Direito, então confundido, em obséquio ao positivismo legalista plenamente aceito, com um conjunto de prescrições normativas aplicáveis subsuntivamente (só de regras, portanto). Essa foi a primeira etapa de redefinição das normas jurídicas, em virtude da qual se constatou que pertencem ao Direito, possuindo por isso validade, não apenas aquelas normas que possuem uma prescrição determinada (regras), mas também aquelas que estabelecem prescrições ligadas indiretamente a valores, fins, ideias e *topoi* a serem **institucionalmente** determinadas (princípios)[190].

Como se constata, é possível identificar na doutrina duas etapas de redefinição das normas jurídicas. Na primeira, verificou-se que integram o Direito, sendo por isso válidas, tanto as normas que possuem uma prescrição determinada (regras), como aquelas que estabelecem prescrições ligadas indiretamente a valores, fins e ideias a serem institucionalmente determinados (princípios). Na segunda etapa, há um aprofundamento na diferenciação entre regras e princípios, de modo que a força normativa dos princípios passa a não ser mais questionada, passando-se a direcionar a análise à determinação de critérios objetivos que melhor fundamentam a interpretação e a aplicação normativa baseada neles. A evolução desta segunda etapa inicia-se com a doutrina de Canaris, passando-se à de Ronald Dworkin e conclui-se com a doutrina de Robert Alexy[191].

---

190 ÁVILA, Humberto. *A distinção entre princípios e regras e a redefinição do dever de proporcionalidade.* Revista Diálogo Jurídico, v. 1, n. 4, Salvador: 2001, p. 7.

191 ÁVILA, Humberto. *A distinção entre princípios e regras e a redefinição do dever de proporcionalidade.* Revista Diálogo Jurídico, v. 1, n. 4, Salvador: 2001, pp. 7-10.

De maneira mais específica, o primeiro doutrinador a identificar e reconhecer a existência e a necessidade desta diferenciação foi RONALD DWORKIN, em decorrência de uma discussão travada com H. L. A. HART[192-193].

A controvérsia entre RONALD DWORKIN e H. L. A. HART está focada na questão da ausência de regras, isto é, nos casos de lacunas no ordenamento jurídico. Para H. L. A. HART, na ausência de lei regulando determinada situação, a discricionariedade, ou a liberdade que o juiz tem para decidir, é praticamente ilimitada. Já RONALD DWORKIN, entendia que na ausência de uma lei específica, o juiz não tem liberdade absoluta ou irrestrita para decidir: ele está limitado pela ordem jurídica como um todo, principalmente pelas normas mais abrangentes contidas no ordenamento, às quais ele denominou "princípios".

RONALD DWORKIN concentrou seu estudo e criou sua teoria a partir da análise das situações em que não há regra específica no ordenamento jurídico para solucionar o caso, as quais ele denominou de *hard cases*, de modo que, nessas situações, deveria ser estabelecido um racional para solucionar o caso, baseado nos princípios e nos direitos fundamentais.

Especificamente no que se refere à aplicação das "regras", RONALD DWORKIN constatou que esta espécie normativa deveria ser aplicada com base na lógica do "tudo ou nada"[194], deixando claro que a diferença entre "regras" e "princípios" não é de *grau*, mas está, sim, na forma de aplicação e no modo como estas espécies normativas relacionam-se entre si e entre elas mesmas.

---

192 "Foi na tradição anglo-saxônica que a definição de princípios recebeu decisiva contribuição. A finalidade do estudo de Dworkin foi fazer um ataque geral ao Positivismo (*general attack on Positivism*), sobretudo no que se refere ao modo aberto de argumentação permitido pela aplicação do que ele viria a definir como princípios (*principles*)." (ÁVILA, Humberto. *Teoria dos princípios: da definição à aplicação dos princípios jurídicos*, 17. ed. rev. e atual. São Paulo: Malheiros, 2016, p. 56).

193 "[...]. Denominarei essa teoria, com alguma imprecisão histórica, de 'positivismo jurídico'. Desejo examinar a solidez do positivismo jurídico, especialmente na forma poderosa que lhe foi dada pelo Professor H. L. A. Hart. Resolvi concentrar-me na sua posição não apenas devido a sua clareza e elegância, mas porque neste caso, como em quase todas as outras áreas da filosofia do direito, o pensamento que visa construir deve começar com um exame das concepções de Hart." (DWORKIN, Ronald. *Levando os direitos a sério*, tradução: Nelson Boeira, 3. ed. São Paulo: WMF Martins Fontes, 2010, p. 27).

194 "[...]. Para ele as regras são aplicadas ao modo *tudo ou nada* (*all-or-nothing*), no sentido de que se a hipótese de incidência de uma regra é preenchida, ou é a regra válida e a consequência normativa deve ser aceita, ou ela não é considerada válida. No caso de colisão entre regras, uma delas deve ser considerada inválida." (ÁVILA, Humberto. *Teoria dos princípios: da definição à aplicação dos princípios jurídicos*, 17. ed. rev. e atual. São Paulo: Malheiros, 2016, pp. 56-57).

> [...]. Nessa direção, a distinção elaborada por Dworkin não consiste numa distinção de grau, mas numa diferenciação quanto à estrutura lógica, baseada em critérios classificatórios, em vez de comparativos, como afirma Robert Alexy. A distinção por ele proposta difere das anteriores porque se baseia, mais intensamente, no modo de aplicação e no relacionamento normativo, estremando as duas espécies normativas[195].

Na esteira de RONALD DWORKIN, ROBERT ALEXY aprofundou a análise e desenvolveu a "teoria dos princípios" que atualmente é mais conhecida e aceita no Brasil, ou seja, pode-se dizer que a teoria de RONALD DWORKIN foi o ponto de partida para ROBERT ALEXY, cuja teoria pode ser considerada um "refinamento" da teoria do primeiro[196].

Para ROBERT ALEXY, a principal diferença entre as regras e os princípios está na estrutura da norma, haja vista as primeiras serem normas mais específicas, enquanto os segundos são normas mais abertas.

Neste sentido, os princípios funcionam como "mandamentos de otimização", ou seja, são "normas" ou "ordens" que determinam a máxima realização possível do Direito envolvido na questão, sendo que a aplicação dos princípios se dá sempre de forma *gradual* (*i.e.*, a satisfação do princípio pode ser *total* ou *parcial*), conforme as circunstâncias fáticas e jurídicas existentes no caso permitirem[197]. As regras, por sua vez, são "mandados definitivos" e tratam de situações bem específicas, isto é, determinam as consequências normativas de forma direta[198].

> O ponto decisivo na distinção entre regras e princípios é que princípios são normas que ordenam que algo seja realizado na maior medida possível dentro das possibilidades jurídicas e fáticas existentes. Princípios são, por conseguinte, mandamentos de

195 ÁVILA, Humberto. *Teoria dos princípios: da definição à aplicação dos princípios jurídicos*, 17. ed. rev. e atual. São Paulo: Malheiros, 2016, p. 57.

196 "Alexy, partindo das considerações de Dworkin, precisou ainda mais o conceito de princípios." (ÁVILA, Humberto. *Teoria dos princípios: da definição à aplicação dos princípios jurídicos*, 17. ed. rev. e atual. São Paulo: Malheiros, 2016, p. 57).

197 "Daí a definição de princípios como deveres de otimização aplicáveis em vários graus segundo as possibilidades normativas e fáticas: normativas, porque a aplicação dos princípios depende dos princípios e regras que a eles se contrapõem; fáticas, porque o conteúdo dos princípios como normas de conduta só pode ser determinado quando diante dos fatos." (ÁVILA, Humberto. *Teoria dos princípios: da definição à aplicação dos princípios jurídicos*, 17. ed. rev. e atual. São Paulo: Malheiros, 2016, p. 58).

198 ÁVILA, Humberto. *Teoria dos princípios: da definição à aplicação dos princípios jurídicos*, 17. ed. rev. e atual. São Paulo: Malheiros, 2016, p. 57.

> otimização, que são caracterizados por poderem ser satisfeitos em graus variados e pelo fato de que a medida devida de sua satisfação não depende somente das possibilidades fáticas, mas também das possibilidades jurídicas. O âmbito das possibilidades jurídicas é determinado pelos princípios e regras colidentes.
>
> Já as regras são normas que são sempre satisfeitas ou não satisfeitas. Se uma regra vale, então, deve se fazer exatamente aquilo que ela exige; nem mais, nem menos. Regras contêm, portanto, determinações no âmbito daquilo que é fática e juridicamente possível. Isso significa que a distinção entre regras e princípios é uma distinção qualitativa, e não uma distinção de grau. Toda norma é ou uma regra ou um princípio[199].

ROBERT ALEXY avança e constata outras duas diferenças entre os princípios e as regras, quais sejam: **(i)** os princípios podem limitar a interpretação e a aplicação das regras, sem implicar na nulidade ou revogação destas; e **(ii)** a forma de solução das colisões entre princípios é distinta do modo de solução dos conflitos entre regras[200].

Na hipótese de colisão entre dois princípios, ROBERT ALEXY defende que tal colisão deve ser sempre examinada diante do caso concreto[201], de modo que um deles somente prevalecerá sobre o outro após um juízo de *ponderação* ou um *sopesamento*, no qual serão avaliados os pesos[202] dos princípios colidentes, isto é, será analisado qual dos princípios, naquelas condições

---

199 ALEXY, Robert. *Teoria dos direitos fundamentais*. Tradução: Virgílio Afonso da Silva. 2. ed. São Paulo: Malheiros, 2015, pp. 90-91.

200 "A diferença entre regras e princípios mostra-se com maior clareza nos casos de colisões entre princípios e de conflitos entre regras. Comum às colisões entre princípios e aos conflitos entre regras é o fato de que duas normas, se isoladamente aplicadas, levariam a resultados inconciliáveis entre si, ou seja, há dois juízos concretos de dever-ser jurídico contraditórios. E elas se distinguem pela forma de solução do conflito." (ALEXY, Robert. *Teoria dos direitos fundamentais*. Tradução: Virgílio Afonso da Silva. 2. ed. São Paulo: Malheiros, 2015, pp. 91-92).

201 ÁVILA, Humberto. *Teoria dos princípios: da definição à aplicação dos princípios jurídicos*, 17. ed. rev. e atual. São Paulo: Malheiros, 2016, pp. 57-58.

202 "A questão decisiva é, portanto, sob quais condições qual princípio deve prevalecer e qual deve ceder. Nesse contexto, o Tribunal Constitucional Federal utiliza-se da muito difundida metáfora do peso. [...]. Esses interesses não têm um peso quantificável. Por isso, é necessário indagar o que se quer dizer quando se fala em 'pesos'. O conceito de relação condicionada de precedência oferece uma reposta simples. Em um caso concreto, o princípio P1 tem um peso maior que o princípio colidente P2 se houver razões suficientes para que P1 prevaleça sobre P2 sob as condições C, presentes nesse caso concreto." (ALEXY, Robert. *Teoria dos direitos fundamentais*. Tradução: Virgílio Afonso da Silva. 2. ed. São Paulo: Malheiros, 2015, p. 97).

concretas específicas, tem precedência sobre o outro[203]. Contudo, a prevalência de um dos princípios não invalida o princípio preterido[204].

Já no conflito entre regras, ROBERT ALEXY ensina que a solução somente será possível se: (**i**) houver a inclusão de uma exceção em uma das regras; ou (**ii**) houver a declaração de invalidade de uma das regras. Ou seja, em não sendo possível a inclusão de uma exceção que viabilize a coexistência das duas regras, uma delas terá que ser declarada inválida. Tal se dá porque, para ROBERT ALEXY, as regras são aplicadas com base na lógica da *subsunção* e da *validade*, e não da ponderação ou sopesamento, como os princípios[205]. Ou seja, se ocorrido no mundo fenomênico determinado fato pre-

---

203 "[...]. Essa relação de tensão não pode ser solucionada com base em uma precedência absoluta de um desses deveres, ou seja, nenhum desses deveres goza, '*por si só*, de prioridade'. O 'conflito' deve, ao contrário, ser resolvido 'por meio de um sopesamento entre interesses conflitantes'. O objetivo desse sopesamento é definir qual dos interesses – que *abstratamente estão no mesmo nível* – tem *maior peso no caso concreto.* [...]. Esses deveres devem ser aplicados na medida das possibilidades fáticas e jurídicas de sua realização." (ALEXY, Robert. *Teoria dos direitos fundamentais*. Tradução: Virgílio Afonso da Silva. 2. ed. São Paulo: Malheiros, 2015, pp. 94-95).

204 "As colisões entre princípios devem ser solucionadas de forma completamente diversa. Se dois princípios colidem – o que ocorre, por exemplo, quando algo é proibido de acordo com um princípio e, de acordo com o outro, permitido –, um dos princípios terá que ceder. Isso não significa, contudo, nem que o princípio cedente deva ser declarado inválido, nem que nele deverá ser introduzida uma cláusula de exceção. Na verdade, o que ocorre é que um dos princípios tem precedência em face do outro sob determinadas condições. Sob outras condições a questão de precedência pode ser resolvida de forma oposta. Isso é o que se quer dizer quando se afirma que, nos casos concretos, os princípios têm pesos diferentes e que os princípios com maior peso têm precedência. Conflitos entre regras ocorrem na dimensão da validade, enquanto as colisões entre princípios – visto que só princípios válidos podem colidir –, ocorrem, para além dessa dimensão, na dimensão do peso." (ALEXY, Robert. *Teoria dos direitos fundamentais*. Tradução: Virgílio Afonso da Silva. 2. ed. São Paulo: Malheiros, 2015, pp. 93-94).

205 "Um conflito entre regras somente pode ser solucionado se se introduz, em uma das regras, uma cláusula de exceção que elimine o conflito, ou se pelo menos uma das regras for declarada inválida. [...]. Se esse tipo de solução não for possível, pelo menos uma das regras tem que ser declarada inválida e, com isso, extirpada do ordenamento jurídico. Ao contrário do que ocorre com o conceito de validade social ou de importância da norma, o conceito de validade jurídica não é graduável. Ou uma norma jurídica é válida, ou não é. Se uma regra é válida e aplicável a um caso concreto, isso significa que também sua consequência jurídica é válida. Não importa a forma como sejam fundamentados, não é possível que dois juízos concretos de dever-ser contraditórios entre si sejam válidos. Em um determinado caso, se se constata a aplicabilidade de duas regras com consequências jurídicas concretas contraditórias entre si, e essa contradição não pode ser eliminada por meio da introdução de uma cláusula de exceção, então, pelo menos uma das regras deve ser declarada inválida. A constatação de que pelo menos uma das regras deve ser declarada inválida quando uma cláusula de exceção não é possível em um

visto abstrata e hipoteticamente na regra, a consequência jurídica nela prevista também deverá ser aplicada *integralmente*[206], não sendo possível aplicá-la *gradualmente* ou *parcialmente*.

> A distinção entre princípios e regras – segundo Alexy – não pode ser baseada no modo tudo ou nada de aplicação proposto por Dworkin, mas deve resumir-se, sobretudo, a dois fatores: *diferença quanto à colisão*, na medida em que os princípios colidentes apenas têm sua realização normativa limitada reciprocamente, ao contrário das regras, cuja colisão é solucionada com a declaração de invalidade de uma delas ou com a abertura de uma exceção que exclua a antinomia; *diferença quanto à obrigação que instituem*, já que as regras instituem obrigações absolutas, não superadas por normas contrapostas, enquanto os princípios instituem obrigações *prima facie*, na medida em que podem ser superadas ou derrogadas em função dos outros princípios colidentes[207].

Em que pese boa parte da doutrina ainda hoje utilizar algum(ns) dos critérios tradicionais acima elencados para distinguir as regras dos princípios, diferentemente, e na linha de pensamento de ROBERT ALEXY, entendemos que entre regras e princípios não há uma distinção *gradual*, mas, sim, *funcional-aplicativa*. Ou seja, entendemos que cada uma destas espécies normativas tem uma função determinada dentro do sistema jurídico, não havendo entre elas qualquer hierarquia[208], mas, sim, complementariedade,

---

conflito entre regras nada diz sobre qual das regras deverá ser tratada dessa forma. Esse problema pode ser solucionado por meio de regras como *lex posterior derogat legi priori* e *lex specialis derogat legi generali*, mas é também possível proceder de acordo com a importância de cada regra em conflito. O fundamental é: a decisão é uma decisão sobre validade." (ALEXY, Robert. *Teoria dos direitos fundamentais*. Tradução: Virgílio Afonso da Silva. 2. ed. São Paulo: Malheiros, 2015, pp. 92-93).

206 A respeito desta questão na ótica do direito tributário: "[...]; a hipótese de incidência como entidade conceitual, formulação hipotética do legislador. O fato imponível, pelo contrário, é um acontecimento concreto da vida prática, do mundo dos fatos, acontecimento que tem consequências jurídicas (fato jurígeno) porque a lei (h.i.) assim dispôs. [...]. A h.i. é a expressão de uma vontade legal, que qualifica um fato qualquer, abstratamente, formulando uma descrição antecipada (conceito legal), genérica e hipotética. Fato imponível é um fato efetivo, localizado concretamente – porque acontecido, ocorrido – no tempo e no espaço e revestido de características individuais e concretas." (ATALIBA, Geraldo. *Hipótese de incidência tributária*, 6. ed. São Paulo: Malheiros, 2005, p. 75).

207 ÁVILA, Humberto. *Teoria dos princípios: da definição à aplicação dos princípios jurídicos*, 17. ed. rev. e atual. São Paulo: Malheiros, 2016, pp. 58-59.

208 Em sentido contrário: "[...]. Aliás, as normas jurídicas não trazem sequer expressa sua condição de princípios ou de regras. É o jurista que, ao debruçar-se sobre elas,

bem como possuem, cada qual, uma maneira específica de ser aplicada: os princípios de forma gradual e as regras de modo absoluto. Neste sentido, pode-se afirmar que, diante deste caráter de complementariedade, o sistema jurídico será mais estável quanto maior noção e equilíbrio houver na utilização dessas espécies normativas[209].

J. J. GOMES CANOTILHO também segue esta vertente mais moderna de diferenciação entre regras e princípios, conforme sintetizado a seguir:

> Os **princípios** interessar-nos-ão, aqui, sobretudo na sua qualidade de verdadeiras *normas, qualitativamente distintas* das outras categorias de normas, ou seja, das **regras jurídicas**. As diferenças qualitativas traduzir-se-ão, fundamentalmente, nos seguintes aspectos. Os princípios são normas jurídicas impositivas de uma *optimização*, compatíveis com vários graus de concretização, consoante condicionalismos fácticos e jurídicos; as *regras* são normas que prescrevem imperativamente uma exigência (impõem, permitem ou proíbem) que é ou não é cumprida (nos termos de Dworkin: *applicable in all-or-nothing fashion)*; a convivência dos princípios é conflitual (Zagrebelsky), a convivência de regras é antinómica; os princípios coexistem, as regras antinómicas excluem-se. Consequentemente, os princípios, ao constituírem *exigências de optimização*, permitem o balanceamento de valores e interesses (não obedecem, como as regras, à «lógica do tudo ou

as identifica e as hierarquiza. [...]. Evidentemente, os princípios são encontráveis em todos os escalões da 'pirâmide jurídica'. De fato, há princípios constitucionais, legais e até infralegais. Dentre eles, os constitucionais, sem dúvida alguma, são os mais importantes, já que sobrepairam aos outros princípios e regras (inclusive às contidas na Lei Máxima)." (CARRAZZA, Roque Antonio. *Curso de Direito Constitucional Tributário*, 30. ed. São Paulo: Malheiros, 2015, pp. 50-51).

209 "Não há hierarquia linear entre eles. Por um lado, as regras dependem do balizamento ou construção a partir de princípios. Por outro, estes só ganham significado prático se encontram correspondência em regras que lhes deem densidade e relevância para a solução do caso. Essa relação não é harmônica. É uma relação paradoxal, como veremos. [...], os princípios e regras relacionam-se de uma maneira um tanto conflituosa. Por um lado, a tendência a superestimar os princípios em detrimento das regras torna altíssimo o grau de incerteza e pode descambar em insegurança incontrolável, relacionada à própria quebra da consistência do sistema jurídico e, pois, à destruição de suas fronteiras operativas. Por outro, a tendência a superestimar as regras em detrimento dos princípios torna o sistema excessivamente rígido para enfrentar problemas sociais complexos, em nome de uma consistência incompatível com a adequação social do direito. [...]." (NEVES, Marcelo. *Entre Hidra e Hércules: princípios e regras constitucionais como diferença paradoxal do sistema jurídico*. São Paulo: Editora WMF Martins Fontes, 2013, pp. XVI-XX).

> nada»), consoante o seu *peso* e a ponderação de outros princípios eventualmente conflitantes; as regras não deixam espaço para qualquer outra solução, pois se uma regra *vale* (tem validade) deve cumprir-se na exacta medida das suas prescrições, nem mais nem menos. Como se verá mais adiante, em caso de *conflito entre princípios*, estes podem ser objeto de ponderação e de harmonização, pois contêm apenas «exigências» ou «standards» que, em «primeira linha» (*prima facie*), devem ser realizados; as regras contêm «fixações normativas» *definitivas*, sendo insustentável a validade simultânea de regras contraditórias. Realça-se também que os princípios suscitam problemas de *validade e peso* (importância, ponderação, valia); as regras colocam apenas questões de *validade* (se elas não são correctas devem ser alteradas)[210].

LUÍS EDUARDO SCHOUERI segue racional semelhante, ilustrando de maneira bastante esclarecedora o funcionamento e a atuação dos princípios jurídicos:

> É comum o raciocínio de que na ponderação de princípios, haveria um jogo de pesos, de modo que em cada situação, prevaleceria um. Embora incensurável a ideia da ponderação, não deve ela levar à crença de que os demais princípios seriam desprezados. Afinal, como admitir que norma válida seja deixada de lado?
> Mais adequado é compreender os princípios como um feixe de forças, com valores e intensidades diversos, atuando sobre um mesmo corpo. Tal como na física, o movimento do corpo será a resultante desse confronto, o mesmo se dá no campo jurídico. Não há como negar a importância de cada uma das forças na formação da resultante. Fosse ela desprezada, então outra seria a resultante. Esta, insista-se, compreende a atuação simultânea de todas as forças. No campo da ponderação dos princípios não é diferente: cada princípio terá sua intensidade (daí a ponderação), mas a resultante não negará qualquer deles; ao contrário, aplicá-los-á simultaneamente[211].

Feitas estas considerações, passaremos agora para a análise do conceito de "postulado normativo", o qual tem sido atualmente aceito como mais uma espécie normativa, ao lado das regras e dos princípios.

---

210 CANOTILHO, J. J. Gomes. *Direito Constitucional e teoria da constituição*, 7. ed, 14. reimp. Coimbra: Almedina, 2003, pp. 1161-1162.

211 SCHOUERI, Luís Eduardo. *Preços de Transferência no Direito Tributário Brasileiro*, 3. ed. rev. e atual. São Paulo: Dialética, 2013, p. 24.

2.2. Os postulados normativos

Recentemente, uma parte da doutrina[212] passou a identificar uma nova espécie normativa além dos princípios e das regras, tendo-a denominado como "postulados jurídicos".

Para essa doutrina, as normas jurídicas podem ser de *primeiro grau* (princípios e regras) ou de *segundo grau* (postulados normativos).

Segundo HUMBERTO ÁVILA, os postulados são "condições essenciais" para a interpretação e para a correta e concreta aplicação do Direito, subdividindo-se em *postulados normativos hermenêuticos* e *postulados normativos aplicativos*:

> A interpretação de qualquer objeto cultural submete-se a algumas condições essenciais, sem as quais o objeto não pode ser sequer apreendido. A essas condições essenciais dá-se o nome de *postulados*. Há os postulados meramente hermenêuticos, destinados a compreensão em geral do Direito e os postulados aplicativos, cuja função é estruturar a sua aplicação concreta[213].

Os postulados normativos *hermenêuticos* têm como função primordial viabilizar a *"compreensão interna e abstrata do ordenamento jurídico, podendo funcionar, é claro, para suportar essa ou aquela alternativa de aplicação normativa"*[214].

> [...]. Dentre os mais importantes está o *postulado da unidade do ordenamento jurídico*, a exigir do intérprete o relacionamento entre a parte e o todo mediante o emprego de categorias de ordem e unidade. Subelemento desse postulado, é o *postulado da coerência*, a impor ao intérprete, entre outros deveres, a obrigação de relacionar as normas com as normas que lhes são formal ou materialmente superiores.
>
> [...].
>
> A compreensão do ordenamento como uma estrutura escalonada de normas baseia-se no *postulado da hierarquia*, do qual resultam alguns critérios importantes para a interpretação das normas, tais como o da interpretação conforme a Constituição[215].

---

212 Especialmente Humberto Ávila.

213 ÁVILA, Humberto. *Teoria dos princípios: da definição à aplicação dos princípios jurídicos*, 17. ed. rev. e atual. São Paulo: Malheiros, 2016, pp. 163-164.

214 ÁVILA, Humberto. *Teoria dos princípios: da definição à aplicação dos princípios jurídicos*, 17. ed. rev. e atual. São Paulo: Malheiros, 2016, p. 165.

215 ÁVILA, Humberto. *Teoria dos princípios: da definição à aplicação dos princípios jurídicos*, 17. ed. rev. e atual. São Paulo: Malheiros, 2016, pp. 165-166.

Já os postulados normativos *aplicativos* têm como função resolver questões decorrentes da aplicação do Direito, *"especialmente para solucionar antinomias contingentes, concretas e externas: contingentes, em vez de necessárias, porque surgem ocasionalmente diante de cada caso; concretas, em vez de abstratas, porque surgem diante de um problema concreto; e externas, em vez de internas, porque não surgem em razão de conflitos internos ao ordenamento jurídico, mas decorrem de circunstâncias externas a ele. Entre os principais postulados aplicativos estão a proporcionalidade, a razoabilidade e proibição de excesso, [...]"*[216].

Com os postulados normativos aplicativos, não são mais analisados os princípios e as regras propriamente ditos, mas, sim, a maneira como esses princípios e regras devem ser aplicados, ou seja, tais postulados estão em outro plano, porquanto determinam a estrutura de aplicação de outras normas (regras e princípios), razão pela qual, diz-se que são *metanormas*[217]. Nesse sentido também é a posição de VITALINO CANAS:

> Os postulados normativos são uma categoria normativa, inspirada nos postulados *kantianos*. [...]. Tais postulados não oferecem argumentos substanciais para fundamentar uma decisão, apenas explicam *como* (mediante a implementação de quais condições) pode ser obtido o conhecimento do Direito[218].

De acordo com HUMBERTO ÁVILA, os postulados normativos aplicativos não se confundem com os chamados *sobreprincípios*, uma vez que estes encontram-se no mesmo nível das espécies normativas às quais servem de fundamento, isto é, os princípios e as regras[219-220].

---

216 ÁVILA, Humberto. *Teoria dos princípios: da definição à aplicação dos princípios jurídicos*, 17. ed. rev. e atual. São Paulo: Malheiros, 2016, p. 176.

217 ÁVILA, Humberto. *Teoria dos princípios: da definição à aplicação dos princípios jurídicos*, 17. ed. rev. e atual. São Paulo: Malheiros, 2016, pp. 176-177.

218 CANAS, Vitalino José Ferreira Prova. *O princípio da proibição do excesso: em especial, na conformação e no controlo de atos legislativos*, 2016, 1.437 p. Tese (Doutorado em Direito) – Faculdade de Direito, Universidade de Lisboa, Lisboa, 2016, p. 982.

219 ÁVILA, Humberto. *Teoria dos princípios: da definição à aplicação dos princípios jurídicos*, 17. ed. rev. e atual. São Paulo: Malheiros, 2016, pp. 176-177.

220 PAULO DE BARROS CARVALHO entende haver uma hierarquia segundo a qual os sobreprincípios seriam superiores aos princípios "tradicionais", em razão de serem as espécies normativas que possuem a máxima carga axiológica possível: "[...]. Quer isto significar, por outros torneios, que 'princípio' é uma regra portadora de núcleos significativos de grande magnitude influenciando visivelmente a orientação de cadeias normativas, às quais outorga caráter de unidade relativa, servindo de fator de agregação para outras regras do ordenamento. Advirta-se, entretanto, que ao aludirmos a 'valores' estamos indicando somente aqueles que julgamos depositados pelo legislador (consciente ou inconscientemente) na

Conforme adiantado algumas linhas atrás e com base nas lições de HUMBERTO ÁVILA, entendemos que os postulados são uma nova espécie normativa além dos princípios e das regras, não se confundindo com estes, portanto. Contudo, em decorrência de sua função estruturante da aplicação de outras normas, há autores que os enquadram ora como princípios, ora como regras.

> A definição de postulados normativos aplicativos como deveres estruturantes da aplicação de outras normas coloca em pauta a questão de saber se eles podem ser considerados como princípios ou regras. Alexy não enquadra a proporcionalidade diretamente em uma categoria específica, pois utiliza, para sua definição, o termo *princípios* (*Grundsatz*), limitando-se a afirmar, em nota de rodapé, que as máximas parciais podem ser enquadradas no conceito de regras. A maior parte da doutrina enquadra-os, sem explicações, na categoria de princípios[221].

Analisados os postulados normativos, torna-se possível examinar qual é a efetiva natureza jurídica do *arm's length*.

---

linguagem do direito posto. Não cremos existir uma 'região de valores', existente em si, como o topos uranos de Platão ou qualquer tipo de sistema suprapositivo de valores, ao modo de algumas vertentes jusnaturalistas. Aqueles de que nos ocupamos são os postos, centros significativos abstratos, mas positivados no ordenamento e que ficam ao sabor de nossa intuição emocional. Se tais observações forem procedentes, cabe cogitar de uma hierarquia das normas do direito positivo, elegendo-se como critério a intensidade axiológica nelas presente. [...]. Com efeito, os valores e sobrevalores que a Constituição proclama hão de ser partilhados entre os cidadãos, não como quimeras ou formas utópicas simplesmente desejadas e conservadas como relíquias na memória social, mas como algo pragmaticamente realizável, apto, a qualquer instante, para cumprir seu papel demarcatório, balizador, autêntica fronteira nos hemisférios da nossa cultura. [...]. Corolário inevitável da aplicação desses princípios é o preâmbulo da Constituição Brasileira de 1988, plataforma, por excelência, da ideologia constitucional. Lá se encontram os valores jurídicos da mais alta hierarquia, [...]. A despeito de seu caráter moral e político, o texto do preâmbulo é texto de lei, no interior do qual se encontram normas jurídicas vinculantes. Nelas, estão disciplinados valores dos quais se retiram direitos e deveres subjetivos constitucionalmente garantidos." (CARVALHO, Paulo de Barros. *Direito tributário, linguagem e método*, 3. ed. rev. e ampl. São Paulo: Noeses, 2009, pp. 268-270). Como se constata, na prática, entretanto, o autor acaba reunindo tanto os princípios, como os sobreprincípios, sob uma mesma espécie do gênero "norma jurídica", não entendendo os sobreprincípios como postulados "superiores" que determinam como os princípios e as regras devem ser aplicados, isto é, não os alça ao plano das metanormas.

221 ÁVILA, Humberto. *Teoria dos princípios: da definição à aplicação dos princípios jurídicos*, 17. ed. rev. e atual. São Paulo: Malheiros, 2016, p. 177.

2.3. *Arm's length*: princípio, regra ou postulado normativo?

Partindo das definições de "princípio", "regra" e "postulado normativo" alcançadas nos itens anteriores, passa-se à etapa de verificar em qual dessas categorias enquadra-se o *arm's length*[222].

LUÍS EDUARDO SCHOUERI expressamente atribui ao *arm's length* a natureza jurídica de princípio, conforme se verifica a seguir:

> Afinal, reconhecida ao parâmetro *arm's length* a natureza de verdadeiro princípio, a ele se aplica a necessidade de ponderação com outros princípios igualmente válidos no ordenamento. Isso não afasta a aplicação do primeiro; apenas a conforma.
>
> [...]
>
> Assim, ao lado do princípio *arm's length*, reconhecer-se-á a atuação de outros princípios, como os da ordem econômica, a incentivar, por exemplo, o processo produtivo local, em detrimento de meras operações comerciais. A praticabilidade terá, igualmente, seu papel, na construção da norma de preços de transferência.
>
> Daí que o reconhecimento do princípio *arm's length* e sua validade no ordenamento jurídico brasileiro não pode dar-se sem considerar a existência de outros princípios, também relevantes, com intensidades diversas (a ponderação, a cada caso, revelará a força). Em nenhum caso, se admitirá que o *arm's length* seja deixado de lado; nem por isso, será ele o único a atuar[223].

RICARDO LOBO TORRES segue a mesma linha, demonstrando detalhadamente o enquadramento do *arm's length* como princípio a partir das características que ele entende serem próprias dos princípios jurídicos:

> Parece-nos que o chamado *arm's length principle* é realmente um princípio jurídico. A própria circunstância de se consubstanciar como cláusula geral já o eleva a esse patamar. Exibe o *arm's length* características próprias dos princípios, como sejam a generalidade, a abstração, a abertura, a analogia a vinculação a valores, as múltiplas possibilidades de concretização e a permanente ponderação com outros princípios, tudo o que passamos a examinar.

---

222 "Enquanto princípio, sua aplicação se dá a partir de uma perspectiva de ponderação com outros princípios do Ordenamento. Cabe, nesse momento, conhecer seu teor, no plano meramente principiológico, sem que se descure do fato de que sua aplicação, conforme se insiste, se dará em conjunto com outros princípios igualmente prestigiados pelo Ordenamento". (SCHOUERI, Luís Eduardo. *Preços de Transferência no Direito Tributário Brasileiro*, 3. ed. rev. e atual. São Paulo: Dialética, 2013, p. 29).

223 SCHOUERI, Luís Eduardo. *Preços de Transferência no Direito Tributário Brasileiro*, 3. ed. rev. e atual. São Paulo: Dialética, 2013, p. 24.

Generalidade: uma das principais características dos princípios é a generalidade. Situados a meio passo entre os valores e as normas, os princípios são enunciados gerais que se irradiam por todo o ordenamento jurídico. O *arm's length principle*, proclamado principalmente na Lei n. 9.430/96, apresenta essa característica, pois seus métodos e as normas subalternas devem guardar conformidade com o seu enunciado.

Abstração: outra nota dos princípios jurídicos é a abstração. Nem sempre se traduz em discurso normativo. Mesmo quando declarado pelo direito positivo deixa de apresentar definição precisa. O princípio *arm's length* não refoge a essa característica, posto que é dotado de grande abstração, tanto no art. 9º da Convenção modelo da OCDE, quanto nos arts. 18 a 24 da lei 9.430/96. O que é importante para caracterizar o *arm's length* como princípio é a indicação da *necessidade de comparação entre preços praticados por pessoas vinculadas e os preços de mercado*, coisa que aparece claramente no direito positivo. Soa desarrazoada a afirmativa de Alejandro Messineo, segundo a qual não existe o princípio *arm's length* no Brasil, tendo em vista que a legislação teria simplesmente adotado tetos e pisos para as importações e exportações.

Abertura: os princípios, mesmo quando traduzidos em linguagem constitucional, mantêm a sua abertura e indefinição. Não se expõem à leitura unívoca, nem se deixam concretizar inteiramente pelo direito positivo. Tudo isso acontece também com o *arm's length*. O objetivo do princípio fundamental do *transfer pricing* é garantir o preço justo (*fair price*). Mas o que é preço justo no capitalismo? Na verdade, preço justo não é sequer conceito com trânsito no liberalismo econômico, sendo remaniscência da ética medieval. Como se calcula, então, o tal *fair price*? Essa aporia imanente ao *arm's length principle*, que torna extremamente difícil determinar o preço de mercado nas transações entre empresas coligadas, demonstra, por si só, que se trata de vero princípio jurídico. [...]

Analogia: os princípios jurídicos são analógicos. Constroem-se simultânea e sucessivamente através da dedução a partir de valores e ideias ou de indução. Deles se deduzem as normas. Mas não se situam etereamente no mundo das ideias, pois estão em permanente contacto com a facticidade. O *arm's length*, do qual se extraem as normas e métodos, também segue a analogia, eis que se baseia essencialmente na comparação com os preços praticados por empresas independentes, ou seja, procura permanentemente o *tertium comparationis*.

Vinculação a valores: os princípios jurídicos se vinculam a valores. O *arm's length* está intimamente ligado à justiça e à capacidade

> contributiva, eis que tem por objetivo garantir a transferência de bens e serviços pelo preço 'justo', 'normal' ou de concorrência.
>
> *Concretização*: os princípios jurídicos se concretizam através de normas. Mas, como notou Larenz, há uma múltipla possibilidade de concretização (*eine Vielzahl von Konkretisierungsmöglichkeiten*), que fica a critério do legislador. [...]
>
> *Ponderação*: os princípios se equilibram entre si e se aplicam mediante a devida ponderação com os outros princípios que compõem o sistema aberto de valores. [...]. De modo que o princípio *arm's length*, essencialmente ligado à justiça fiscal, deve se abrir para ponderação com os princípios vinculados à segurança jurídica, como os da legalidade, proteção da confiança do contribuinte, plena produção da prova, ampla defesa, etc. Em cada hipótese de aplicação o *arm's length* terá peso diferente, a depender do peso específico que os outros princípios apresentem[224].

Assim como os citados autores, também entendemos que o *arm's length* enquadra-se na categoria de princípio jurídico. Entretanto, discordamos em parte de Ricardo Lobo Torres, porquanto este, ao indicar que são características do *arm's length* a generalidade, a abstração, a abertura, a analogia, a vinculação a valores e a concretização, acaba por misturar os critérios tradicionais de classificação com os critérios modernos.

Como visto nos itens anteriores, reafirmamos nossa posição no sentido de que os fundamentos/critérios expostos pela doutrina tradicional não são suficientes para se distinguir efetivamente as regras dos princípios, razão pela qual seguimos a "teoria dos princípios" criada por Robert Alexy.

Nesse sentido, discordamos de Ricardo Lobo Torres e entendemos que a generalidade, a abstração e a analogia não são notas caracterizadoras dos princípios jurídicos e, portanto, não podem ser utilizadas como critérios para categorizar uma determinada norma como princípio ou não.

Ressalte-se: concordamos com o citado autor que o *arm's length* é um princípio, porém, discordamos, em parte, das notas por ele mencionadas como caracterizadoras dos princípios jurídicos.

Na linha de ROBERT ALEXY e de HUMBERTO ÁVILA, entendemos que os pontos nodais que distinguem as regras dos princípios estão: (i) na estrutura e na dinâmica da norma, haja vista os princípios serem normas que ordenam que algo seja realizado na maior medida possível dentro das

---

224 TORRES, Ricardo Lobo. *O Princípio Arm's Length, os Preços de Transferência e a Teoria da Interpretação do Direito Tributário, in:* Revista Dialética de Direito Tributário n. 48. São Paulo: Dialética, 1999, pp. 128-131.

possibilidades jurídicas e fáticas existentes; (ii) na diferença quanto à colisão, porquanto os princípios colidentes apenas têm sua realização normativa limitada reciprocamente (ponderação), ao contrário das regras, cuja colisão é solucionada com a declaração de invalidade de uma delas ou com a abertura de uma exceção que exclua a antinomia; e (iii) na diferença quanto à obrigação que instituem, já que as regras instituem obrigações absolutas, não superáveis por normas contrapostas, enquanto os princípios instituem obrigações *prima facie*, na medida em que podem ser superadas ou derrogadas em função dos outros princípios colidentes.

Por consequência, enquadramos o *arm's length* como princípio jurídico. Em primeiro lugar, pois não se trata de uma norma que prescreve imperativamente uma exigência que é ou não é cumprida, sem deixar espaço para qualquer outra solução. E, em segundo lugar, porque em caso de conflito, a prevalência ou não do *arm's length* se dará sem invalidar qualquer outra norma jurídica, ou seja, sua aplicação só é possível via ponderação.

Além disso, como entendemos que para a existência e aplicação do *arm's length* basta que o legislador preveja na legislação a obrigação de comparar os preços adotados em operações entre partes vinculadas com os preços de operações levadas a efeito por terceiros, isto demonstra que o *arm's length* é um princípio infraconstitucional, uma vez que, seja nas diretrizes da OCDE, seja aqui no Brasil, ele não estabelece uma determinada maneira ou forma específica para se fazer tal comparação (como seria se fosse uma regra): o *arm's length* apenas dirige-se ao legislador exigindo deste que, ao criar um método de comparação, faça o máximo possível para comparar o preço de pessoas vinculadas com preços adotados por terceiros sujeitos às regras de mercado. Ou seja, na prática, é um princípio infraconstitucional, pois seu objetivo – verificar o valor de mercado do bem, serviço ou direito e compará-lo – não pode ser cumprido de forma absoluta, dada a fluidez própria do conceito de "valor de mercado". Vale aqui repetir as observações de RICARDO LOBO TORRES:

> O objetivo do princípio fundamental do *transfer pricing* é garantir o preço justo (*fair price*). Mas o que é preço justo no capitalismo? Na verdade, preço justo não é sequer conceito com trânsito no liberalismo econômico, sendo remaniscência da ética medieval. Como se calcula, então, o tal *fair price*? Essa aporia imanente ao *arm's length principle*, que torna extremamente difícil determinar o preço de mercado nas transações entre empresas coligadas, demonstra, por si só, que se trata de vero princípio jurídico[225].

---

[225] TORRES, Ricardo Lobo. *O Princípio Arm's Length, os Preços de Transferência e a Teoria da Interpretação do Direito Tributário, in:* Revista Dialética de Direito Tributário n. 48. São Paulo: Dialética, 1999, pp. 129-130.

Tanto ele é um princípio, que foi necessário o estabelecimento de verdadeiras regras, consubstanciadas nos métodos da Lei n. 9.430/1996, para se calcular e saber se o preço praticado em uma determinada operação entre pessoas vinculadas está de acordo com os preços usualmente praticados no mercado, ou seja, foi necessária a edição de regras jurídicas para concretizá-lo.

Por fim, dados os fundamentos mencionados, entendemos que o *arm's length* não pode ser classificado como postulado normativo, haja vista não ter como função primordial viabilizar a compreensão interna e abstrata do ordenamento jurídico (postulados normativos hermenêuticos), nem determinar a estrutura de aplicação de outras normas jurídicas (postulados normativos aplicativos).

3. Igualdade e Capacidade Contributiva

3.1. Principais aspectos da igualdade tributária

Inicialmente, vale um breve retrospecto acerca de como o princípio da igualdade foi tratado nas constituições brasileiras anteriores.

Na Constituição do Império de 1824, o princípio da igualdade vinha previsto no art. 179, inciso XIII, o qual assim dispunha: *"A Lei será igual para todos, quer proteja, quer castigue, o recompensará em proporção dos merecimentos de cada um"*. Todavia, em decorrência dos privilégios existentes à época para determinadas pessoas, a ideia de igualdade destoava da noção de igualdade traçada a partir das constituições seguintes, uma vez que, como bem aponta JOSÉ CRETELLA JÚNIOR[226], apenas a partir da Constituição Federal de 1891 é que o princípio da igualdade passou a ter os contornos que atualmente possui:

> [...]. Impõe-se a desigualdade de tratamento, diante da peculiaridade de determinadas situações. Traz a eiva de inconstitucionalidade, que pode e deve ser arguida perante o tribunal competente, toda lei que estabelecer tratamento desigual para situações que não são desiguais, o que ocorre sempre que há privilégios ou prerrogativas, que favorecem, absurdamente, determinadas categorias, em detrimento de outras. [...]. A Constituição do Império do Brasil, art. 172, tratava de modo desigual brasileiros e estrangeiros, falando, tão-só na 'inviolabilidade dos direitos civis e políticos dos cidadãos brasileiros', mas a Constituição de 1891, art. 72, equiparou os estrangeiros aos brasileiros, para efeitos assecuratórios à 'inviolabilidade dos direitos concernentes à liberdade, à segurança individual e à propriedade', extinguindo também os privilégios de nobreza. O princípio de igualdade perante a lei, constante da Constituição do Império, art. 179, inc. 13, era, no próprio texto constitucional, submetido a exceções, ditadas pelo próprio regime monárquico e por motivos

226 CRETELLA JÚNIOR, José. *Comentários à Constituição Brasileira de 1988, v. 1.* Rio de Janeiro: Forense Universitária, 1988, pp. 98-100.

> religiosos, pois a Igreja tinha privilégios, não podendo, por exemplo, ser eleito o não católico, art. 95, III, [...]. No Brasil, nem a religião, nem a nobreza, nem o sexo, nem a convicção filosófica ou política, serve de critério para o legislador ordinário estabelecer diferenças entre categorias de cidadãos, a não ser pelo *status*, por traços característicos ou atributos especiais que tornem diferente a categoria beneficiada.

Nesse sentido, é possível afirmar que somente na Constituição Federal de 1891[227], houve a previsão, pela primeira vez, da clássica fórmula *"todos são iguais perante a lei"*, a qual foi repetida nas constituições federais seguintes[228] e se mantém até hoje.

A importância da igualdade é unanimemente ressaltada pela doutrina[229], da qual é exemplo o seguinte trecho de GERALDO ATALIBA:

---

227 Constituição Federal de 1891: "Art.72 – A Constituição assegura a brasileiros e a estrangeiros residentes no paiz a inviolabilidade dos direitos concernentes á liberdade, á segurança individual e á propriedade, nos termos seguintes: [...] § 2º Todos são iguaes perante a lei. A Republica não admitte privilegios de nascimento, desconhece fóros de nobreza, e extingue as ordens honoríficas existentes e todas as suas prerogativas e regalias, bem como os titulos nobiliarchicos e de conselho."

228 Constituição Federal de 1934: "Art. 113 – A Constituição assegura a brasileiros e a estrangeiros residentes no País a inviolabilidade dos direitos concernentes à liberdade, à subsistência, à segurança individual e à propriedade, nos termos seguintes: 1) Todos são iguais perante a lei. Não haverá privilégios, nem distinções, por motivo de nascimento, sexo, raça, profissões próprias ou dos pais, classe social, riqueza, crenças religiosas ou idéias políticas."
Constituição Federal de 1937: "Art. 122 – A Constituição assegura aos brasileiros e estrangeiros residentes no País o direito à liberdade, à segurança individual e à propriedade, nos termos seguintes: 1º) todos são iguais perante a lei;"
Constituição Federal de 1946: "Art. 141 – A Constituição assegura aos brasileiros e aos estrangeiros residentes no País a inviolabilidade dos direitos concernentes à vida, à liberdade, a segurança individual e à propriedade, nos termos seguintes: § 1º Todos são iguais perante a lei."
Emenda Constitucional n. 1/1969: "Art. 153. A Constituição assegura aos brasileiros e aos estrangeiros residentes no País a inviolabilidade dos direitos concernentes à vida, à liberdade, à segurança e à propriedade, nos têrmos seguintes: § 1º Todos são iguais perante a lei, sem distinção de sexo, raça, trabalho, credo religioso e convicções políticas. Será punido pela lei o preconceito de raça."
Constituição Federal de 1988: "Art. 5º Todos são iguais perante a lei, sem distinção de qualquer natureza, garantindo-se aos brasileiros e aos estrangeiros residentes no País a inviolabilidade do direito à vida, à liberdade, à igualdade, à segurança e à propriedade, nos termos seguintes: [...]."

229 "A mais eminente de todas as normas assecuratórias de direitos individuais é a isonomia. Enunciada no **caput** do art. 5º: 'Todos são iguais perante a lei' (igualdade formal, no sentido kelseniano). E também no item I desse dispositivo: 'homens

> A igualdade é, assim, a primeira base de todos os princípios constitucionais e condiciona a própria função legislativa, que é a mais nobre, alta e ampla de quantas funções o povo, republicanamente, decidiu criar. A isonomia há de se expressar, portanto, em todas as manifestações de Estado, as quais, na sua maioria, se traduzem concretamente em atos de aplicação da lei, ou seu desdobramento. Não há ato ou forma de expressão estatal que possa escapar ou subtrair-se às exigências da igualdade.
>
> [...]
>
> [...]. Toda violação da isonomia é uma violação aos princípios básicos do próprio sistema, agressão a seus mais caros fundamentos e razão de nulidade das manifestações estatais. Ela é como que a *pedra de toque* do regime republicano[230].

Especificamente quanto à igualdade tributária, cabe mencionar que, do ponto de vista histórico, há duas grandes correntes doutrinárias, que se subdividem em diversas subcorrentes, cada qual fundamentando ou justificando a igualdade tributária de uma maneira diferente.

Segundo ALCIDES JORGE COSTA[231], a primeira grande corrente doutrinária pode ser denominada como "princípio do interesse" ou "princípio do benefício", a qual baseia-se na ideia de que, entre o Estado e os contribuintes, há uma relação de prestação de serviços, pelo primeiro, e pagamento de contraprestação, pelos segundos. Subdivide-se nas seguintes correntes:

> **1ª Subcorrente:** Para uns, a igualdade tributária consiste no sistema que, para todos os cidadãos, estabelece uma relação entre o montante de imposto pago e a soma dos serviços gerais consumidos. Ou seja, deve existir uma ligação entre o imposto e a vantagem obtida pelo contribuinte em sua relação com o Estado. Esta teoria identifica a economia pública com o sistema econômico-privado, pretendendo

e mulheres são iguais em direitos e obrigações, nos termos desta Constituição' (igualdade contenutística – diria PONTES DE MIRANDA). Sem isonomia, nenhuma segurança. Segurança é pois um subrogado, na metalinguagem doutrinária, dos dispositivos constitucionais que a contemplam nas dobras dos direitos e garantias individuais (linguagem-objeto)." (BORGES, José Souto Maior. *O princípio da segurança jurídica na criação e aplicação do tributo*. Revista Diálogo Jurídico. Salvador: CAJ – Centro de Atualização Jurídica, n. 11, fevereiro, 2002. Disponível em: <http://www.direitopublico.com.br>. Acesso em: 08/05/2019).

230 ATALIBA, Geraldo. *República e Constituição*. São Paulo: Revista dos Tribunais, 1985, p. 134.

231 COSTA, Alcides Jorge. *Capacidade Contributiva, in:* Revista de Direito Tributário n. 55, 1991, p. 298.

explicar as relações dos cidadãos com o Estado com os mesmos critérios que presidem as relações privadas, basicamente com a ideia da prestação e contraprestação.

2ª Subcorrente: Como era impossível determinar o custo de cada unidade de serviços gerais, para estabelecer o custo total a ser suportado pelo contribuinte, recorreu-se à ideia da equivalência: a quantidade de serviços gerais consumida e, portanto, seu custo, depende do patrimônio ou renda do contribuinte, constituindo patrimônio e renda um índice em função do qual ele participaria do consumo de serviços. A função do Estado seria assegurar a cada indivíduo a integridade da sua pessoa e o gozo de seus bens, ou proteger estes e aquela. Visto o Estado como assegurador ou como protetor, a participação de cada um aumentaria na proporção do volume do seu patrimônio ou renda, porque os serviços de seguro ou de proteção seriam tanto maiores quanto maiores patrimônio e renda. Haveria, pois, justificação para uma tributação proporcional de que resultaria maior contribuição por parte de quem tem mais patrimônio ou renda.

3ª Subcorrente: Para outra corrente, o custo dos serviços de proteção social cresce menos proporcionalmente do que a riqueza, o que leva a concluir pela repartição do ônus tributário segundo um critério degressivo.

4ª Subcorrente: Liga-se ainda à ideia da prestação e contraprestação uma outra concepção do princípio da igualdade tributária. Se, juridicamente, todos os cidadãos são iguais, deve admitir-se que a proteção jurídica que o Estado lhes dispensa é, em abstrato, quantitativamente igual para todos. À igualdade da proteção jurídica deve corresponder um montante igual absoluto de tributo para todos os cidadãos, qualquer que seja sua condição econômica.

A segunda grande corrente doutrinária, por sua vez, fundamenta a igualdade tributária na ideia de igualdade substancial, subdividindo-se em três subcorrentes[232]:

1ª Subcorrente: Uma primeira, vê na distribuição da renda numa economia de mercado a melhor que se pode conseguir. Assim, a igualdade tributária deve traduzir-se numa proporcionalidade da tributação do patrimônio e da renda, pois só assim se manterá o status quo. Por outras palavras, deve ser igual o sacrifício de todos os contribuintes.

---

232 COSTA, Alcides Jorge. *Capacidade Contributiva, in:* Revista de Direito Tributário n. 55, 1991, p. 299.

> **2ª Subcorrente:** Outra doutrina prega o princípio do sacrifício coletivo mínimo. Na verdade, como assinala Tangorra, o princípio do sacrifício mínimo não forma uma fórmula para realizar a igualdade tributária, mas apenas indica o critério que deve informar o ordenamento tributário que se julga preferível aos demais.
>
> **3ª Subcorrente:** Por fim, cabe citar o princípio da capacidade contributiva, fundado não em conceitos abstratos e de difícil, senão impossível, concretização, mas em um dado concreto, a riqueza dos cidadãos.

Faz-se necessário lembrar também que a questão do respeito à igualdade remonta diretamente à ideia de justiça[233]. Nesse sentido, é possível partir da ideia de justiça distributiva em ARISTÓTELES para se alcançar a noção atual de igualdade, haja vista a principal forma de realização da justiça seja o "dar a cada um o que é seu", de forma que, para dar a cada um o que é seu, faz-se necessário tratar os iguais igualmente e os desiguais desigualmente na medida das suas desigualdades. Como bem aponta ALCIDES JORGE COSTA:

> Na aplicação de tributos, sempre se procurou distribuí-los de modo igual entre os contribuintes, ou seja, sempre se procurou submetê-los aos ditames da justiça, mesmo porque o conceito de justiça, sugere a ideia de uma certa igualdade.
>
> [...]
>
> O que acontece no campo da tributação guarda semelhança com o que sucede na conceituação da justiça, mesmo porque a busca da igualdade tributária não é senão forma de aplicar justiça[234].

Ocorre que, para alcançar o real sentido que a igualdade tributária tem e que deve ser juridicamente protegido, não é suficiente basear-se apenas na máxima proferida por ARISTÓTELES, segundo a qual "a igualdade consiste em tratar igualmente os iguais e desigualmente os desiguais".[235-236]

233 SCHOUERI, Luís Eduardo. *Direito Tributário*, 6. ed. São Paulo: Saraiva, 2016, p. 347.

234 COSTA, Alcides Jorge. *Capacidade Contributiva, in:* Revista de Direito Tributário n. 55, 1991, pp. 297-298.

235 BANDEIRA DE MELLO, Celso Antônio. *O conteúdo jurídico do princípio da igualdade*, 3. ed. São Paulo: Malheiros, p. 10.

236 Vale menção à observação de KELSEN: "Como já acentuamos, o princípio ou regra de que os que são iguais devem ser tratados igualmente apenas pode valer em combinação com a regra segundo a qual os que são desiguais devem ser tratados de forma desigual." (KELSEN, Hans. *O problema da justiça*, trad. João Baptista Machado, 4. ed. São Paulo: Martins Fontes, 2003, p. 55).

Não se pode olvidar que a busca pela justiça no Estado de Direito e, consequentemente, da igualdade, tem como fundamento, especialmente no Brasil, o princípio republicano[237-238], segundo o qual *"[...], é proibida a concessão de vantagens tributárias fundadas em privilégios de pessoas ou categorias de pessoas. Deveras, com o advento da República, foi-se o tempo, entre nós, em que as normas tributárias podiam ser editadas em proveito das classes dominantes, até porque, nela, extintos os títulos nobiliárquicos, os privilégios de nascimentos e os foros de nobreza, 'todos são iguais perante a lei'."*[239]

Nesse sentido, ao serem abolidos todos os privilégios, todas as pessoas passam a estar sujeitas à tributação, donde se pode concluir que a observância do princípio republicano resulta, necessariamente, no princípio da generalidade da tributação e, consequentemente, no princípio da igualdade tributária[240].

No direito brasileiro, a igualdade encontra-se constitucionalmente prevista de forma genérica no art. 5°, *caput*, da Constituição Federal:

> Art. 5° Todos são iguais perante a lei, sem distinção de qualquer natureza, garantindo-se aos brasileiros e aos estrangeiros residentes no País a inviolabilidade do direito à vida, à liberdade, à igualdade, à segurança e à propriedade, nos termos seguintes: [...]

Um primeiro ponto que chama a atenção refere-se à dicção utilizada pelo constituinte no *caput* do art. 5°, porquanto, se lido "ao pé da letra", o

---

237 Este também é o entendimento de BANDEIRA DE MELLO: "A Lei não deve ser fonte de privilégios ou perseguições, mas instrumento regulador da vida social que necessita tratar equitativamente todos os cidadãos." (BANDEIRA DE MELLO, Celso Antônio. *O conteúdo jurídico do princípio da igualdade*, 3. ed. São Paulo: Malheiros, p. 10).

238 "Igualdade diante do Estado, em todas as suas manifestações. Igualdade perante a Constituição, perante a lei e perante todos os demais atos estatais. A isonomia, como quase todos os princípios constitucionais, é implicação lógica do magno princípio republicano, que o fecunda e lhe dá substância." (ATALIBA, Geraldo. *República e Constituição*. São Paulo: Revista dos Tribunais, 1985, p. 133).

239 CARRAZZA, Roque Antonio. *Curso de Direito Constitucional Tributário*, 30. ed. São Paulo: Malheiros, 2015, p. 90.

240 "Esta assertiva há de ser bem entendida. Significa, não que todos devem ser submetidos a todas as leis tributárias, podendo ser gravados com todos os tributos, mas, sim, apenas, que todos os que realizam a situação de fato a que a lei vincula o dever de pagar um dado tributo estão obrigados, sem discriminação arbitrária alguma, a fazê-lo. Assim, é fácil concluirmos que o princípio republicano leva ao princípio da generalidade da tributação, pelo qual a carga tributária, longe de ser imposta sem qualquer critério, alcança a todos com isonomia e justiça. [...]. Em suma, o princípio republicano exige que todos os que realizam o fato imponível tributário venham a ser tributados com igualdade." (CARRAZZA, Roque Antonio. *Curso de Direito Constitucional Tributário*, 30. ed. São Paulo: Malheiros, 2015, pp. 92-93).

dispositivo aparenta dizer que a igualdade só se concretiza se não houver "distinção de qualquer natureza".

Entretanto, a noção de "igualdade" demanda necessariamente a existência de diferenças (por mais paradoxal que isso pareça), uma vez que o estabelecido pelo constituinte no citado dispositivo não foi a "identidade", mas, sim, a "igualdade", como bem sustenta LUÍS EDUARDO SCHOUERI:

> A pergunta imediata é: o que é igualdade? Como identificar pessoas iguais?
>
> A igualdade não se confunde com a identidade. Se fosse perguntado a qualquer grupo se eles se consideram idênticos, a resposta imediata e uníssona seria pela negativa: ninguém é idêntico a outrem.
>
> Ocorre que a Constituição não consagra o Princípio da Identidade, e sim o Princípio da Igualdade. A igualdade, diferentemente da identidade, é relativa[241-242].

Como se constata, é inerente à lei, em geral, e à ideia de "igualdade", em particular, a existência, ainda que subliminar, de uma relação entre dois objetos/sujeitos[243], sendo preciso, portanto, saber o que faz com que os objetos/sujeitos estejam relacionados entre si.

> O princípio da igualdade interdita tratamento desuniforme às pessoas. Sem embargo, consoante se observou, o próprio da lei, sua função precípua, reside exata e precisamente em dispensar tratamentos desiguais. Isto é, as normas legais nada mais fazem que discriminar situações, à moda que as pessoas compreendidas em umas ou em outras vêm a ser colhidas por regimes diferentes. Donde, a algumas são deferidos determinados direitos e obrigações que não assistem a outras por abrigadas em diversa categoria, regulada por diferente plexo de obrigações e direitos[244].

---

241 SCHOUERI, Luís Eduardo. *Direito Tributário*, 6. ed. São Paulo: Saraiva, 2016, p. 347.

242 No mesmo sentido: "Quando se comparam sujeitos, esses sujeitos são necessariamente comparados em razão de uma medida: os sujeitos podem ser iguais em relação à idade que têm, ao salário que ganham, ao patrimônio que possuem, ou em razão da receita bruta auferida no ano, como foram no caso em exame." (ÁVILA, Humberto. *Teoria da igualdade tributária*, 3. ed. São Paulo: Malheiros, 2015, p. 43).

243 "[...]. Com efeito, 'igual' é um conceito de relação, e um fato ou situação apenas é 'igual' em relação outro fato ou situação." (KELSEN, Hans. *O problema da justiça*, trad. João Baptista Machado, 4. ed. São Paulo: Martins Fontes, 2003, p. 57).

244 BANDEIRA DE MELLO, Celso Antônio. *O conteúdo jurídico do princípio da igualdade*, 3. ed. São Paulo: Malheiros, pp. 12-13.

Nesse sentido, importa lembrar que a natureza desta relação será sempre comparativa, o que significa dizer que o "teste da igualdade"[245] demanda perquirir em função do que os objetos/sujeitos são iguais ou desiguais. Ou seja, a constatação da igualdade ou da desigualdade sempre decorrerá de uma comparação entre objetos/sujeitos.

E, como em qualquer comparação, faz-se necessária a existência de um "critério de comparação", sendo um dos papéis do intérprete, justamente, a verificação da legalidade/constitucionalidade do critério adotado pelo legislador[246].

> Assim como o Princípio da Igualdade encontra-se desatendido quando situações iguais (segundo um critério) são tratadas de modo diferente, do mesmo modo pode-se considerar ferido o Princípio da Igualdade quando não se consegue identificar um critério para o tratamento diferenciado. Neste caso, dir-se-á que houve arbítrio e, portanto, igualmente foi ferido o Princípio da Igualdade[247].

Com base nessas considerações introdutórias, já se torna possível analisar o tema partindo da definição de igualdade apresentada por HUMBERTO ÁVILA: "*[...] a igualdade é uma relação entre dois ou mais sujeitos em razão de um critério que serve a uma finalidade*"[248].

Para completar esta noção inicial, faz-se necessário também examinar a principal classificação da igualdade, qual seja: a igualdade formal e a igualdade material.

A classificação da igualdade em *formal* e *material* é também denominada na doutrina como igualdade *perante* a lei e igualdade *na* lei, respectivamente, nomenclaturas estas cunhadas por HANS KELSEN:

> [...]. Quando a regra de que os que são iguais devem ser tratados de forma igual é apresentada como uma aplicação do princípio da igualdade, a 'igualdade' de que aqui se trata é aquela 'igualdade' que, no uso corrente da linguagem jurídica, se designa por igualdade

---

245 SCHOUERI, Luís Eduardo. *Direito Tributário*, 6. ed. São Paulo: Saraiva, 2016, p. 355.

246 "Deste modo, para que se possa concretizar o Princípio da Igualdade, é preciso que se tenha um critério de comparação constitucionalmente justificado. Ou seja: para que se atenda ao Princípio da Igualdade, percorrem-se três etapas: primeiro, encontra-se um critério; em seguida, busca-se fundamentação constitucional para o critério encontrado. Finalmente, comparam-se as situações a partir do critério eleito." (SCHOUERI, Luís Eduardo. *Direito Tributário*, 6. ed. São Paulo: Saraiva, 2016, p. 347).

247 SCHOUERI, Luís Eduardo. *Direito Tributário*, 6. ed. São Paulo: Saraiva, 2016, p. 348.

248 ÁVILA, Humberto. *Teoria da igualdade tributária*, 3. ed. São Paulo: Malheiros, 2015, p. 43.

> *perante* a lei, para distingui-la da igualdade *na* lei – entendendo-se por 'lei' uma norma geral, para distingui-la da norma individual que consiste na decisão do órgão aplicador do direito.
>
> A igualdade *perante* a lei pode existir mesmo quando não existir nenhuma igualdade *na* lei, quer dizer, quando a lei não prescrever nenhum tratamento igualitário. [...]. Com efeito, a chamada 'igualdade' perante a lei não significa outra coisa que não a aplicação legal, isto é, correta, da lei, qualquer que seja o conteúdo que esta lei possa ter, mesmo que ela não prescreva um tratamento igualitário mas um tratamento desigual. [...]. Esta correspondência é correção lógica e nada tem a ver com a justiça, especialmente com a justiça da igualdade[249].

Nesse sentido, há a possibilidade de uma mesma lei ser aplicada igualmente para todos, o que não significa, contudo, que a igualdade estará sendo plenamente observada. Isso porque, como bem ressalta CELSO ANTÔNIO BANDEIRA DE MELLO, *"[...], o alcance do princípio da igualdade não se restringe a nivelar os cidadãos diante da norma legal posta, mas que a própria lei não pode ser editada em desconformidade com a isonomia"*[250].

HUMBERTO ÁVILA segue a mesma trilha ao esclarecer:

> É que a lei, embora aplicada de modo uniforme, pode conter uma distinção arbitrária em seu conteúdo. Se a exigência de igualdade se exaurisse na igualdade perante a lei, leis que tratassem diferentemente os cidadãos, e os contribuintes em particular, em razão do sexo ou da raça, seriam constitucionais, desde que aplicadas da mesma forma para todos aqueles do mesmo sexo ou da mesma raça. [...]. É justamente por isso que o dispositivo garante o 'direito à igualdade', 'sem distinção de qualquer natureza', reportando-se, nesse ponto, à igualdade na lei. Não basta, portanto, que a lei seja aplicada de modo uniforme para satisfazer à exigência de igualdade. É preciso, além disso, que ela própria não contenha distinção arbitrária. Não é suficiente que a lei seja aplicada a todos; é preciso que ela seja também igual para todos. Afinal, uma lei arbitrária também pode ser aplicada de modo uniforme. Embora a distinção entre igualdade perante a lei e na lei seja

---

249 KELSEN, Hans. *O problema da justiça*, trad. João Baptista Machado, 4. ed. São Paulo: Martins Fontes, 2003, pp. 59-60.

250 BANDEIRA DE MELLO, Celso Antônio. *O conteúdo jurídico do princípio da igualdade*, 3. ed. São Paulo: Malheiros, p. 9.

> antiga e, até certo ponto, trivial, reveste-se de extrema importância e atualidade.[251]

Como se constata, apesar da classificação da igualdade em "formal" e "material", o legislador está obrigado a obedecer a ambas no seu mister, especialmente no campo tributário, como passará a ser visto. É o que também pontua FRANCESCO MOSCHETTI:

> La Repubblica non è dunque impegnata a garantire mera eguaglianza formale, ma a promuovere maggiore eguaglianza sostanziale. La democrazia pensata dai costituenti non è solo un sistema di diritti, ma anche di doveri, che procedono da una visione solidale dei rapporti sociali.[252]

Adiantados estes pontos, faz-se necessário, agora, entender um pouco mais o mecanismo de funcionamento da igualdade em geral, pois dessa compreensão depende a correta interpretação e aplicação da igualdade tributária especificamente[253].

Para tanto, serão analisadas a teoria da igualdade[254] de CELSO ANTÔNIO BANDEIRA DE MELLO e a de HUMBERTO ÁVILA.

Iniciando por CELSO ANTÔNIO BANDEIRA DE MELLO, constata-se que este autor compõe sua teoria da igualdade com base nos elementos: (i) sujeitos (ii) critério de discrímen; (iii) correlação lógica abstrata entre o critério de discrímen e o tratamento jurídico diferenciado; e (iv) compatibilidade desta

---

251 ÁVILA, Humberto. *Teoria da igualdade tributária*, 3. ed. São Paulo: Malheiros, 2015, p. 78.

252 Tradução livre: "A República não está, portanto, empenhada em garantir a mera igualdade formal, mas em promover maior igualdade substantiva. A democracia concebida pelos constituintes não é apenas um sistema de direitos, mas também de deveres, que partem de uma visão solidária das relações sociais." (MOSCHETTI, Francesco. I principi di giustizia fiscale della Costituzione italiana, per "l'ordinamento giuridico in cammino" *dell'Unione europea*, disponível em: https://www.studiomoschetti.com/new/wp-content/uploads/2015/07/4_I-principi-di-giustizia.pdf), p. 434, acesso em: 23/04/2019.

253 "[...], quais elementos devem ser analisados para verificar se há ou não violação ao princípio da igualdade? Eis o ponto crucial. [...], pode-se apontar uma estrutura de raciocínio que, bem ou mal aplicada, estará sempre presente na relação de igualdade." (ÁVILA, Humberto. *Teoria da igualdade tributária*, 3. ed. São Paulo: Malheiros, 2015, p. 40).

254 Aqui, a expressão "teoria da igualdade" foi utilizada para se referir aos procedimentos apresentados por cada um dos autores para verificação da adequação ou não de determinada regra/norma com o princípio da igualdade.

correlação lógica abstrata com interesses prestigiados na Constituição Federal, veja-se:

> Parece-nos que o reconhecimento das diferenciações que não podem ser feitas sem quebra da isonomia se divide em três questões:
> a) a primeira diz com o elemento tomado como fator de desigualação;
> b) a segunda reporta-se à correlação lógica abstrata existente entre o fator erigido em critério de discrímen e a disparidade estabelecida no tratamento jurídico diversificado;
> c) a terceira atina à consonância desta correlação lógica com os interesses absorvidos no sistema constitucional e destarte juridicizados[255].

HUMBERTO ÁVILA, por sua vez, fundamenta sua teoria da igualdade nos seguintes elementos: (i) sujeitos; (ii) medida de comparação; (iii) elemento indicativo da medida de comparação; e (iv) finalidade da comparação:

> Essas considerações já demonstram que a igualdade prescritiva só se completa quando estão presentes os seguintes elementos: sujeitos, critério ou medida de comparação, elemento indicativo da medida de comparação e finalidade. A igualdade é a relação entre esses elementos. [...]. Sem esses elementos, a relação de igualdade não se completa. Ela fica, em vez disso, totalmente oca. A igualdade pode, portanto, ser definida como sendo a relação entre dois ou mais sujeitos, com base em medida(s) ou critério(s) de comparação, aferido(s) por meio de elemento(s) indicativo(s) que serve(m) de instrumento para a realização de uma determinada finalidade."[256]

Com relação ao primeiro elemento, verifica-se que ambos os autores concordam que a análise da igualdade depende sempre da avaliação da relação entre um ou mais *sujeitos*, sendo importante mencionar o destaque que HUMBERTO ÁVILA confere a este elemento no âmbito tributário:

> O primeiro elemento imprescindível para o estabelecimento da relação de igualdade são os sujeitos, objetos de comparação: os cidadãos e, no caso do Direito Tributário, os sujeitos passivos da

---

255 BANDEIRA DE MELLO, Celso Antônio. *O conteúdo jurídico do princípio da igualdade*, 3. ed. São Paulo: Malheiros, p. 21.

256 ÁVILA, Humberto. *Teoria da igualdade tributária*, 3. ed. São Paulo: Malheiros, 2015, p. 45.

> obrigação tributária. A compreensão dos sujeitos deve ser feita, porém, do modo mais amplo possível, por dois motivos. [...]. A referência a pessoas não deve levar ao entendimento de que o raciocínio da igualdade não implica a relação com outros elementos, tais como pessoas jurídicas, coisas, situações ou atividades. Na verdade, o raciocínio de igualdade é comparativo de quaisquer objetos (fatos, situações ou atividades) relacionados a sujeitos que, no que concerne a eles, tenham interesses juridicamente protegidos. [...]. Mesmo assim, mantém-se a referência a sujeitos, esclarecendo-se, no entanto, que sua compreensão deve ser a mais ampla possível.
>
> O outro motivo concernente ao fato que, quando se fala em sujeitos passivos da obrigação tributária, não se está fazendo alusão apenas àqueles que se situam no polo passivo da relação obrigacional tributária. Em grande parte dos casos, o raciocínio de igualdade envolve a comparação entre o regime jurídico aplicado a diferentes contribuintes ou responsáveis. Ocorre, porém, que, em outros tantos casos, a igualdade serve exatamente para justificar que aquele que não foi eleito pelo Poder Legislativo como sujeito passivo seja colocado como tal ou que aquele que tenha sido assim escolhido seja excluído dessa condição. Enfim, a relação de igualdade pressupõe a comparação entre sujeitos, estejam eles inseridos ou não na relação obrigacional tributária, quer principal, quer acessória[257].

Da mesma forma, os referidos autores também estão de acordo que o segundo elemento integrante da *equação da igualdade* é o "critério de discrímen" ou a "medida de comparação".

Uma análise mais apressada levaria à conclusão precipitada de que para a avaliação completa da igualdade bastaria verificar quais os critérios de diferenciação cuja utilização é permitida ou proibida pela Constituição Federal[258].

---

257 ÁVILA, Humberto. *Teoria da igualdade tributária*, 3. ed. São Paulo: Malheiros, 2015, pp. 45-46.

258 "Supõe-se, habitualmente, que o agravo à isonomia radica-se na escolha, pela lei, de certos fatores diferenciais existentes nas pessoas, mas que não poderiam ter sido eleitos como matriz do discrímen. Isto é, acredita-se que determinados elementos ou traços característicos das pessoas ou situações são insuscetíveis de serem colhidos pela norma como raiz de alguma diferenciação, pena de se porem às testilhas com a regra da igualdade. Assim, imagina-se que as pessoas não podem ser legalmente desequiparadas em razão da raça, ou do sexo, ou da convicção religiosa (art. 5º, *caput*, da Carta Constitucional) ou em razão da cor dos olhos, da compleição corporal, etc." (BANDEIRA DE MELLO, Celso Antônio. *O conteúdo jurídico do princípio da igualdade*, 3. ed. São Paulo: Malheiros, p. 15).

Todavia, isto não é suficiente, porquanto o exame da questão não pode se limitar ao critério de discrímen exclusivamente[259]: faz-se necessário, sobretudo, examinar o contexto no qual tal critério está inserido para concluir pela autorização ou proibição constitucional da sua utilização.

Ou seja, enquanto não for possível definir de maneira precisa porque determinado critério de discrímen é em uma situação legítimo e em outra ilegítimo, não será possível compreender efetivamente o conteúdo da igualdade[260].

Em princípio, "[...] qualquer elemento residente nas coisas, pessoas ou situações, *pode ser escolhido pela lei como fator discriminatório, donde se segue que, de regra, não é no traço de diferenciação escolhido que se deve buscar algum desacato ao princípio isonômico*"[261] (em matéria tributária, todavia, esta afirmação deve ser vista com reservas, como adiante se verá[262]).

---

259 "Os sujeitos, objeto de comparação, devem, no entanto, ser comparados ou medidos com referência a uma medida comum de comparação. [...]. O problema, como já se afirmou, não é propriamente a aceitação de que a igualdade envolva uma relação entre dois ou mais sujeitos relativamente a uma medida de comparação (standard of measurement). A questão central é, precisamente, saber como escolher a medida de comparação, dentre as tantas disponíveis, e qual deve ser a relação existente entre a medida de comparação e a finalidade que justifica a sua utilização. Inicialmente, é preciso atentar para o fato de que somente uma distinção, fundada em uma diferenciação factual existente entre os contribuintes, pode ser considerada válida. Uma diferenciação dos contribuintes, feita com base em motivos meramente subjetivos e não fundamentada em finalidade objetivamente verificável e constitucionalmente aferível, é irrazoável." (ÁVILA, Humberto. *Teoria da igualdade tributária*, 3. ed. São Paulo: Malheiros, 2015, pp. 46-47).

260 BANDEIRA DE MELLO, Celso Antônio. *O conteúdo jurídico do princípio da igualdade*, 3. ed. São Paulo: Malheiros, pp. 11-12.

261 BANDEIRA DE MELLO, Celso Antônio. *O conteúdo jurídico do princípio da igualdade*, 3. ed. São Paulo: Malheiros, p. 17.

262 "Outras formas de vedação de utilização de medidas de comparação poderiam ser somadas às anteriores. Independente do seu modo de exteriorização, importa ainda saber, a esse respeito, se as vedações são definitivas, no sentido de que nenhuma diferenciação pode ser baseada em medidas de comparação vedadas pela Constituição. A resposta a essa pergunta depende do modo como ela é entendida. Se a indagação for interpretada no sentido de descobrir se a Constituição tolera distinções exclusivamente fundadas em medidas de comparação vedadas, a resposta é afirmativa: as vedações de utilização de medidas de comparação são definitivas, porque sua utilização não é justificável por qualquer outro elemento estrutural da própria igualdade ou do sistema constitucional. Entende-se por distinção fundada em medida de comparação vedada aquela que se baseia na sua mera consideração ou é feita por causa da sua exclusiva avaliação. Trata-se de uma diferenciação como que 'só por só' baseada naquela medida de comparação. Assim, ninguém pode ser tratado diferentemente apenas em razão do seu sexo ou da sua ocupação profissional. Isso significa que a diferenciação não pode ser fundada nessas medidas de comparação, no sentido de que elas não podem ser utilizadas como ponto de referência *(Anknüpfungspunkt)* para

Nesse sentido, em que pese ambos os autores concordarem ser necessário aprofundar a análise do contexto em que o critério de discrímen está inserido, é justamente neste ponto que divergem, porquanto o contexto a ser avaliado por CELSO ANTÔNIO BANDEIRA DE MELLO é composto por elementos distintos dos elementos que compõem o contexto para HUMBERTO ÁVILA.

CELSO ANTÔNIO BANDEIRA DE MELLO analisa o contexto mediante a avaliação da existência ou não de correlação lógica abstrata entre o critério de discrímen e o tratamento jurídico diferenciado, bem como se esta correlação é compatível com valores prestigiados na Constituição Federal[263].

Ou seja, para este autor, haverá violação da igualdade, quando não houver vinculação lógica entre o critério de discrímen e o tratamento jurídico desigual, enquanto que a igualdade estará sendo observada, se houver adequação lógica entre o critério de discrímen e o tratamento jurídico diferente, ainda que se esteja a tratar do mesmo critério de discrímen. Para ele, o cerne da questão não está em avaliar apenas a correção ou incorreção do critério de discrímen escolhido, mas, sim, verificar a existência ou não de correlação lógica deste critério com o tratamento desigual aplicado, veja-se:

---

um tratamento diferenciado. Ninguém pode ser onerado de modo diverso 'apenas porque' escolheu essa ou aquela profissão, por exemplo. Todavia, se a indagação for interpretada no sentido de saber se a Constituição admite distinções baseadas em medidas de comparação preliminarmente vedadas, mas cuja utilização seja uma implicação de finalidades constitucionalmente estabelecidas, a resposta é negativa: as vedações de utilização de medidas de comparação não são definitivas, porque podem ser justificadas pela finalidade mesma da diferenciação. Entende-se por distinção referida a medida de comparação vedada, mas cuja utilização seja uma implicação de finalidade constitucionalmente estabelecida, aquela que a considera como decorrência de um mandamento constitucional. Assim, embora ninguém possa ser tratado de modo diferente em razão da deficiência física ou da sua ocupação profissional, qualquer um pode ser tratado distintamente em razão do cargo público a ser preenchido, se ele requerer exatamente uma habilidade cuja existência seja impedida pela deficiência, ou com referência à sua ocupação profissional se a finalidade a ser atingida exigir precisamente o estímulo de determinadas atividades em detrimento de outras. Nesses casos, a diferenciação não é rigorosamente fundada em medidas de comparação primariamente vedadas. Em vez disso, a utilização da medida de comparação é mera decorrência acidental e secundária da promoção de um fim que a legitima." (ÁVILA, Humberto. *Teoria da igualdade tributária*, 3. ed. São Paulo: Malheiros, 2015, pp. 60-61).

263 "[...] as discriminações são recebidas como *compatíveis com a cláusula igualitária apenas e tão-somente quando existe um vínculo de correlação lógica* entre a peculiaridade diferencial acolhida por residente no objeto, e a desigualdade de tratamento em função dela conferida, desde que tal correlação não seja incompatível com interesses prestigiados na Constituição." (BANDEIRA DE MELLO, Celso Antônio. *O conteúdo jurídico do princípio da igualdade*, 3. ed. São Paulo: Malheiros, p. 17).

> Em síntese: a lei não pode conceder tratamento específico, vantajoso ou desvantajoso, em atenção a traços e circunstâncias peculiarizadoras de uma categoria de indivíduos se não houver adequação racional entre o elemento diferencial e o regime dispensado aos que se inserem na categoria diferençada[264].

Para finalizar, CELSO ANTÔNIO BANDEIRA DE MELLO completa sua teoria da igualdade aduzindo ser necessário que essa vinculação lógica seja também concretamente conexa com valores constitucionalmente prestigiados, não sendo suficiente *"[...], poder-se estabelecer racionalmente um nexo entre a diferença e um consequente tratamento diferenciado. Requer-se, demais disso, que o vínculo demonstrável seja constitucionalmente pertinente"*[265].

Já para HUMBERTO ÁVILA, no exame do contexto deve-se avaliar: o elemento indicativo da medida de comparação; se este elemento está relacionado à medida; se a medida, por sua vez, está alinhada com a finalidade da comparação; e, por fim, se a finalidade é consonante com valores constitucionais[266].

O autor pontua que a relação entre o elemento indicativo da medida de comparação e a própria medida de comparação deve ser "fundada e conjugada", veja-se:

> A problemática da igualdade, todavia, não se esgota nem na medida de comparação propriamente dita, nem na relação de pertinência entre ela e a finalidade. A questão da igualdade só se completa com a introdução do elemento indicativo da medida de

---

264 BANDEIRA DE MELLO, Celso Antônio. *O conteúdo jurídico do princípio da igualdade*, 3. ed. São Paulo: Malheiros, p. 39.

265 BANDEIRA DE MELLO, Celso Antônio. *O conteúdo jurídico do princípio da igualdade*, 3. ed. São Paulo: Malheiros, pp. 41-42.

266 "[...]. No entanto, não basta ter existência para que a medida de comparação seja válida. É preciso que, além disso, ela seja pertinente à finalidade que justifica sua utilização. Isso só pode ser descoberto se for desvendada a finalidade da norma de tributação. É que a medida de comparação não surge antes (logicamente) da finalidade. Ela surge depois. Claro, para saber como comparar dois sujeitos é preciso, antes, saber a finalidade da comparação. [...]. Enfim, a medida de comparação utilizada pelo Poder Legislativo só pode ser aquela que mantenha uma relação de pertinência com a finalidade buscada pela diferenciação. [...]. Nesse sentido, considera-se pertinente aquela medida de comparação avaliada por elementos cuja existência esteja relacionada com a promoção da finalidade que justifica sua escolha. Uma medida é pertinente quando ela se vale de elementos que, presentes, provocam efeitos que contribuem para a promoção da finalidade; uma medida é impertinente quando sua existência nada diz quanto à promoção da finalidade normativa. [...]. Assim, uma medida de comparação relevante é aquela cuja verificação contribui substancialmente para a promoção da finalidade que justifica sua utilização." (ÁVILA, Humberto. *Teoria da igualdade tributária*, 3. ed. São Paulo: Malheiros, 2015, pp. 48-50).

> comparação e com a exigência de relação de congruência não só entre ele e a medida de comparação, como entre a medida de comparação e a finalidade que justifica sua utilização. Isso porque a medida de comparação pode ser verificada de vários modos. [...]. Isso significa que, ao lado da medida de comparação, está o seu elemento indicativo (*Elemente, die dieses Merkmal aufweisen*) ou *proxy*. E, entre a medida de comparação e o seu elemento indicativo, deve haver uma relação *fundada* e *conjugada*. Esse ponto é crucial. Há uma relação fundada entre a medida de comparação e o seu elemento indicativo quando existe um vínculo de correspondência estatisticamente fundada entre o elemento indicativo e a medida de comparação. [...]. [...] existe uma relação de causa e efeito, uma correlação, no sentido de uma relação de dependência entre os dois elementos de tal sorte que a presença de um elemento leva à do outro [...][267].

E, detalhando um pouco mais, indica qual deve ser o procedimento a ser adotado na hipótese de haver, no caso concreto, mais de um elemento indicativo da medida de comparação a ser considerado:

> [...]. O que deve ficar claro, neste ponto particular, é que só há relação sustentada entre a medida de comparação e o seu elemento indicativo quando existir uma correlação estatisticamente fundada entre ambas. Não havendo um suporte empírico considerável nesse sentido, a distinção será irrazoável, por infundada. Mas, entre a medida de comparação e o seu elemento indicativo (e entre a medida de comparação e a finalidade que justifica sua escolha), não deve haver apenas uma relação fundada. Deve existir, além disso, uma relação *conjugada*. [...]. Mas, se há vários elementos de aferição de uma dada medida de comparação, surge a questão de saber qual dentre eles deve ser escolhido ou, no mínimo, se algum deles não pode ser escolhido em detrimento de outros. Aqui, entra em consideração a conjugação dos elementos indicativos.
>
> Os elementos indicativos devem ser conjugados no sentido de que o Poder Legislativo (ou Executivo, em alguns casos) não pode escolher um elemento, ainda que ele mantenha uma relação fundada com a medida de comparação, se houver outros elementos que mantenham uma relação *ainda mais próxima* com a medida de comparação. Como a relação entre a medida de comparação e o seu elemento indicativo deve ser de correlação

267 ÁVILA, Humberto. *Teoria da igualdade tributária*, 3. ed. São Paulo: Malheiros, 2015, pp. 50-51.

estatisticamente fundada, no sentido de que a (maior ou menor) presença do elemento indicativo deve se correlacionar com a (maior ou menor) existência da medida de comparação – e a correlação deve aumentar, quando aumentar a intensidade do elemento indicativo –, podem existir dois ou mais elementos indicativos da medida de comparação que mantenham relações diferentes com a medida de comparação: a existência de um determinado elemento indicativo contribui para a existência da medida de comparação, ao passo que a presença do outro elemento indicativo contribui ainda mais, em termos relevantes e substanciais, para a existência da medida de comparação. Nesse caso, deve ser escolhido o último, por ser mais significativo[268].

No mesmo sentido deve ser o exame da finalidade no contexto sugerido por HUMBERTO ÁVILA, pois, entre a medida de comparação e a finalidade também deve haver a mesma relação "fundada e conjugada", bem como deve ser adotado o mesmo procedimento no caso de haver mais de uma medida de comparação a ser cotejada para a realização da finalidade:

> Importa notar, ainda, que a exigência de relação fundada e conjugada entre a medida de comparação e o seu elemento indicativo também se aplica à relação entre a medida de comparação e a finalidade que justifica sua utilização. A relação entre ambas também deve ser *fundada* e *conjugada*. Há uma relação fundada entre a medida de comparação e a finalidade, quando há uma correspondência que estatisticamente se sustenta entre a existência das propriedades conotadas pela medida de comparação e os bens jurídicos cuja disponibilidade compõe o estado ideal de coisas, representado pela finalidade. Isso significa que, entre a medida de comparação e a finalidade, também deve existir uma relação de causa e efeito, uma correlação, no sentido de dependência entre os dois elementos, de tal sorte que a existência de um elemento leva à do outro. Há uma relação conjugada entre a medida de comparação e a finalidade que orienta sua escolha quando a medida de comparação foi escolhida sem desprezar as outras medidas de comparação existentes e igualmente relevantes. As medidas de comparação devem ser conjugadas no sentido de que o Poder Legislativo não pode escolher um critério, ainda que ele mantenha uma relação fundada com a finalidade, se houver

268 ÁVILA, Humberto. *Teoria da igualdade tributária*, 3. ed. São Paulo: Malheiros, 2015, pp. 54-55.

outras medidas de comparação que contraiam uma relação ainda mais próxima com a finalidade a ser buscada."[269]

Exceção feita aos critérios de discrímen expressamente proibidos pela Constituição Federal no âmbito tributário (como por exemplo, a atividade profissional para os impostos), de acordo com CELSO ANTÔNIO BANDEIRA DE MELLO, em regra, não é o critério de discrímen escolhido que violará ou não violará a igualdade. A violação da igualdade se verificará quando o critério de discrímen escolhido pelo legislador não guarda correlação lógica com o tratamento desigual aplicável ao caso, ou quando a correlação lógica existente não é protegida ou afronta algum valor constitucionalmente prestigiado.

Neste ponto, é possível identificar uma sutil diferença entre o entendimento de CELSO ANTÔNIO BANDEIRA DE MELLO e o de HUMBERTO ÁVILA a respeito do assunto, pois, para este, exceção feita aos critérios de discrímen expressamente proibidos[270], a violação da igualdade se verificará quando o critério de discrímen escolhido pelo legislador não for pertinente com a finalidade que justifica o tratamento desigual previsto ou quando o tratamento desigual aplicável não tiver por base a realização de uma finalidade constitucionalmente protegida. Para HUMBERTO ÁVILA, o problema da igualdade está na relação

---

269 ÁVILA, Humberto. *Teoria da igualdade tributária*, 3. ed. São Paulo: Malheiros, 2015, pp. 57-58.

270 "Ocorre, porém, que, para assegurar validade à medida de comparação, não basta que entre ela e o seu elemento indicativo, e entre ela e a finalidade da comparação, haja um vínculo fundado e conjugado de pertinência. É preciso que, a esses elementos estruturais ou conceituais da igualdade, sejam agregados elementos normativos: a medida de comparação deve ser compatível com a Constituição. Essa compatibilidade – isto é importante – é afastada quando a Constituição veda sua utilização, assim fazendo de dois modos principais. O primeiro deles constitui-se na disposição expressa através da qual a Constituição veda a utilização de uma medida de comparação, [...]. [...]. No capítulo relativo ao Sistema Tributário Nacional, também há vedações expressas: o inciso II do art. 150 proíbe distinção em razão de ocupação profissional ou função exercida pelo contribuinte, independentemente da denominação jurídica dos rendimentos, títulos ou direitos; o inciso I do art. 151 proíbe que a União tribute diferentemente em razão do ente federado; o art. 152 não permite que os entes federados diferenciem bens ou serviços em razão da sua procedência ou destino; e assim sucessivamente. No segundo modo, há vedação expressa de diferenciação quando a Constituição, ao definir qual a medida de comparação deve ser adotada para o tributo especificamente considerado, exclui qualquer outra. É o que ocorre com a determinação prevista no § 1º do art. 145 da Constituição, que estabelece que os impostos terão caráter pessoal e serão graduados segundo a capacidade econômica do contribuinte. Ao fazê-lo, a Constituição estabeleceu, para os impostos pessoais, uma medida de comparação obrigatória: a capacidade econômica dos contribuintes. Sendo assim, se a hipótese material de incidência da regra de tributação permitir, e não houver nenhuma outra finalidade que possa justificar seu afastamento, o Poder Legislativo deve utilizar a capacidade contributiva como medida de comparação, sendo vedada qualquer outra." (ÁVILA, Humberto. *Teoria da igualdade tributária*, 3. ed. São Paulo: Malheiros, 2015, pp. 58-59).

entre a medida de comparação e a finalidade a ser atingida e não na relação entre a medida de comparação e o tratamento desigual previsto, como propõe CELSO ANTÔNIO BANDEIRA DE MELLO. Para HUMBERTO ÁVILA, se não houver relação de pertinência entre estes dois elementos (critério e finalidade), não haverá diferenciação, haverá discriminação.

Para facilitar a exposição, seguem dois esquemas, por meio dos quais são sintetizadas a posição de CELSO ANTÔNIO BANDEIRA DE MELLO (Figura 1) e a de HUMBERTO ÁVILA (Figura 2) a respeito desta temática:

Figura 1

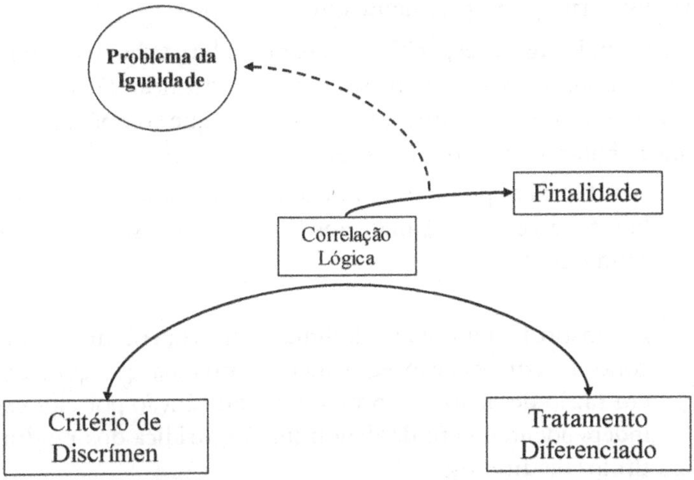

Figura 2

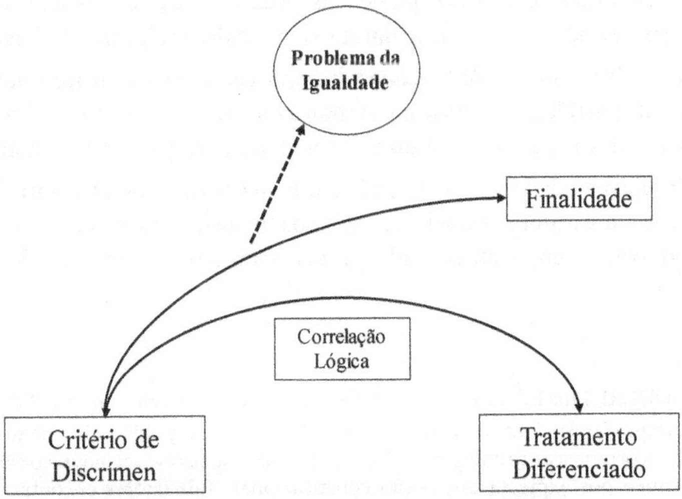

Em que pese ambas as orientações gerarem o mesmo resultado prático, entendemos que a teoria de CELSO ANTÔNIO BANDEIRA DE MELLO é mais completa, pois sua construção abarca todos os elementos da relação de igualdade (critério de discrímen, tratamento desigual, correlação lógica entre o critério de discrímen e o tratamento desigual e a necessidade de prestígio de finalidade constitucional), ao contrário de HUMBERTO ÁVILA que acaba conferindo uma importância menor ao tratamento desigual concretizado por meio do discrímen. Além disso, entendemos que o elemento da relação de igualdade que realiza a finalidade constitucional a ser prestigiada é o tratamento desigual empreendido por meio do critério de discrímen e não este critério propriamente dito.

Ingressando, agora, especificamente no âmbito tributário, constata-se que o constituinte, no art. 150, inciso II, da Constituição Federal, foi mais cuidadoso ao indicar expressamente os elementos que compõem a noção de "igualdade tributária", nos seguintes termos:

> Art. 150. Sem prejuízo de outras garantias asseguradas ao contribuinte, é vedado à União, aos Estados, ao Distrito Federal e aos Municípios:
>
> [...]
>
> II – instituir tratamento desigual entre contribuintes que se encontrem em situação equivalente, proibida qualquer distinção em razão de ocupação profissional ou função por eles exercida, independentemente da denominação jurídica dos rendimentos, títulos ou direitos;

Como se verifica, o constituinte deixa claro que o "tratamento desigual entre contribuintes" é vedado quando as situações são "equivalentes" e não quando elas são "idênticas", confirmando a conclusão de algumas linhas atrás[271].

Além disso, ao proibir *"qualquer distinção em razão de ocupação profissional ou função"*, de partida, o constituinte já indica expressamente um critério de discrímen cuja adoção para fins tributários é vedada: a ocupação profissional.

Conforme adiantado acima, vê-se que, na seara tributária, em algumas situações, o constituinte estabeleceu critérios de distinção considerados proibidos, bem como, em outras, indicou explicitamente critérios tidos como permitidos[272].

---

271 SCHOUERI, Luís Eduardo. *Direito Tributário*, 6. ed. São Paulo: Saraiva, 2016, p. 348.

272 "O próprio constituinte cuidou de arrolar algumas das hipóteses em que se considerará a ocorrência de privilégio odioso, i.e., fatores que não se aceitarão como base do discrímen por expressa disposição constitucional. Tais fatores encontram-se nos

Um dos casos que mais chama a atenção[273] a esse respeito decorre da disciplina constitucional das contribuições sociais, especialmente quando são analisados sistematicamente o art. 149, *caput*; o art. 150, inciso II; e o 195, § 9°, todos da Constituição Federal.

O *caput* do art. 149, expressamente autoriza a União a "instituir contribuições sociais, de intervenção no domínio econômico e de interesse das categorias profissionais ou econômicas, [...], observado o disposto nos arts. 146, III, e 150, I e III, e [...]."

Ou seja, como bem apontado por SCHOUERI[274], o constituinte referiu-se exclusivamente aos incisos I e III do art. 150 (legalidade, irretroatividade e anterioridade), deixando clara a intenção de não aplicar às contribuições a igualdade tributária do art. 150, inciso II, o que poderia levar à conclusão de que este princípio não seria aplicável às contribuições do art. 149, da Constituição Federal.

De fato, a igualdade tributária foi expressamente excluída, todavia, isso não significa que a igualdade não seja aplicável às contribuições, haja vista o art. 5°, *caput*, da Constituição Federal, trazer a igualdade "genérica" sem o estabelecimento de qualquer restrição e, portanto, extensível também à esta espécie tributária. Mais uma vez vale a menção ao pensamento de LUÍS EDUARDO SCHOUERI:

> Não se vê, no dispositivo acima, qualquer restrição à igualdade. A isonomia é a base do texto constitucional. Se assim é, como explicar que ela reapareça no artigo 150, II, ainda mais, que o referido dispositivo não se aplique a todos os tributos? A resposta exige que se releia o referido dispositivo: [...].

---

artigos 150, II, 151, 152 e 173. O artigo 150, II, veda os privilégios das profissões, ficando proibida qualquer distinção em razão de ocupação profissional ou função por eles exercida, independentemente da denominação jurídica dos rendimentos, títulos ou direitos, e, neste sentido, reforça a garantia do Parágrafo Único do artigo 170, que trata do livre exercício de qualquer atividade econômica. Garantindo a unidade econômico-política do País, o art. 151, inciso I, proíbe a concessão de privilégios pela União e o artigo 152, pelos Estados e Municípios, excetuados os concedidos pela União para o equilíbrio do desenvolvimento econômico entre as diferentes regiões do País (o que implica não ser privilégio odioso, e daí, ser parâmetro expressamente aceito pelo Constituinte, a diferenciação entre regiões do País, quando ligado a tema de desenvolvimento). Finalmente, o artigo 173 proíbe, em seu § 2°, privilégios para empresas públicas e sociedades de economia mista." (SCHOUERI, Luís Eduardo. *Direito Tributário*, 6. ed. São Paulo: Saraiva, 2016, p. 349).

273 SCHOUERI, Luís Eduardo. *Direito Tributário*, 6. ed. São Paulo: Saraiva, 2016, pp. 355-357.

274 SCHOUERI, Luís Eduardo. *Direito Tributário*, 6. ed. São Paulo: Saraiva, 2016, p. 355.

> Aí está: o inciso II do artigo 150 não se limita a enunciar o Princípio da Igualdade, já previsto no artigo 5º. Fosse apenas a intenção do constituinte assegurar a igualdade, revelar-se-ia redundante o artigo 150.
>
> O que o artigo 150, II, inova em relação ao artigo 5º é, justamente, ao arrolar uma série de critérios que não serão admitidos, como a ocupação profissional ou função exercida pelos contribuintes. Ocorre que dentre as contribuições previstas no artigo 149 estão justamente, as de interesse de categoria profissional ou econômica. Estas, por conta da referibilidade, são cobradas justamente das categorias afetadas. Ou seja: para essas contribuições, o critério de discrímen está, justamente, na ocupação profissional.
>
> Eis, portanto, a conclusão: ao afastar a aplicação do inciso II do art. 150 das contribuições, não quis o constituinte excepcionar a igualdade. Esta se aplica já por força do artigo 5º. Fica afastada, apenas, a proibição dos critérios de discrímen arrolados no artigo 150, II[275].

Outro exemplo trazido por LUÍS EDUARDO SCHOUERI[276], no sentido de que o constituinte permitiu a utilização de certos critérios de discrímen que, a princípio, seriam vedados para outras espécies tributárias pelo disposto no art. 150, inciso II, da Constituição Federal, consta do § 9º, do art. 195, segundo o qual as contribuições para a seguridade social devidas pelo empregador, empresa ou entidade equiparada (sobre a folha de salários, a receita ou faturamento e sobre o lucro) *"poderão ter alíquotas ou bases de cálculo diferenciadas, em razão da atividade econômica, da utilização intensiva de mão-de-obra, do porte da empresa ou da condição estrutural do mercado de trabalho"*.

Como se verifica, em matéria de contribuições para a seguridade social, a Constituição Federal expressamente autoriza que a atividade econômica, a utilização intensiva de mão-de-obra, o porte da empresa ou a condição estrutural do mercado de trabalho, sejam utilizados como critérios de discrímen para distinguir contribuintes e tributá-los de maneira diferenciada, critérios estes que, em tese, conflitariam com o princípio da liberdade de exercício da atividade econômica e outros princípios da ordem econômica constitucionalmente previstos.

Após todo o exposto, viu-se que, em matéria de tributação segundo a igualdade tributária, existem alguns critérios de discrímen permitidos e outros proibidos.

---

275 SCHOUERI, Luís Eduardo. *Direito Tributário*, 6. ed. São Paulo: Saraiva, 2016, pp. 355-356.

276 SCHOUERI, Luís Eduardo. *Direito Tributário*, 6. ed. São Paulo: Saraiva, 2016, p. 356.

Apesar de alguns exemplos já terem sido apresentados, faz-se necessário identificar de maneira mais precisa quais seriam os parâmetros para a aplicação da igualdade tributária previstos no ordenamento jurídico brasileiro, ou seja, resta saber quais seriam os critérios constitucionalmente válidos a serem observados para se levar a efeito uma tributação com base na igualdade tributária.

De acordo com LUÍS EDUARDO SCHOUERI[277], a identificação dos critérios de discrímen constitucionalmente válidos, deve se iniciar pela análise da justificação de cada uma das espécies tributárias.

No que tange aos tributos vinculados a uma atuação estatal (taxas e contribuições de melhoria), como a sua justificação está em cobrar o tributo daquele que deu causa ao gasto estatal, a igualdade será observada se o critério indicado na lei para discriminar quem deverá ou não pagar o tributo for, justamente, o sinalagma que se estabelece entre o sujeito que deu origem ao gasto estatal e o respectivo ente público[278].

Já quanto aos tributos não vinculados a uma atuação estatal (impostos, contribuições sociais e empréstimos compulsórios), como eles encontram-se fundamentados no princípio da solidariedade[279], segundo o qual, cada indivíduo deve contribuir para os gastos públicos de maneira proporcional às suas possibilidades, verifica-se que o critério de discrímen para definir quem deve ou não ser tributado é a capacidade contributiva[280].

> Vale, aqui, o que já foi dito acerca do princípio da solidariedade, que constitui um dos objetivos da República, [...]. É em nome desse princípio que se afirma que o critério aceitável para a

---

277 SCHOUERI, Luís Eduardo. *Direito Tributário*, 6. ed. São Paulo: Saraiva, 2016, p. 349-355.

278 "Qual, então, o critério adequado para decidir quem pagará as taxas? Sem dúvida, deve pagar a taxa aquele que causou o gasto estatal que a motivou. Daí por que o Princípio da Igualdade dá-se por atendido quando se cobra a taxa daquele que fruiu o serviço prestado, ou que teve o serviço de gozo compulsório posto à sua disposição ou, ainda, que motivou o exercício do poder de polícia por parte do Estado. Ora, são esses, justamente, os possíveis 'fatos geradores' das taxas, conforme acima exposto. Daí a conclusão de que a hipótese tributária para as taxas é, exatamente, o critério de diferenciação que atende ao Princípio da Igualdade." (SCHOUERI, Luís Eduardo. *Direito Tributário*, 6. ed. São Paulo: Saraiva, 2016, p. 350).

279 Constituição Federal: *"Art. 3º Constituem objetivos fundamentais da República Federativa do Brasil: I – construir uma sociedade livre, justa e solidária."*

280 "Pode-se agora voltar ao que foi dito antes e concluir que se a igualdade tributária consiste em tributar do mesmo modo todos os cidadãos de uma mesma categoria essencial, igualdade tributária, no Brasil, consiste em tributar da mesma forma todos os que têm a mesma capacidade contributiva. A categoria essencial a considerar é a capacidade contributiva." (COSTA, Alcides Jorge. *Capacidade Contributiva, in:* Revista de Direito Tributário n. 55, 1991, p. 300).

> diferenciação dos contribuintes será aquele que atingir a máxima: cada um contribuirá com quanto puder para o bem de todos. Eis o objetivo da construção de uma nação fundada na solidariedade entre seus membros. [...]
>
> Daí, pois, mais uma vez, concluir-se que atende ao Princípio da Igualdade a eleição, pelo legislador, de uma hipótese que permita distinguir entre os que têm e os que não têm capacidade contributiva. [...]
>
> [...]. Como este exige um parâmetro, a Capacidade Contributiva vem preencher a exigência do Princípio da Igualdade, conferindo critério para a comparação de contribuintes.[281]

Além da justificação das espécies tributárias, a outra forma de identificação de critérios de discrímen válidos para realizar a igualdade depende, inicialmente, da identificação dos valores prestigiados constitucionalmente, como é o caso dos direitos fundamentais.

Isso porque, não se admitirá a adoção por parte do legislador de qualquer critério de discrímen que viole algum dos direitos e garantias constitucionais[282].

Todavia, aqui é preciso cuidado, pois não se pode confundir a proibição de afronta aos direitos e garantias fundamentais com a vedação total de utilização destes valores como critérios de discrímen, ou seja, eles nunca devem ser violados, o que não significa que não podem ser utilizados como medida de comparação, como visto, a depender do contexto do caso concreto.

3.2. Principais aspectos da capacidade contributiva

Com relação à capacidade contributiva, também é válido um breve escorço histórico a seu respeito.

Conforme bem sintetiza REGINA HELENA COSTA, desde o antigo Egito, passando pela Grécia antiga, a Idade Média, a Revolução Francesa, até os dias atuais, sempre se fez presente a ideia de que cada um deve contribuir para os gastos públicos de acordo com suas possibilidades econômicas[283].

---

281 SCHOUERI, Luís Eduardo. *Direito Tributário*, 6. ed. São Paulo: Saraiva, 2016, pp. 350-351.

282 SCHOUERI, Luís Eduardo. *Direito Tributário*, 6. ed. São Paulo: Saraiva, 2016, p. 349.

283 "Fincada na ideia de justiça fiscal, a noção de capacidade contributiva remonta sua origem ao próprio surgimento do tributo. Registra-se que já no antigo Egito se concebia que os tributos deveriam guardar, de alguma forma, relação com a riqueza daqueles que os deveriam pagar. [...]. Interessante anotar que na antiga Grécia o sistema tributário era progressivo, e a subsistência básica, especialmente entre os pobres, não estava sujeita à tributação. [...]. Tal ideia tornou-se mais precisa na

ALFREDO AUGUSTO BECKER também destaca a antiguidade e a importância da capacidade contributiva e acrescenta[284]:

> Entretanto, os princípios formulados por aqueles autores não chegavam a constituir o núcleo de uma orgânica doutrina financeira sobre a repartição dos encargos públicos. A enunciação de tais princípios tinha por escopo reafirmar a norma da generalidade do dever tributário, frequentemente violada pela legislação e pela praxe fiscal de uma época onde dominavam privilégios e franquias de toda a espécie. Outrossim, eles manifestavam sua repulsa à profunda iniquidade dos sistemas tributários então vigentes, fundados sobre a capitação, e que violavam os mais elementares princípios da justiça distributiva.
>
> A locução *capacidade contributiva* é antiga como a Ciência das Finanças e até mais antiga porque, como se convencionou fixar o início desta ciência com o começo do estudo das disciplinas econômicas

---

Idade Média, pelo que se pode depreender do pensamento de São Tomás de Aquino, para quem cada um devia pagar tributos *secundum facultatem* ou *secundum eugalitatem proportionis*. [...]. Como consequência, a *Déclaration des Droits*, de 1789, reiterada pela *Déclaration de l'Homme et de les Citoyens* (1791), estabelecia que os impostos deveriam ser suportados em proporção às possibilidades econômicas de cada um. [...]. Entretanto, supõe-se que o nascimento da noção de capacidade contributiva como teoria precisa e coerente vem a surgir depois desses fatos, na Ciência das Finanças clássica do século XIX. A introdução do tema como objeto de preocupação da Ciência Jurídica deveu-se ao trabalho do professor Benvenuto Griziotti, em 1929, e da escola de seus discípulos, conhecida como Escola de Pávia, uma vez que até então o assunto continuava restrito à apreciação dos estudiosos da Ciência das Finanças. Para Griziotti a capacidade contributiva era a própria causa da obrigação tributária. [...]. Carlos Palao Taboada, [...], ensina que, após uma primeira fase na qual a mesma foi entendida como uma ideia imediatamente deduzida do princípio de justiça, foi posteriormente concebida como noção necessária para dotar de conteúdo material o princípio da igualdade, então compreendido no aspecto puramente formal. O princípio da igualdade era, assim, complementado por um critério material de justiça apto a distinguir quais as situações iguais e quais as desiguais. [...]. Nesta fase a evolução do princípio da capacidade contributiva e suas relações com o princípio da igualdade conheceram seu apogeu, quando a noção de capacidade contributiva absorveu por completo o princípio da igualdade, erigida como critério exclusivo de justiça tributária. Ao depois, tem-se o momento da crise dessa concepção, à vista dos fins extrafiscais dos tributos, cada vez mais presentes. Com o abandono da ideia de que a capacidade contributiva representava o conteúdo material do princípio da igualdade, passou-se a atribuir aos dois princípios funções distintas." (COSTA, Regina Helena. *Princípio da capacidade contributiva*, 4. ed., atual., rev. e ampl. São Paulo: Malheiros, 2012, pp. 17-21).

284 BECKER, Alfredo Augusto. *Teoria Geral do Direito Tributário*, 7. ed. São Paulo: Noeses, 2018, pp. 513-515.

> mediante método rigoroso e sistemático, então, pudesse considerar que o emprego da locução 'capacidade contributiva' é ainda mais antigo que a própria Ciência das Finanças. A expressão 'capacidade contributiva' foi usada por diversas leis tributárias da Idade Média e por algumas leis dos primeiros séculos da Idade Moderna. Esta locução encontra-se na 'ELIZABETHEN poor law' e também na legislação fiscal das colônias inglesas da América.

No Brasil, a evolução da capacidade contributiva teve início já na Constituição do Império, tendo sido mantido o seu espírito em quase todas as Constituições Federais posteriores, como bem aponta ALCIDES JORGE COSTA[285]:

> No Brasil, a Constituição do Império dizia que 'ninguém será isento de contribuir para as despesas do Estado em proporção de seus haveres (art. 179)'. A Constituição de 1946 dispunha, em seu art. 202: 'Os tributos terão caráter pessoal, sempre que isso for possível e serão graduados conforme a capacidade econômica do contribuinte'.
>
> A capacidade contributiva não foi mencionada na Emenda 18/65 à Constituição de 1946, nem na Constituição de 1967 e sua Emenda 1/69. Reapareceu na Constituição de 1988, cujo art. 145, § 1º, dispõe: [...].

Conforme já adiantado no item anterior, a capacidade contributiva, enquanto justificação dos tributos não vinculados, serve de critério de discrímen para estas espécies tributárias, funcionando como verdadeiro corolário da igualdade tributária[286-287].

Devido à sua importância, faz-se necessário tecer alguns comentários sobre o tema, os quais são diretamente relacionados ao objeto de estudo ora proposto.

Antes de adentrar em seu conteúdo propriamente dito, há que se fazer referência à dinâmica de juridicização da capacidade contributiva apresentada por ALFREDO AUGUSTO BECKER[288], a qual nos auxilia a compreender as noções de capacidade contributiva que serão abordadas em seguida:

---

285 COSTA, Alcides Jorge. *Capacidade Contributiva*, *in:* Revista de Direito Tributário n. 55, 1991, pp. 299-300.

286 SCHOUERI, Luís Eduardo. *Direito Tributário*, 6. ed. São Paulo: Saraiva, 2016, p. 351.

287 "O que foi dito até aqui teve o propósito de mostrar que a capacidade econômica é um dos critérios que, historicamente, têm sido propostos para alcançar-se a igualdade da tributação. Hoje é o prevalente. [...]" (COSTA, Alcides Jorge. *Capacidade Contributiva*, *in:* Revista de Direito Tributário n. 55, 1991, p. 299).

288 BECKER, Alfredo Augusto. *Teoria Geral do Direito Tributário*, 7. ed. São Paulo: Noeses, 2018, pp. 529-531.

> A *certeza* e a *praticabilidade* são atributos essenciais da juridicidade. Embora a regra constitucional que 'canoniza' o princípio da capacidade contributiva seja um exemplo notável do fenômeno político contemporâneo da constitucionalização dos equívocos, e não obstante aquele princípio de Direito Natural oferecer uma 'ripugnanza' a sua juridicização, apesar de tudo, naquela regra constitucional ainda se encontra um *mínimo de certeza e praticabilidade* que revela a sua natureza jurídica e fixa sua restrita *eficácia jurídica*.
>
> [...]
>
> O princípio de Direito Natural concentra no seu âmago um *excesso* de conteúdo deontológico que provoca uma 'ripugnanza' à sua consagração integral pelo direito positivo. Noutras palavras, o princípio de Direito Natural, ao ser juridicizado, sofre necessariamente uma forte *deformação* constritora.
>
> A referida deformação constritora:
>
> a) ocorre no momento da construção da regra jurídica cuja ideia germinal ou fecundante foi o princípio jusnaturalista;
>
> b) e permanece no momento hermenêutico quando se investiga a incidência da regra jurídica.
>
> [...]
>
> No momento em que o 'princípio de capacidade contributiva' recebeu a *juridicização* mediante sua formulação como regra *jurídica* constitucional, este princípio necessariamente sofreu violenta pressão *constritora* (recorde-se seu excesso de conteúdo deontológico e sua conatural 'ripugnanza' à formulação preceptiva) que deformou seu conteúdo, reduzindo-o a um *mínimo* de certeza e praticabilidade, isto é, a uma regra constitucional cuja regra (norma preceptiva) é muito *simples* e cuja eficácia jurídica é muito *restrita*.

O referido autor continua a análise indicando as três constrições jurídicas pelas quais passou a capacidade contributiva para atingir a noção atualmente vigente.

A primeira constrição jurídica pela qual passou a capacidade contributiva ao ser juridicizada é o afastamento do conceito de capacidade contributiva global[289].

---

289 "A capacidade contributiva é aferida mediante a relação que se estabelece entre a riqueza de um indivíduo e a carga tributária por ele suportada. Quando o princípio da capacidade contributiva penetra no mundo jurídico, a primeira deformação constritora que este princípio sofre é a seguinte: a riqueza de um determinado indivíduo é relacionada a um único tributo. No plano jurídico, a relação entre a carga tributária

A segunda constrição é a que limita a riqueza tributável do contribuinte aos signos presuntivos de renda ou capital[290]. Esta constrição será melhor analisada adiante quando se adentrar na análise da capacidade contributiva *objetiva*.

Por fim, cabe menção à terceira constrição jurídica da capacidade contributiva, qual seja, a obrigatoriedade de respeito ao mínimo existencial[291] (e, acrescentamos: o respeito ao limite do confisco).

Após aplicar estas constrições jurídicas à ideia jusnaturalista de capacidade contributiva, é possível tomar como ponto de partida a noção trazida por PAUL KIRCHHOF[292]:

> Os princípios da proibição de excesso e da igualdade, moldados pelos direitos de liberdade, encontram sua primeira etapa de concretização na máxima fundamental da tributação: o princípio da capacidade contributiva. De acordo com o princípio da capacidade contributiva, a carga tributária individual deve ser dimensionada em conformidade com a capacidade de cada indivíduo de prover prestações tributárias de acordo com as suas condições econômicas. Essa ideia de divisão da carga tributária deve reger a legislação, definir a interpretação das leis, limitar a possibilidade de o indivíduo alterar as consequências tributárias de suas condutas, e fazer o direito tributário compreensível, previsível e ensinável.

Em que pese o conteúdo da capacidade contributiva ser de difícil delimitação e, até certo ponto, ambíguo[293], na linha de ELIZABETH NAZAR

---

e o montante da riqueza do contribuinte é feita sempre e exclusivamente em relação a cada tributo *tomado isoladamente dos demais.*" (BECKER, Alfredo Augusto. *Teoria Geral do Direito Tributário*, 7. ed. São Paulo: Noeses, 2018, p. 531).

290 BECKER, Alfredo Augusto. *Teoria Geral do Direito Tributário*, 7. ed. São Paulo: Noeses, 2018, p. 532.

291 BECKER, Alfredo Augusto. *Teoria Geral do Direito Tributário*, 7. ed. São Paulo: Noeses, 2018, p. 532. A questão acerca do mínimo existencial será melhor explicada adiante quando tratarmos da capacidade contributiva subjetiva.

292 KIRCHHOF, Paul. *Tributação no Estado Constitucional*. Tradução: Pedro Adamy. São Paulo: Quartier Latin, 2016, p. 27.

293 "Tomada em si mesma, a locução 'capacidade contributiva – salienta EMILIO GIARDINA – significa apenas: possibilidade de suportar o ônus tributário. Dizer que as despesas públicas devem ser partilhadas entre os contribuintes conforme as respectivas possibilidades de suportar o peso do tributo é incorrer numa tautologia: as palavras 'capacidade contributiva', sem alguma outra especificação, não constituem um conceito científico. Elas nem oferecem um metro para determinar a prestação do contribuinte e para adequá-la às prestações dos demais; nem dizem se existe e qual seja o limite dos tributos. Esta expressão, por si mesma, é

CARRAZZA[294], entendemos ser possível compreendê-lo de forma suficiente a partir do sistema tributário nacional estabelecido pela Constituição Federal de 1988, especialmente no disposto em seu art. 145, § 1º:

> Art. 145. A União, os Estados, o Distrito Federal e os Municípios poderão instituir os seguintes tributos:
>
> [...]
>
> § 1º Sempre que possível, os impostos terão caráter pessoal e serão graduados segundo a capacidade econômica do contribuinte, facultado à administração tributária, especialmente para conferir efetividade a esses objetivos, identificar, respeitados os direitos individuais e nos termos da lei, o patrimônio, os rendimentos e as atividades econômicas do contribuinte.

Como se constata, a partir do dispositivo citado já é possível distinguir as duas principais espécies de capacidade contributiva apontadas pela doutrina, quais sejam, a capacidade contributiva *subjetiva* e a capacidade contributiva *objetiva*[295]. LUÍS EDUARDO SCHOUERI delimita precisamente as linhas de cada uma delas:

> A capacidade contributiva pode ser: (i) um limite ou critério para a graduação da tributação; ou (ii) um parâmetro para a distinção entre situações tributáveis e não tributáveis. No primeiro caso,

---

recipiente vazio que pode ser preenchido pelos mais diversos conteúdos, trata-se de locução ambígua que se presta às mais variadas interpretações. A maior parte da doutrina da Ciência das Finanças Públicas e do Direito Tributário, tanto a antiga como a contemporânea, ressalta a notável ambiguidade da locução 'capacidade contributiva' e amenta os seus funestíssimos efeitos que tumultuam e obscurecem o desenvolvimento racional de ambas as ciências, constituindo, por si mesma, um foco gerador de obscurantismo." (BECKER, Alfredo Augusto. *Teoria Geral do Direito Tributário*, 7. ed. São Paulo: Noeses, 2018, p. 515).

294 "O princípio da capacidade contributiva, por sua necessária vinculação com a justiça tributária, possui um conteúdo de difícil delimitação, mas que nem por isso o torna incompreensível dentro do ordenamento jurídico brasileiro. Essa dificuldade recebe adicional complexidade com a grande quantidade de definições que esse princípio recebeu dos mais diversos tributaristas, sem contar as diversas definições oriundas da Economia e da Ciência das Finanças que ganharam muita atenção na primeira metade do século XX". (CARRAZZA, Elizabeth Nazar. *IPTU e Progressividade – Igualdade e Capacidade Contributiva*, 2. ed. São Paulo: Quartier Latin, 2015, p. 78).

295 "Esta é a capacidade de suportar uma parcela dos encargos públicos. Pode ser apreciada sob um ângulo objetivo, que leva em conta a riqueza do contribuinte e sob um ângulo subjetivo, que leva em conta as particularidades pessoais do contribuinte." (COSTA, Alcides Jorge. *Capacidade Contributiva, in:* Revista de Direito Tributário n. 55, 1991, p. 300).

falar-se-á em capacidade contributiva relativa ou subjetiva; no último, em capacidade contributiva absoluta ou objetiva.[296]

Sob a ótica subjetiva, a capacidade contributiva pode ser entendida como o critério para medir se determinado sujeito está apto ou não a ser tributado, bem como qual a intensidade possível desta tributação, considerando-se suas características pessoais e individuais[297].

Concordamos com o entendimento de LUÍS EDUARDO SCHOUERI no sentido de que a capacidade contributiva subjetiva se caracteriza como princípio jurídico, sendo aplicável a todas as espécies tributárias e não somente aos impostos[298].

Além disso, como a capacidade contributiva subjetiva é uma medida para graduação da intensidade da tributação, é preciso definir os limites do que deve e do que não deve ser considerado capacidade contributiva, isto é, faz-se necessário identificar, de um lado, a partir de que grau é possível afirmar que há revelação de capacidade contributiva, e de outro, qual o grau máximo dessa capacidade que pode ser objeto de tributação.

A doutrina é unânime[299] em afirmar que o limite mínimo da capacidade contributiva subjetiva é o chamado *mínimo existencial*[300-301] e o limite máximo o *confisco*[302].

---

296 SCHOUERI, Luís Eduardo. *Direito Tributário*, 6. ed. São Paulo: Saraiva, 2016, pp. 351-352.

297 SCHOUERI, Luís Eduardo. *Direito Tributário*, 6. ed. São Paulo: Saraiva, 2016, p. 352.

298 "Nesta acepção relativa, parece que o Princípio da Capacidade Contributiva deve espraiar-se por todas as categorias tributárias: não tendo o contribuinte o mínimo para sua sobrevivência, não pode ele ser constrangido a contribuir para as despesas públicas, ainda que ele as tenha causado [...]. [...]. Por tais características, parece acertado que a capacidade contributiva, em sua feição relativa, tem feições de princípio jurídico, i.e., mandamento de otimização: deve o legislador, na medida do possível (ou ao máximo possível), buscar alcançar a capacidade contributiva; a base de cálculo do tributo deve ser medida que atinja, do melhor modo possível, aquela capacidade. Dentre duas bases de cálculo, o Princípio exigirá que se busque a mais exata; a alíquota do tributo não pode ser tão alta a ponto de a tributação ultrapassar a capacidade contributiva manifestada." (SCHOUERI, Luís Eduardo. *Direito Tributário*, 6. ed. São Paulo: Saraiva, 2016, p. 352).

299 Nesse sentido: SCHOUERI, Luís Eduardo. *Direito Tributário*, 6. ed. São Paulo: Saraiva, 2016, p. 352; CARRAZZA, Roque Antonio. *Imposto sobre a Renda (perfil constitucional e temas específicos)*, 3. ed., rev., ampl. e atual. São Paulo: Malheiros, 2009, pp. 112-127.

300 Também denominado pela doutrina de *mínimo vital* (CARRAZZA), *mínimo de subsistência* (SCHOUERI) ou *mínimo indispensável* (BECKER).

301 "A maioria dos impostos, todavia, precisa necessariamente observar o princípio da capacidade contributiva. Na verdade, quando legislador ordinário tiver opções, deverá, obrigatoriamente, ao criar *in abstracto* o imposto, atender aos reclamos do princípio da capacidade contributiva, isto é, deverá imprimir à exação caráter pessoal, graduando-a segundo a aptidão econômica do contribuinte, respeitado, no

Em que pese não ser o objetivo do presente trabalho aprofundar a análise das ideias de "mínimo existencial" e de "confisco", não se pode deixar de traçar os principais contornos destes conceitos, porquanto adiante serão úteis para a aferição dos limites do *arm's length*.

Tanto o mínimo existencial, como o confisco, são categorias pouco detalhadas na Constituição Federal e na legislação, o que dificulta sobremaneira sua aplicação prática, porquanto apesar de restar claro que são os limites mínimo e máximo da tributação, não há na legislação maiores diretrizes para defini-los e quantificá-los[303].

Dessa mesma forma entende ROBERT ALEXY, que, apesar de analisar o caso da Constituição da Alemanha, avança na questão e faz interessante distinção entre o mínimo existencial *absoluto*, do mínimo existencial *relativo*:

> O caso do mínimo existencial pode ser considerado como um exemplo de um caso nesses termos. Sem recorrer a comparações é praticamente impossível determinar o que faz parte do mínimo existencial garantido constitucionalmente. Como a História

---

entanto, o mínimo vital. Daí falar-se em reserva do mínimo vital ou imunidade do mínimo vital aos impostos." (CARRAZZA, Roque Antonio. *Curso de Direito Constitucional Tributário*, 30. ed. São Paulo: Malheiros, 2015, p. 127).

302 Apesar de não ser a nossa opinião e a Constituição Federal de 1988 não deixar claro se a capacidade contributiva a ser considerada para fins de implementação da igualdade tributária deve ser a "individual" de cada tributo ou "global" de todos os tributos, são interessantes as considerações feitas por FRANCESCO MOSCHETTI no que se refere à noção de "retirada parcial" da propriedade via tributação: "Più libero è certo il legislatore nella disciplina del quantum, ma il "concorso alle spese pubbliche" deve essere comunque un prelievo parziale e il carattere parziale deve essere controllato esaminando non solo gli effetti economici della singola imposta, ma anche il peso complessivo di più imposte, perché è la capacità contributiva complessiva che viene tutelata dalla norma costituzionale." (MOSCHETTI, Francesco. *I principi di giustizia fiscale della Costituzione italiana, per "l'ordinamento giuridico in cammino" dell'Unione europea*, p. 435, disponível em: https://www.studiomoschetti.com/new/wp-content/uploads/2015/07/4_I-principi-di-giustizia.pdf, acesso em: 23/04/2019). Tradução livre: "O legislador é certamente mais livre na disciplina do quantum devido, mas o "concurso por despesas públicas" deve, em qualquer caso, ser uma retirada parcial e o caráter parcial deve ser controlado examinando não apenas os efeitos econômicos do imposto individual, mas também o peso total de vários impostos, porque é a capacidade global de pagar que é protegida pela disposição constitucional."

303 "No entanto, é bom frisar, o princípio do não-confisco tem sido utilizado também para fixar padrões ou patamares de tributação tidos por suportáveis, de acordo com a cultura e as condições de cada povo em particular, ao sabor das conjunturas mais ou menos adversas que estejam se passando. Neste sentido, o princípio do não-confisco se nos parece mais com um princípio de razoabilidade na tributação...". (COÊLHO, Sacha Calmon Navarro. *Comentários à Constituição de 1988: Sistema Tributário*, 10. ed. Rio de Janeiro: Forense, 2006, p. 306).

> e outros países demonstram, o mínimo existencial absoluto pode ser fixado em um patamar extremamente baixo. Sob a Constituição alemã o que importa é o mínimo existencial relativo, ou seja, aquilo que sob as condições de cada momento na República Federal da Alemanha seja considerado como mínimo existencial.[304]

No mesmo sentido é a dificuldade de determinação do confisco, conforme indica PAULO DE BARROS CARVALHO:

> Aqui está outro princípio de difícil configuração. A ideia de confisco não tem em si mesma essa dificuldade. O problema reside na definição do conceito, na delimitação da ideia, como limite a partir do qual incide a vedação do artigo 150, IV, da Constituição da República. Aquilo que para alguns tem efeitos confiscatórios, para outros pode perfeitamente apresentar-se como forma lídima de exigência tributária.[305]

Basicamente, as questões que se colocam são as seguintes: Qual seria o valor mínimo para uma pessoa manter uma existência digna e que deveria ser excluído da tributação? E Qual seria o valor máximo passível de tributação e que não ofenderia o direito de propriedade constitucionalmente garantido?

Com relação à primeira questão, ROQUE CARRAZZA se manifesta da seguinte maneira[306]:

---

[304] ALEXY, Robert. *Teoria dos direitos fundamentais*. Tradução: Virgílio Afonso da Silva. 2. ed. São Paulo: Malheiros, 2015, pp. 427-428.

[305] CARVALHO, Paulo de Barros. *Direito tributário, linguagem e método*, 3. ed., rev. e ampl. São Paulo: Noeses, 2009, p. 322.

[306] Na mesma linha é o entendimento de ALFREDO AUGUSTO BECKER, o qual amplia a análise ao defender que o respeito à capacidade contributiva obriga o legislador não só a escolher apenas signos presuntivos de riqueza como grandeza tributável, mas também, o obriga a criar isenções tributárias simultâneas como forma de respeitar e concretizar a noção de mínimo existencial: "Na escolha dos fatos signos presuntivo de renda ou capital, o legislador ordinário está juridicamente obrigado a escolher fatos que sejam presuntivos de uma espécie de renda ou de capital acima do mínimo indispensável, [...]. Entretanto, na maior parte dos casos, o fato não permite, por si mesmo, presumir renda ou capital acima do mínimo indispensável. Por isto, em todos estes casos, o legislador ordinário está juridicamente obrigado a *criar isenções tributárias*, simultaneamente com a lei criadora do tributo cuja hipótese de incidência é aquele fato que, por si mesmo, não faz presumir renda ou capital acima do mínimo indispensável. Esta criação das isenções tributárias em *correlação simultânea* ao estabelecimento do tributo cria o *conceito jurídico de mínimo indispensável* em relação àquele determinado fato signo presuntivo de uma espécie de renda ou de uma espécie de capital. [...]. O dever jurídico que a regra constitucional impõe ao legislador ordinário não é apenas o de escolher fatos-signos presuntivos de renda ou de capital para a composição da hipótese

> Por outro lado, os recursos econômicos indispensáveis à satisfação das necessidades básicas das pessoas (mínimo vital), garantidas pela Constituição, especialmente em seus arts. 6º e 7º (alimentação, vestuário, lazer, cultura, saúde, educação, previdência social, transporte etc.), não podem ser alcançados pelos impostos. Tais recursos devem ser salvaguardados pela cuidadosa criação de situações de não incidência ou mediante oportunas deduções, legislativamente autorizadas.
>
> [...]
>
> Também estamos convencidos de que os tributos indiretos (cuja carga econômica é suportada pelo consumidor final) não devem incidir sobre os bens essenciais (*v.g.*, os que integram a chamada 'cesta básica'), que garantem às pessoas o mínimo existencial. [307]

Analisando a questão sob a ótica do imposto de renda[308], o mínimo existencial pode ser entendido como a parcela dos rendimentos auferida tanto pelas pessoas físicas, como pelas pessoas jurídicas, que não pode ser objeto de tributação em razão de ser destinada a suprir suas necessidades básicas essenciais[309]. Para as pessoas físicas, tais necessidades encontram-se indicadas nos arts. 6º e 7º da Constituição Federal, enquanto que, para as pessoas

---

de incidência do tributo, mas também e principalmente o dever de *criar isenções tributárias* que resguardem a imunidade tributária do mínimo indispensável de capital e de renda. A omissão neste sentido do legislador ordinário acarretará a inconstitucionalidade de lei tributária, se a hipótese de incidência do tributo, por si mesma, não constituir fatos-signos presuntivos de renda ou de capital acima do mínimo indispensável." (BECKER, Alfredo Augusto. *Teoria Geral do Direito Tributário*, 7. ed. São Paulo: Noeses, 2018, pp. 533-534).

307 CARRAZZA, Roque Antonio. *Curso de Direito Constitucional Tributário*, 30. ed. São Paulo: Malheiros, 2015, p. 123.

308 Analisamos a questão do mínimo existencial apenas sob a ótica do imposto de renda, haja vista ser este o tributo objeto de estudo no presente trabalho.

309 "Non può certo il dovere tributario incidere su disponibilità economiche considerate intoccabili in base a norme costituzionali pariordinate: la capacità economica, per essere 'capacità contributiva', dovrà dunque riferirsi ad una ricchezza che eceda quanto necessario a garantire l''esistenza libera e dignitosa' della famiglia [...]." Tradução livre: "Certamente, o imposto não pode afetar os recursos econômicos considerados intocáveis com base em normas constitucionais uniformes: a capacidade econômica, para ser 'capacidade contributiva', deve se referir a uma riqueza que excede o necessário para garantir 'existência livre e digna' da família [...]." (MOSCHETTI, Francesco. *I principi di giustizia fiscale della Costituzione italiana, per "l'ordinamento giuridico in cammino" dell'Unione europea*, p. 438, disponível em: https://www.studiomoschetti.com/new/wp-content/uploads/2015/07/4_I-principi-di-giustizia.pdf, acesso em: 23/04/2019).

jurídicas, são essenciais todos os custos e despesas que forem necessários ao exercício livre de suas atividades produtivas lícitas[310].

Ou seja, pode-se afirmar que o mínimo existencial só estará efetivamente protegido da tributação se, no cálculo da renda tributável, a legislação garantir a dedutibilidade das despesas consideradas necessárias e essenciais à própria manutenção da fonte produtora. E, ressalte-se: este racional vale tanto para as pessoas físicas[311], como para as pessoas jurídicas[312].

Aprofundando a questão especificamente quanto ao IRPJ, verifica-se que, também neste imposto, a dinâmica da dedutibilidade de despesas essenciais deve ser observada.

Tanto isso é verdade, que há previsão expressa neste sentido no art. 311, do Decreto n. 9.580/2018 (Regulamento do Imposto de Renda – RIR/2018):

> Seção III – Dos custos, das despesas operacionais e dos encargos
> Subseção I – Disposições gerais
> Despesas necessárias
> Art. 311. São operacionais as despesas não computadas nos custos, necessárias à atividade da empresa e à manutenção da fonte produtora (Lei n. 4.506, de 1964, art. 47, *caput*).
> § 1º São necessárias as despesas pagas ou incorridas para a realização das transações ou operações exigidas pela atividade da empresa (Lei n. 4.506, de 1964, art. 47, § 1º)

---

310 CARRAZZA, Roque Antonio. *Curso de Direito Constitucional Tributário*, 30. ed. São Paulo: Malheiros, 2015, p. 123.

311 "[...]. Suprimindo ou, quando menos, reduzindo sensivelmente os abatimentos e deduções de despesas necessárias, equiparava, de fato, a renda líquida à renda bruta, impedindo, assim, a individualização da renda e transformando o tributo num imposto impessoal. Inconstitucionalidades flagrantes, por burla manifesta ao art. 145, § 1º, da CF". [...]. Ao contrário, a lei deve – em atenção ao princípio da capacidade contributiva – garantir que a renda tributável seja obtida subtraindo-se, da renda global, os gastos necessários do contribuinte, máxime os representados por seus encargos familiares. Observe-se que o 'Preâmbulo' da Constituição Federal consagra extenso rol de valores supremos (a liberdade, a segurança, o bem-estar, a justiça etc.) a serem alcançados com a colaboração de todos, nomeadamente do Estado. De fato, este deve empenhar-se ao máximo para proporcionar às pessoas condições elementares de sobrevivência digna. Assim, não lhe é dado tributar, inclusive e principalmente por meio de imposto de renda, o mínimo vital do contribuinte, vale dizer, a parte de seu patrimônio indispensável ao atingimento daqueles elevados objetivos. [...]. A tributação por via do imposto de renda deve, pois, deixar intocado o mínimo vital do contribuinte, isto é, aquela porção de riqueza que lhe garante, e a seus dependentes, uma existência digna de um cidadão." (CARRAZZA, Roque Antonio. *Curso de Direito Constitucional Tributário*, 30. ed. São Paulo: Malheiros, 2015, pp. 147-148).

312 CARRAZZA, Roque Antonio. *Curso de Direito Constitucional Tributário*, 30. ed. São Paulo: Malheiros, 2015, p. 149.

§ 2º As despesas operacionais admitidas são as usuais ou normais no tipo de transações, operações ou atividades da empresa (Lei n. 4.506, de 1964, art. 47, § 2º).
§ 3º O disposto neste artigo aplica-se também às gratificações pagas aos empregados, independentemente da designação que tiverem.

Assim, a aplicação de tal raciocínio ao IRPJ deve resultar, necessariamente, em uma base de cálculo que reflita o *lucro efetivamente apurado* pela pessoa jurídica[313], porquanto apenas esta grandeza se enquadra na ideia de acréscimo patrimonial e, consequentemente, no conceito de *renda* passível de tributação[314].

Com efeito, entendemos que a distinção realizada pela doutrina entre "capacidade econômica" e "capacidade contributiva" pode auxiliar na delimitação do mínimo vital e do limite do confisco:

---

313 "Também o imposto sobre a renda da pessoa jurídica deve obedecer ao princípio da capacidade contributiva. Destarte, a lei deve autorizar venham deduzidos da base de cálculo do tributo os gastos e despesas necessários, usuais e normais à manutenção do patrimônio da empresa (pagamento de funcionários, aquisição de matérias-primas, renovação da frota, do maquinário etc.). Reduzindo a ideia à dimensão mais simples, só enquanto aufere lucros é que poderá ser validamente tributada a esse título. Ou, como quer Klaus Tipke, 'o princípio da capacidade contributiva determina, em seu conteúdo: [...] toda empresa deve pagar impostos de acordo com o montante de seu lucro'. Não é dado a este imposto absorver, ainda que em parte, o patrimônio da empresa, mas, apenas, uma parcela razoável de seu lucro. [...]. Aprofundando a ideia, temos que o princípio da capacidade contributiva está a exigir que também no IRPJ o contribuinte deduza da base de cálculo do tributo montante de imposto pago antecipadamente, as despesas com vale-transporte, as despesas com o Programa de Assistência ao Trabalhador/PAT, e assim por diante." (CARRAZZA, Roque Antonio. Curso de Direito Constitucional Tributário, 30. ed. São Paulo: Malheiros, 2015, p. 149).

314 Código Tributário Nacional: "Art. 43. O imposto, de competência da União, sobre a renda e proventos de qualquer natureza tem como fato gerador a aquisição da disponibilidade econômica ou jurídica:
I – de renda, assim entendido o produto do capital, do trabalho ou da combinação de ambos;
II – de proventos de qualquer natureza, assim entendidos os acréscimos patrimoniais não compreendidos no inciso anterior.
§ 1º A incidência do imposto independe da denominação da receita ou do rendimento, da localização, condição jurídica ou nacionalidade da fonte, da origem e da forma de percepção.
§ 2º Na hipótese de receita ou de rendimento oriundos do exterior, a lei estabelecerá as condições e o momento em que se dará sua disponibilidade, para fins de incidência do imposto referido neste artigo.
Art. 44. A base de cálculo do imposto é o montante, real, arbitrado ou presumido, da renda ou dos proventos tributáveis."

> [...]. Trata-se da aptidão econômica, i.e., a capacidade de ser contribuinte.
>
> É, neste sentido, algo além da mera capacidade econômica, já que a capacidade contributiva compreende aquela parcela da riqueza de que o contribuinte pode dispor para voltar-se à coletividade.
>
> [...]
>
> A capacidade contributiva relativa pressupõe a existência de uma riqueza, mas não qualquer uma, senão aquela que gera um saldo (disponível). Assim, não basta, para aferir a existência de capacidade contributiva, investigar os rendimentos de uma pessoa. O exemplo, hoje clássico, é daquela pessoa que recebe alugueres razoáveis, mas que, por ter saúde precária, vê-se obrigada a manter enfermeiros durante todo seu tratamento, além de altos custos de medicamentos. Terá ela, talvez, capacidade econômica; capacidade contributiva, entretanto, não cabe cogitar.[315]

Neste sentido, a verificação do respeito ou não à capacidade contributiva dependerá, sempre, de uma análise geral do regime jurídico aplicável ao tributo, uma vez que, somente assim, será possível identificar efetivamente o quanto da capacidade econômica da pessoa pode ser considerada capacidade de contribuir para as despesas públicas e, desta forma, ser tributada[316]. Portanto, ao criar e regulamentar o tributo, o legislador deverá sempre buscar o atingimento da capacidade contributiva ideal.

Passando ao estudo do confisco, verifica-se que a doutrina tenta delimitar objetivamente o conceito, todavia, reconhece a inevitabilidade de certa dose de subjetivismo nessa determinação, como aponta PAULO DE BARROS CARVALHO:

---

315 SCHOUERI, Luís Eduardo. *Direito Tributário*, 6. ed. São Paulo: Saraiva, 2016, p. 352.

316 "Expliquemo-nos melhor. À primeira vista, o princípio da capacidade contributiva parece limitar-se a exigir que cada um pague impostos proporcionalmente às suas rendas e riquezas. Ocorre, porém, que nem sempre rendas e riquezas iguais representam equivalentes manifestações de capacidade contributiva. Pelo contrário, vezes há em que, embora tenham potencialidade econômica – ou seja, aptidão para o consumo –, as condições pessoais do contribuinte (v.g., suas deficiências físicas, que lhe exigem tratamentos médico-hospitalares onerosos) indicam que ele não possui capacidade contributiva. [...]. Assim, correndo-nos de posição anteriormente assumida, hoje estamos convencidos de que no Brasil *capacidade contributiva* não é o mesmo que *capacidade econômica*. Enfim, capacidade contributiva não é qualquer manifestação de riqueza, mas aquela força econômica passível de concorrer às despesas públicas. Conquista do Estado Moderno, ajuda a realizar a justiça fiscal, porque tem por escopo fazer com que cada pessoa colabore com as despesas públicas na medida de suas possibilidades." (CARRAZZA, Roque Antonio. *Curso de Direito Constitucional Tributário*, 30. ed. São Paulo: Malheiros, 2015, p. 128).

> A intuição, que sabemos ser poderoso instrumento cognoscitivo, indica-nos alguns casos de flagrante confisco. [...]. De evidência, qualquer excesso impositivo acarretará em cada um de nós a sensação de confisco.
>
> [...]
>
> [...]. Quando da imposição tributária decorrer substancial redução do patrimônio ou da renda, estar-se-á diante de verdadeiro aniquilamento do direito de propriedade.
>
> [...]
>
> [...]. Considerando que a tributação interfere no patrimônio dos cidadãos, subtraindo parcelas deste, é inadmissível a imposição de ônus insuportáveis, ainda que se vise à arrecadação de recursos para fins específicos, [...].[317]

Importa ressaltar, no entanto, que não se trata de princípio absoluto, havendo situações em que será possível afastá-lo para atingir o direito de propriedade do contribuinte, como bem pontua SACHA CALMON NAVARRO COÊLHO[318]:

> A teoria do confisco e especialmente do confisco tributário ou, noutro giro, do confisco através do tributo, deve ser posta em face de direito de propriedade individual, garantida pela Constituição. Se não se admite a expropriação sem justa indenização, também se faz inadmissível a apropriação através da tributação abusiva. Mas não se percam de vista dois pontos essenciais:
>
> A) admite-se a tributação exacerbada, por razões extrafiscais e em decorrência do exercício do poder de polícia (gravosidade que atinge o próprio direito de propriedade).
>
> B) o direito de propriedade outrora intocável não o é mais. A Constituição o garante, mas subordina a garantia 'à função social da propriedade' (ao direito de propriedade causador de disfunção social, retira-lhe a garantia).

Já sob a ótica objetiva, verifica-se que a capacidade contributiva deve ser entendida como a regra[319]-[320] constitucionalmente dirigida ao legislador[321],

---

317 CARVALHO, Paulo de Barros. *Direito tributário, linguagem e método*, 3. ed., rev. e ampl. São Paulo: Noeses, 2009, pp. 322-323.

318 COÊLHO, Sacha Calmon Navarro. *Comentários à Constituição de 1988: Sistema Tributário*, 10. ed. Rio de Janeiro: Forense, 2006, pp. 297-298.

319 Neste ponto, vale menção ao entendimento de HUMBERTO ÁVILA, no sentido de que a capacidade contributiva objetiva seria um princípio "sui generis", em razão de não poder ser completamente afastado na hipótese de colisão com outro princípio

que oobriga a escolher como hipóteses tributárias somente situações que demonstrem objetivamente uma aptidão do sujeito para ser tributado, isto é,

---

(*i.e.*, não seria regra, nem princípio *prima facie*): "(2) [...].Tem essa qualidade [prima facie] aquele princípio que pode ser superado por um outro princípio, ao qual o aplicador, diante do caso concreto, atribua uma dimensão maior de peso. Um princípio prima facie pode ser, portanto, totalmente afastado. O 'princípio da capacidade contributiva objetiva', melhor entendido como um critério, decorrente das regras de competência, que deve ser utilizado na aplicação da igualdade, porém, não possui essa suscetibilidade de superação por razões contrárias. Tal como previsto pela Constituição, ele constitui uma razão que não pode ser afastada por completo, recebendo um peso que se mantém – repita-se, porque este ponto é importantíssimo: que se mantém – mesmo diante das razões que justificam a utilização de valores presumidos. Pode-se afirmar que ele constitui uma razão pro tanto (ou 'contanto que'), no sentido de que não pode ser descartada, conservando seu peso mesmo diante de razões contrárias e, não, *prima facie* (ou 'descartável'), no sentido de que pode ser afastada completamente em face de razões contrárias;" (ÁVILA, Humberto. *Teoria da igualdade tributária*, 3. ed. São Paulo: Malheiros, 2015, p. 91)

320 Vale menção ao enfoque dado por ALFREDO AUGUSTO BECKER: "As modernas constituições canonizaram o princípio da capacidade contributiva e, diante da constitucionalização do equívoco, os juristas dividiram-se em duas correntes doutrinárias frontalmente opostas, no tocante à natureza desta regra constitucional. A primeira corrente doutrinária considera tal regra de natureza apenas programática; a segunda entende que se trata de genuína regra jurídica.
Natureza programática – A corrente doutrinária que reúne o maior número de juristas vê, na regra constitucional que consagrou o princípio da capacidade contributiva, uma regra de natureza meramente programática. Regra vazia de juridicidade. Regra de conduta à qual falece coercibilidade. Não obriga, nem o legislador ordinário, nem o juiz. Oferece uma orientação respeitável, porém não coercível. Recomendação sedutora destinada a apaziguar nostalgias de uma Justiça impraticável.
Natureza jurídica – A segunda corrente doutrinária considera a regra constitucional uma genuína regra jurídica. Regra jurídica que vincula o legislador ordinário, obrigando-o a escolher para a composição da hipótese de incidência das regras jurídicas tributárias, fatos que sejam signos presuntivos de renda ou capital acima do mínimo indispensável. A desobediência pelo legislador ordinário desta regra jurídica constitucional provoca a inconstitucionalidade da lei tributária. A regra de conduta, juridicizada pela regra constitucional em foco, também se dirige ao juiz. Este fica obrigado a investigar se os fatos (previstos na hipótese de incidência como signos presuntivos de renda ou capital acima do mínimo indispensável) ainda continuam a admitir tal presunção em cada caso concreto singular. Se a resposta for negativa, o juiz está juridicamente obrigado pela regra constitucional a 'deixar de aplicar' a lei tributária (mais precisamente: o juiz deverá concluir pela irrealização da hipótese de incidência e, pois, não haver acorrido a incidência da regra jurídica tributária.
Crítica de ambas doutrinas – A verdadeira natureza da regra constitucional em exame não é a sustentada pela primeira corrente doutrinária e nem é a defendida pela segunda. Não existe uma terceira natureza e seria ingenuidade sugerir uma natureza híbrida. Ambas as doutrinas pecam por excesso. Por pretenderem sustentar a amplitude extrema de suas respectivas teses (a primeira: negando qualquer eficácia jurídica; a segunda: afirmando tot al eficácia jurídica, a ponto de vincular

que só poderão ser legalmente alçados à condição de hipóteses tributárias os signos presuntivos de riqueza[322].

E é justamente por meio desta perspectiva objetiva que resta concretizada a segunda constrição jurídica da capacidade contributiva apontada por ALFREDO AUGUSTO BECKER, conforme mencionado linhas atrás:

> A segunda deformação constritora que sofre o conceito de capacidade contributiva ao penetrar no mundo jurídico é a seguinte: a riqueza do contribuinte (que está sendo relacionada com o tributo singular) não é a totalidade da riqueza de sua renda ou capital.
>
> A capacidade contributiva é aferida, *a priori*, mediante a relação que se estabelece entre a riqueza de um indivíduo e a carga tributária por ele suportada. Viu-se que a primeira constrição que sofre o princípio da capacidade contributiva, ao ser juridicizado, relaciona exclusivamente um único tributo (e não a totalidade dos tributos vigentes). Agora, verifica-se que, no outro polo desta relação de capacidade contributiva, não se situa a totalidade da riqueza do contribuinte, mas exclusivamente um *fato-signo presuntivo* de sua renda ou capital.[323]

Apesar de baseadas no art. 53, da Constituição Italiana, são oportunas as considerações de FRANCESCO MOSCHETTI referentes ao dever de respeito à capacidade contributiva imposto ao legislador:

> Orbene, nello specifico del diritto tributario, il dovere di solidarietà sussiste solo 'in ragione della capacità contributiva', che è dunque assunta a 'presupposto', 'criterio di commisurazione' e 'limite massimo' del dovere.
>
> La libertà del legislatore è dunque limitata in particolare nella scelta del presupposto di fatto (che deve essere una manifestazione di

---

aferra na visão unilateral de uma parcela da verdade." (BECKER, Alfredo Augusto. *Teoria Geral do Direito Tributário*, 7. ed. São Paulo: Noeses, 2018, pp. 521-523).

321 "A regra jurídica constitucional que juridicizou o 'princípio da capacidade contributiva' tem eficácia jurídica exclusivamente perante o legislador ordinário. Somente o legislador ordinário está juridicamente obrigado por esta regra constitucional [...]". (BECKER, Alfredo Augusto. *Teoria Geral do Direito Tributário*, 7. ed. São Paulo: Noeses, 2018, pp. 532-533).

322 "Neste sentido objetivo, absoluto, não se indaga se um determinado contribuinte pode, ou não, pagar o tributo; ao contrário, o legislador, em sua função generalizante, visando a concretizar a igualdade, dirá que quem está naquela situação deve poder pagar tributo. A capacidade contributiva objetiva é verdadeira regra do ordenamento, já que proíbe que o legislador preveja hipóteses tributárias que não revelem, objetivamente, capacidade contributiva." (SCHOUERI, Luís Eduardo. *Direito Tributário*, 6. ed. São Paulo: Saraiva, 2016, p. 353).

323 BECKER, Alfredo Augusto. *Teoria Geral do Direito Tributário*, 7. ed. São Paulo: Noeses, 2018, p. 532.

> capacità contributiva) e nella disciplina della base imponibile (che deve quantificare la reale capacità contributiva).[324]

E, reafirma este mesmo autor, que este dever significa a necessária observância da capacidade contributiva tanto no aspecto *objetivo*, como no *subjetivo*:

> Invero non 'qualsiasi indice rivelatore di ricchezza', ma solo quegli indici che rilevano una disponibilità economica che può essere destinata a spese pubbliche, può logicamente (e sistematicamente nell'ambito dell'art. 53 Cost.) denotare capacità contributiva.
>
> [...]
>
> Ad avviso, dunque, di chi scrive, il principio di capacità contributiva fu *in primis* voluto come limite ulteriore (rispetto al mero divieto di arbitrio) alla discrezionalità del legislatore tributario; inoltre esso impone un riferimento alla persona del soggetto chiamato a contribuire (l'idoneità, di cui parla la Corte); e ancora, impone certo un riferimento ad 'indici concretamente rivelatori di ricchezza', ma questi debbono essere ulteriormente qualificati sotto un duplice aspetto, oggettivo e soggettivo; dal punto di vista oggettivo, debbono essere indicativi di capacità di pagamento; dal punto di vista soggettivo, debbono essere indicativi di capacità di concorrere alle spese pubbliche a preferenza delle spese individuali e familiari. Non manifesta dunque capacità contributiva ogni indiscriminato fatto economico.[325]

---

324 Tradução livre: "No entanto, no domínio específico do direito tributário, o dever de solidariedade só existe 'com base na capacidade de pagamento', que é, portanto, assumido como um 'pré-requisito', um 'critério de proporção' e um 'limite máximo' de imposto. A liberdade do legislador é, portanto, limitada, em particular, na escolha do pressuposto de fato (que deve ser uma manifestação da capacidade de pagamento) e na disciplina da base tributária (que deve quantificar a capacidade real de pagamento)." (MOSCHETTI, Francesco. *I principi di giustizia fiscale della Costituzione italiana, per "l'ordinamento giuridico in cammino" dell'Unione europea*, p. 435, disponível em: https://www.studiomoschetti.com/new/wp-content/uploads/2015/07/4_I-principi-di-giustizia.pdf, acesso em: 23/04/2019).

325 Tradução livre: "Na verdade, não é 'qualquer indicador de riqueza', mas apenas os índices que detectam uma disponibilidade econômica que pode ser alocada às despesas públicas podem logicamente (e sistematicamente, no contexto do Artigo 53 da Constituição) denotar a capacidade de pagamento. [...]. Na opinião, portanto, de quem escreve, o princípio da capacidade contributiva foi antes de tudo desejado como um limite adicional (com relação à mera proibição da arbitrariedade) à discrição do legislador tributário; além disso, impõe uma referência à pessoa do sujeito chamada a contribuir (a adequação, de que fala o Tribunal); e, novamente, certamente requer uma referência a 'indicadores concretos de riqueza', mas estes devem ser mais qualificados sob um duplo aspecto, objetivo e subjetivo; do ponto de vista objetivo, devem ser indicativos da capacidade de pagamento; do ponto de vista subjetivo, devem ser indicativos da capacidade de contribuir com despesas públicas em detrimento de despesas individuais e familiares. Portanto, nenhum fato econômico indiscriminado mostra sua

Debate interessante é realizado em torno da correta interpretação do § 1º, do art. 145, da Constituição Federal, especialmente no que se refere à cláusula *"Sempre que possível, os impostos terão caráter pessoal e serão graduados segundo a capacidade econômica do contribuinte [...]"*. Isso porque, discute-se se a expressão "sempre que possível" refere-se exclusivamente ao "caráter pessoal" dos impostos, ou abrange também a graduação de acordo com a capacidade contributiva. Ou seja, se a expressão "sempre que possível" aplicar-se apenas ao caráter pessoal dos impostos, isso significaria que a graduação segundo a capacidade contributiva seria obrigatória sempre. Ao contrário, se for extensível também à graduação com base na capacidade contributiva, esta não precisaria ser obrigatoriamente observada em todos os casos.

ALCIDES JORGE COSTA entende que a expressão "sempre que possível" é aplicável tanto ao caráter pessoal dos impostos, como à graduação segundo a capacidade contributiva e justifica:

> Pode-se agora, retornar ao texto do art. 145, § 1º, da Constituição que diz: 'Sempre que possível, os impostos terão caráter pessoal e serão graduados segundo a capacidade econômica do contribuinte...'. Este texto suscita muitas dúvidas que serão abordadas a seguir. A primeira delas consiste em saber se a cláusula 'sempre que possível' diz respeito ao caráter pessoal dos impostos ou também à graduação segundo a capacidade econômica do contribuinte. Caso correta a primeira hipótese, todos os impostos deveriam ser sempre graduados segundo a capacidade econômica do contribuinte. Parece, contudo, que a segunda hipótese é a que mais se conforma com o texto. Com efeito, entre os impostos enumerados pela Constituição há alguns incompatíveis com esta espécie de graduação. Basta lembrar o IPI e o ICMS. A seletividade de ambos, que permite adequá-los melhor contra seus efeitos regressivos, não equivale a graduação nem à personalização. A baixa tributação de certos bens não impede que pessoas abastadas os comprem, como a alta tributação de outros da mesma forma não impede que pessoas de menos recursos os adquiram. [...]. E quanto ao imposto sobre a propriedade predial e territorial urbana, a Constituição diz que 'poderá ser progressivo, nos termos da lei municipal (art. 156, § 1º)'. Se a cláusula 'sempre que possível' do art. 145, § 1º, dissesse respeito só ao caráter pessoal dos impostos, estes outros dispositivos citados ficariam sem sentido pois contradiriam aquele.[326]

---

capacidade de pagamento." (MOSCHETTI, Francesco. *I principi di giustizia fiscale della Costituzione italiana, per "l'ordinamento giuridico in cammino" dell'Unione europea*, pp. 437-438, disponível em: https://www.studiomoschetti.com/new/wp-content/uploads/2015/07/4_I-principi-di-giustizia.pdf, acesso em: 23/04/2019).

326 COSTA, Alcides Jorge. *Capacidade Contributiva, in:* Revista de Direito Tributário n. 55, 1991, p. 301.

ROQUE CARRAZZA, por sua vez, é mais enfático quanto à obrigatoriedade de observância da capacidade contributiva. Fundamenta este entendimento argumentando que a expressão "sempre que possível" do § 1º, do art. 145, da Constituição Federal, não se trata de *"mera recomendação ou simples apelo para o legislador ordinário"*[327], mas, sim, de um mandamento obrigatório. Todavia, seguindo caminho semelhante ao de ALCIDES JORGE COSTA, "relativiza" esta obrigatoriedade no caso dos impostos indiretos:

> I – [...]. Em outras palavras, ele não está autorizando o legislador ordinário a, se for do seu agrado, graduar os impostos que criar, de acordo com a capacidade econômica dos contribuintes.
>
> O sentido desta norma jurídica é muito outro. Ela, segundo pensamos, assim deve ser interpretada: se for da índole constitucional do imposto, ele deverá obrigatoriamente ter caráter pessoal e ser graduado de acordo com a capacidade econômica do contribuinte. Ou, melhor: se a regra-matriz do imposto (traçada na Constituição Federal) permitir, ele deverá necessariamente obedecer ao princípio da capacidade contributiva. Vejamos.
>
> II – Impostos há, porém, que, por sua natureza, não permitem que se atenda ao princípio da capacidade contributiva. É o caso do ICMS, que, positivamente, com ele não se coaduna. De fato, a carga econômica deste imposto é repassada para o preço da mercadoria. Quem suporta não é o contribuinte (o comerciante, o industrial ou o produtor que praticou a operação mercantil ou o prestador do serviço de transporte transmunicipal ou de comunicação), mas o consumidor final da mercadoria ou o fruidor dos serviços. Este, ao adquirir a mercadoria ou ao fruir o serviço, vê repassada no preço a carga econômica do ICMS. Ora, tal carga é idêntica para todos os consumidores finais, sejam eles ricos ou pobres.

Em que pese concordarem a respeito do imposto sobre operações relativas à circulação de mercadorias e prestações de serviços de transporte interestadual e intermunicipal e de comunicação (ICMS), os autores mencionados divergem quanto à obrigatoriedade de observância da capacidade contributiva no caso do imposto sobre propriedade predial e territorial urbana (IPTU), senão vejamos.

Como já citado acima, ALCIDES JORGE COSTA entende que, no caso do IPTU, a adoção da capacidade contributiva pelo legislador ordinário não seria obrigatória em função de o legislador constitucional ter utilizado a expressão "poderá ser progressivo" no § 1º, do art. 156, da Constituição Federal[328].

---

327 CARRAZZA, Roque Antonio. *Curso de Direito Constitucional Tributário*, 30. ed. São Paulo: Malheiros, 2015, p. 126.

328 Redação atual do dispositivo: "Art. 156. Compete aos Municípios instituir impostos sobre: I – propriedade predial e territorial urbana; [...] § 1º Sem prejuízo da

Já ROQUE CARRAZZA, argumenta que, apesar de o legislador constituinte ter utilizado a expressão "*poderá* ser progressivo", a correta interpretação jurídica da regra seria no sentido de que o IPTU "*deverá* ser progressivo", porquanto alega que "*todo poder encerra um dever*"[329].

Entendemos que, apesar da divergência quanto ao IPTU, o racional de ambos os autores, na prática, leva à mesma conclusão, pois ambos concordam que existem impostos cuja índole impede a obediência da capacidade contributiva, de modo que, o fato de não concordarem quanto a um imposto específico (IPTU), não faz com que a base do raciocínio de ambos não seja equivalente.

Com efeito, também vale menção ao entendimento de HUMBERTO ÁVILA, o qual afirma que a regra deve ser sempre a obediência à capacidade contributiva, sendo a desobediência, a exceção. Veja-se:

> A Constituição de 1988 privilegiou o tratamento particularizado, isto é, o de acordo com as características particulares que dizem respeito ao contribuinte (capacidade contributiva) e/ou ao seu caso (dimensão real do fato), ao:
>
> (1) estabelecer o dever de obediência à capacidade contributiva, ao prescrever que, sempre que possível, 'os impostos terão caráter pessoal e serão graduados segundo a capacidade econômica do contribuinte' (art. 145, § 1º, da Constituição). É preciso notar que essa prescrição foi inserida nos 'princípios gerais' do Sistema Tributário Nacional. Em todos os casos em que isso for possível, deve o Poder

---

progressividade no tempo a que se refere o art. 182, § 4º, inciso II, o imposto previsto no inciso I poderá: I – ser progressivo em razão do valor do imóvel". Há que se observar que ALCIDES JORGE COSTA manifestou-se nesse sentido com base na redação anterior do § 1º, do art. 156, da Constituição Federal ("§ 1º – O imposto previsto no inciso I poderá ser progressivo, nos termos de lei municipal, de forma a assegurar o cumprimento da função social da propriedade"). Todavia, entendemos que sua conclusão ainda é aplicável, mesmo o dispositivo tendo sido alterado, porquanto em ambos os casos, o legislador constituinte se valeu da expressão "poderá ser progressivo".

329 "Em suma, o IPTU deve obedecer ao princípio da capacidade contributiva, nos termos do já estudado art. 145, § 1º, primeira parte, da CF. E, para isso, deve ser progressivo. Esta é uma progressividade fiscal, de existência obrigatória. [...]. Aliás, este *poderá*, como aguisadamente observou Souto Maior Borges, em parecer, equivale a deverá. É que, como averbava Rui Barbosa, todo poder encerra um dever. Quando a Constituição confere a uma pessoa política um *poder*, ela, ipso facto, lhe impõe um dever. É por isso que se costuma falar que as pessoas políticas têm *poderes-deveres*. Assim, o § 1º do art. 156 da CF, juridicamente interpretado estabelece que o IPTU, além de dever obedecer ao *princípio da capacidade contributiva* ('ser progressivo em função do valor do imóvel'), terá 'alíquotas diferentes de acordo com a localização e o uso do imóvel' (inciso II). [...]. Em suma, o princípio da capacidade contributiva, independentemente da existência do plano diretor do Município, exige que a tributação por via de IPTU seja maior ou menor, de acordo com o maior ou menor valor venal do imóvel urbano." (CARRAZZA, Roque Antonio. *Curso de Direito Constitucional Tributário*, 30. ed. São Paulo: Malheiros, 2015, pp. 133-137).

> Legislativo atentar para a pessoalidade de acordo com a capacidade econômica do contribuinte. Veja-se que a única exceção à obediência à capacidade contributiva está atrelada à impossibilidade do seu uso, e não a qualquer motivo mais tênue como uma mera dificuldade. [...]. Por último, é preciso registrar que não há, nos princípios gerais, qualquer princípio contraposto ao da capacidade contributiva e relacionado à praticidade da Administração.[330]

No que tange à aplicabilidade da capacidade contributiva objetiva às taxas, vale mencionar o entendimento de LUÍS EDUARDO SCHOUERI:

> Nesse sentido (objetivo), ter-se-á por acertado o artigo 145, § 1º, da Constituição Federal, quando faz referência apenas aos impostos. Com efeito, embora, em princípio, idêntico raciocínio pudesse ser estendido às taxas – e em outros países se aceite que as taxas se dobrem ao Princípio da Capacidade Contributiva também em seu sentido objetivo – deve-se repisar que o constituinte brasileiro, por meio do § 2º do artigo 145, vedou o emprego de base de cálculo própria de impostos às taxas. Ora, base de cálculo 'própria' de impostos é aquela que se vale da capacidade contributiva objetiva, pois é índice de riqueza. Ao vedar o emprego de semelhante base de cálculo para as taxas, vedou o constituinte que considerações de capacidade contributiva objetiva se estendessem àquela espécie tributária, onde descabem considerações sobre solidariedade.[331]

Quanto à relação existente entre a capacidade contributiva e a tributação extrafiscal, não trataremos do assunto, por se tratar de tema específico e que não influencia diretamente o presente estudo.

Por fim, importa ressaltar que, em nosso entendimento, o art. 145, § 1º, da Constituição Federal, apesar de conferir um caráter relativo à capacidade contributiva em virtude da expressão "sempre que possível", obriga, de forma absoluta, que a capacidade contributiva seja explorada ao máximo pelo legislador, nos casos em que tal obediência seja viável. Com isso, queremos dizer que o regime jurídico constitucional de cada tributo deve ser fielmente levado em consideração para, com base nesse regime, alcançar-se a capacidade contributiva ideal (própria de cada tributo), a qual não pode ser restringida, nem ampliada, sob pena de violação da regra da capacidade contributiva e, consequentemente, do próprio princípio da igualdade tributária.

---

330 ÁVILA, Humberto. *Teoria da igualdade tributária*, 3. ed. São Paulo: Malheiros, 2015, pp. 89-90.

331 SCHOUERI, Luís Eduardo. *Direito Tributário*, 6. ed. São Paulo: Saraiva, 2016, p. 353.

4. *Arm's Length* e Igualdade

4.1. *Arm's length*, igualdade tributária e capacidade contributiva

Conforme já adiantado no Capítulo 3, para fins de realização da igualdade tributária, na esteira de LUÍS EDUARDO SCHOUERI[332], entendemos que a identificação dos critérios de discrímen constitucionalmente válidos deve se iniciar pela justificação de cada uma das espécies tributárias.

No que se refere aos tributos não vinculados a uma atuação estatal, como é o caso do IRPJ e da CSLL, viu-se que, por encontrarem-se fundamentados no princípio da solidariedade, o critério de discrímen para definir quem deve ou não ser tributado é a capacidade contributiva, a qual funciona como verdadeiro corolário da igualdade tributária.

Além disso, viu-se que, no nosso entendimento, o art. 145, § 1º, da Constituição Federal, em que pese conferir um caráter relativo à capacidade contributiva em virtude da expressão "sempre que possível", obriga, de forma absoluta, que a capacidade contributiva seja explorada ao máximo pelo legislador, nos casos em que tal obediência seja viável. Isso significa que o regime jurídico de cada tributo deve ser integralmente observado para, com base nesse regime, alcançar-se a capacidade contributiva "própria" de cada tributo que deve ser ideal e efetivamente tributada, a qual não pode ser restringida, nem ampliada, sob pena de violação da regra da capacidade contributiva e, consequentemente, do próprio princípio da igualdade tributária.

E é exatamente neste aspecto que se revela a relação existente entre *arm's length*, igualdade tributária e capacidade contributiva, uma vez que o regime jurídico do IRPJ e da CSLL, em geral, e as regras de preços de transferência da Lei n. 9.430/1996, em particular, estabelecem que a única "renda" passível de ser validamente tributada pela pessoa jurídica seja o lucro

[332] SCHOUERI, Luís Eduardo. *Direito Tributário*, 6. ed. São Paulo: Saraiva, 2016, p. 349-355.

apurado a partir de transações levadas a efeito de acordo com as regras de mercado e de livre concorrência[333].

Tal conclusão resulta da própria aplicação da teoria da igualdade ao caso concreto. No IRPJ e na CSLL (tributos não vinculados), a capacidade contributiva é o critério de discrímen por excelência para comparar contribuintes, verificar se estão em situação equivalente e, por consequência, se devem ser tributados da mesma forma. Assim, nos casos em que o lucro de um contribuinte resulta de transações com empresas vinculadas ou com pessoa, ainda que não vinculada, residente ou domiciliada em país com tributação favorecida ou em regime fiscal privilegiado, é comparado com o lucro de outro contribuinte, oriundo apenas de transações independentes, constata-se que não se está comparando contribuintes em situação equivalente. Isso porque, o lucro do primeiro não tem origem em transações cem por cento afetadas pelas regras de mercado, ao contrário do lucro apurado pelo segundo. Ou seja, se as realidades econômicas de tais contribuintes são diferentes, eles não podem ser tributados da mesma forma.

No mesmo sentido é o entendimento de LUÍS EDUARDO SCHOUERI quando analisa a questão:

> Especificamente na matéria tributária, surge como primeiro critério ou parâmetro, escolhido pelo próprio constituinte, a capacidade contributiva. Nesse sentido, deve a tributação partir de uma comparação das capacidades econômicas dos potenciais contribuintes, exigindo-se tributo igual de contribuinte em equivalente situação. Por óbvio, tal princípio somente se concretiza quando é possível compararem-se os contribuintes.
>
> No caso de transações entre pessoas vinculadas, entretanto, as realidades econômicas são diversas, frustrando-se qualquer comparação. A diversidade acima apontada resulta da circunstância de as transações entre partes vinculadas não terem passado pelo mercado, como o fizeram as empresas independentes.
>
> Assim, pode-se dizer que enquanto a moeda constante nas contas das empresas com transações controladas está expressa em

---

333 "Com efeito, num mercado em que as partes independentes relacionam-se comercialmente, é razoável admitir que cada qual busca trazer para si as maiores vantagens possíveis, e que da tensão dialética que exsurge a cada transação, resulta um preço, denominado 'preço de mercado', que nada mais é do que o parâmetro para distribuir a riqueza (ou a renda) entre as partes." (SCHOUERI, Luís Eduardo. *Preços de Transferência no Direito Tributário Brasileiro*, 3. ed. rev. e atual. São Paulo: Dialética, 2013, p. 13).

unidades 'reais de grupo', empresas independentes têm seus resultados expressos em 'reais de mercado'.[334-335]

Como já adiantado, o *arm's length* não foi expressamente previsto em nosso ordenamento jurídico, havendo apenas uma referência indireta a ele na exposição de motivos da Lei n. 9.430/1996[336], poder-se-ia alegar, como o

---

334 SCHOUERI, Luís Eduardo. *Preços de Transferência no Direito Tributário Brasileiro*, 3. ed. rev. e atual. São Paulo: Dialética, 2013, p. 16.

335 Metáfora semelhante também é mencionada por JEFFREY P. OWENS: "It is essential, for example, when comparing controlled and uncontrolled transactions, to compare like with like – to compare apples with apples and not apples with pears. However, the transactions do not have to be identical in order to be comparable, provided that any differences are either not material or can be adjusted for on a reasonably accurate basis. To continue the fruit metaphor, green apples may still be comparable with red apples, provided that one can adjust for any differences in market prices due to differences in colour or taste". (OWENS, Jeffrey P. *Should the Arm's Length Principle Retire?*, *in:* International Transfer Pricing Journal, vol. 12, n. 3. Amsterdam: IBFD, 2005, p. 99). Tradução livre: "É essencial, por exemplo, ao comparar transações controladas e não controladas, para comparar coisa com coisa – para comparar maçãs com maçãs e não maçãs com peras. No entanto, as transações não têm que ser idênticas para serem comparáveis, desde que qualquer das diferenças não sejam materiais ou possam ser ajustadas em uma base razoavelmente precisa. Para continuar a metáfora das frutas, maçãs verdes ainda podem ser comparáveis com maçãs vermelhas, desde que seja possível ajustar as diferenças de preços de mercado devido a diferenças de cor ou sabor".

336 "Exposição de Motivos n. 470 – Em 15/10/1996: Excelentíssimo Senhor Presidente da República, Temos a honra de submeter à apreciação de Vossa Excelência o incluso Projeto de Lei, que altera a legislação tributária federal.
2. Em 1995, foram sancionadas as Leis ns. 9.249 e 9.250, de 26 de dezembro daquele ano, as quais tomaram-se o marco inicial de modernização da legislação do imposto de renda, tendo em vista os critérios de simplificação, harmonização e universalização nelas adotados.
3. O atual projeto se insere nesse esforço de modernização e, sendo mais abrangente, estende a outras áreas os princípios que nortearam a elaboração da referida legislação, ao mesmo tempo em que aperfeiçoa os mecanismos que permitem a verificação ágil e eficiente do cumprimento da obrigação tributária dentro das práticas atuais de mercado, em uma economia cada vez mais globalizada.
[...]
12. As normas contidas nos arts. 18 a 24 representam significativo avanço da legislação nacional face ao ingente processo de globalização, experimentado pelas economias contemporâneas. ***No caso específico, em conformidade com regras adotadas nos países integrantes da OCDE, são propostas normas que possibilitam o controle dos denominados 'Preços de Transferência'***, de forma a evitar a prática, lesiva aos interesses

faz uma parte da doutrina, que ele não teria sido recepcionado pela legislação tributária brasileira.

Partidário desta doutrina, PAULO AYRES BARRETO entende que o *arm's length* não foi positivado pela Lei n. 9.430/1996[337]. Com vistas a defender

nacionais, de transferências de resultados para o exterior, mediante a manipulação dos preços pactuados nas importações ou exportações de bens, serviços ou direitos, em operações com pessoas vinculadas, residentes ou domiciliadas no exterior.
13. Nesse sentido, o art. 22 prevê limite máximo para a dedutibilidade das despesas com juros, nas operações com pessoas vinculadas, residentes ou domiciliadas no exterior, que será o correspondente à taxa *Libor*, para depósitos em dólares dos Estados Unidos da América, para o período de seis meses, acrescida de três por cento ao ano à título de spread, antes de computada a variação cambial correspondente, salvo nos casos de contratos registrados no Banco Central do Brasil, quando será admitida a remuneração pactuada.
14. Por sua vez, o art. 24 estende a aplicação das regras contidas nos arts. 18 a 22 a todas as operações praticadas com pessoas residentes ou domiciliadas em países com tributação favorecida, ainda que não vinculadas à pessoa jurídica brasileira, inclusive por pessoas físicas residentes no país, que se submeterão àquelas regras para fins de determinação de ganho de capital ou de rendimento tributário." (***grifamos***) (disponível em: <https://www.camara.leg.br/proposicoesWeb/prop_mostrarintegra?codteor=1132081&filename=Dossie+-PL+2448/1996>, acesso em: 25/06/2019).

337 "O subtítulo em epígrafe [A Lei 9.430/96 não positivou o Padrão *Arm's Length*] pode causar, num primeiro instante, estranheza ou mesmo perplexidade. Se toda a regulação dos preços de transferência – no Direito Comparado – tem por pressuposto a observância de tal padrão e, se consta da exposição de motivos da Lei 9.430/96, que 'em conformidade com as regras adotadas nos países integrantes da OCDE, são propostas normas que possibilitam o controle dos denominados preços de transferência', não seria contraditório afirmar que referido princípio não foi adotado pelo legislador ordinário federal? Contradição há entre a exposição de motivos do referido veículo introdutor de normas e o conteúdo dos enunciados prescritivos dele constantes. É abissal a distância entre a disciplina dos preços de transferência no Brasil e o regime adotado pelos países-membros da OCDE. Tivemos oportunidade de registrar várias diferenças enquanto descrevemos a matéria, como entre nós positivada. Dentre as apontadas a que se nos afigura de maior relevo é precisamente a não adoção da regra do não favoritismo ou padrão *arm's length*. Dissemos anteriormente que a OCDE definiu um preço *arm's length* como o preço que teria sido acordado entre partes não relacionadas, envolvidas em transações iguais ou similares, sob idênticas ou similares condições. Nos termos em que plasmadas estão as normas que regulam os preços de transferência, da comparação entre os preços pactuados e aqueles apurados mediante aplicação dos métodos positivados, obtém-se não o preço que teria sido acordado entre partes não relacionadas, mas um outro preço influenciado pelos critérios definidos na própria lei, os quais, longe de identificar um preço sem interferência, levam a um outro valor, que pode ser significativamente superior ou inferior ao de mercado, dando ensejo a ajustes que distorcem a base calculada do imposto sobre a renda, infirmando a materialidade do fato jurídico previsto no antecedente da norma geral e abstrata." (BARRETO, Paulo Ayres. *Imposto sobre a renda e preços de transferência*. São Paulo: Dialética, 2001, pp. 152-153).

a correção de seu entendimento, o referido autor apresenta um exemplo baseado no método dos preços independentes comparados e, resumidamente, conclui que o *arm's length* não foi positivado pela legislação brasileira pelas seguintes razões: (i) pelo fato de a legislação brasileira determinar que, na aplicação dos métodos para identificação do preço parâmetro, seja considerada uma média de preços durante todo o período de apuração do imposto, média essa que, em tese, sempre "jogaria" o valor máximo dedutível "para baixo"; (ii) pela impossibilidade de o contribuinte, a partir de outros métodos ("métodos dos fatos e circunstâncias" – realidade dos fatos), provar que os preços praticados no caso concreto são efetivamente "de mercado"; e (iii) pelo fato de o legislador ter se utilizado na Lei n. 9.430/1996 de margens de lucro predeterminadas, ficções e presunções legais. Veja-se:

> [...]. Ressalte-se que, no exemplo formulado, as operações ocorreram no mesmo mês, o que reduziria as possibilidades de distorção. Como demonstramos acima, ainda assim elas são possíveis. Como a Lei 9.430/1996 prevê além da utilização do preço médio, que seja ele calculado durante o período de apuração da base de cálculo do imposto sobre a renda, cresce fortemente a possibilidade de que distorções mais significativas se verifiquem, notadamente porque, em período anual, os preços praticados pelo mercado, em janeiro, podem ser absolutamente diversos daqueles contratados em dezembro. Se, v.g., a empresa realizou operações apenas em julho e agosto, a comparação com base na média anual será totalmente descabida, dela decorrendo ajustes que não guardam correlação com um preço normal ou sem interferência.
>
> Assim, o critério de comparação decorrente do método suso-referido distancia-se claramente da regra do não favoritismo. Demonstrado ficou que, tivesse o padrão *arm's length* sido efetivamente positivado e no exemplo suscitado nenhum ajuste adviria.
>
> Da aplicação das normas em sentido lato, que disciplinam a matéria, decorre o ajuste. Logo, conclui-se que não houve a positivação, em nosso ordenamento jurídico, do padrão *arm's length* com o conteúdo a ele atribuído no Direito Comparado.
>
> Agregue-se a isto o fato de que a Lei 9.430/96 não prevê a possibilidade de aplicação de um quarto método, ou método dos fatos e circunstâncias. Assim, se no mundo dos negócios internacionais, altamente complexo e intrincado, operação foi realizada entre partes vinculadas, não sendo possível a aplicação dos métodos previstos na Lei 9.430/96, o ajuste na base calculada será, mais uma vez, inevitável, porquanto não há possibilidade de se comprovar o não favorecimento por outros fatos e circunstâncias.

> Além disso, ao prever os demais métodos de apuração de um preço sem interferência, o legislador ordinário federal predeterminou margens de lucro, fazendo uso de ficções, presunções legais absolutas e mistas, evidenciando, com hialina clareza, um afastamento da regra do não favoritismo, na medida em que mais do que a identificação de um preço sem interferência, buscou a tributação de um lucro mínimo por transação, em alguns casos, e a glosa de despesas dedutíveis em outros[338].

Não concordamos integralmente com a posição mencionada, pois entendemos que o fato de os métodos previstos na Lei n. 9.430/1996, na prática (ou melhor, em tese), não gerarem um preço parâmetro *arm's length*[339], não significa que o *arm's length* não tenha sido recepcionado pela legislação brasileira[340-341]. Ou seja, o fato de o legislador ordinário, em tese, não ter criado métodos na Lei n. 9.430/1996 que resultem em preços parâmetros que reflitam o mercado, não leva à conclusão que o *arm's length* é inaplicável no Brasil. Pelo contrário, porquanto, do ponto de vista lógico, só é possível alegar que os preços calculados com base nos métodos da Lei n. 9.430/1996 não são *arm's length*, se partirmos da premissa de que o *arm's length* foi recepcionado e integra o ordenamento jurídico brasileiro (ainda que implicitamente, via igualdade tributária e capacidade contributiva).

---

338 BARRETO, Paulo Ayres. *Imposto sobre a renda e preços de transferência.* São Paulo: Dialética, 2001, pp. 154-155.

339 *Arm's length* no sentido de ser idêntico às diretrizes da OCDE.

340 Ou seja, o simples fato de a legislação brasileira ter feito ajustes nos métodos originalmente desenvolvidos pela OCDE, não significa que o *arm's length* não tenha servido de fundamento para tais normas, até porque, a própria OCDE entende que a aplicação de seus métodos não é absoluta: "A própria OCDE reconhece os limites dos métodos que ela apresenta, ao afirmar que nenhum método é aplicável a toda e qualquer situação possível, e que tampouco é necessário que se comprove que não foi possível aplicar algum método em particular. Por esta razão, a mencionada organização internacional afirma que as administrações tributárias não devem hesitar em efetuar pequenos ajustes marginais. Ao mesmo tempo, a OCDE afirma que as empresas multinacionais *estão liberadas* para a aplicação de métodos diversos dos descritos no seu relatório, desde que os preços assim alcançados satisfaçam o princípio *arm's length*". (SCHOUERI, Luís Eduardo. *Preços de Transferência no Direito Tributário Brasileiro*, 3. ed. rev. e atual. São Paulo: Dialética, 2013, p. 49).

341 No mesmo sentido: "[...]. Divergências metodológicas não afastam o princípio, até porque são inerentes à temática dos preços de transferência. [...]. O *arm's length principle*, por exemplo, abre-se para uma pluralidade de normas ou métodos de apuração do preço de transferência, o que torna legítimo que as legislações nacionais adotem pontos de vista específicos e se afastem em alguns aspectos". (TORRES, Ricardo Lobo. *O Princípio Arm's Length, os Preços de Transferência e a Teoria da Interpretação do Direito Tributário, in:* Revista Dialética de Direito Tributário n. 48. São Paulo: Dialética, 1999, pp. 123-130).

Além disso, na linha de RICARDO LOBO TORRES, entendemos que a adoção ou não do *arm's length* por um ordenamento jurídico se dá com a inclusão de norma determinando que seja feita a comparação do preço praticado com um preço parâmetro, e somente isto. Ou seja, se o método previsto em lei não resulta em um preço "de mercado", o método pode ser questionado por violar a igualdade, a capacidade contributiva e o próprio *arm's length*, em última instância.

E, em nosso entendimento, este foi, justamente, o espírito que orientou a OCDE, conforme pode ser extraído deste trecho das *Guidelines*: *"Such an analysis of the controlled and uncontrolled transactions, which is referred to as a 'comparability analysis', is at the heart of the application of the arm's length principle"*[342].

Conforme visto acima, concordamos com LUÍS EDUARDO SCHOUERI no sentido de que o *arm's length* pode ser diretamente inferido a partir dos princípios constitucionais da igualdade tributária e da capacidade contributiva, já que, no campo das regras de preços de transferência, o *arm's length* atua justamente como critério de equalização da carga tributária[343] das empresas que transacionam com partes vinculadas no exterior ou com empresas, ainda que não vinculadas, residentes ou domiciliadas em país com tributação favorecida ou em regime fiscal privilegiado, de forma a fazer com que a carga tributária por estas suportada seja efetivamente equivalente à daqueles que negociam com partes não relacionadas, integralmente sujeitos às regras de mercado. E o referido autor pontua:

---

342 OCDE. *OECD Transfer Pricing Guidelines for Multinational Enterprises and Tax Administrations 2017*. Paris: OECD Publishing, 2017, p. 35. Tradução livre: "Tal análise das transações controladas e não controladas, que é chamada 'análise de comparabilidade', está no centro da aplicação do princípio *arm's length*".

343 "1.8 There are several reasons why OECD member countries and other countries have adopted the *arm's length* principle. A major reason is that the *arm's length* principle provides broad parity of tax treatment for members of MNE groups and independent enterprises. Because the *arm's length* principle puts associated and independent enterprises on a more equal footing for tax purposes, it avoids the creation of tax advantages or disadvantages that would otherwise distort the relative competitive positions of either type of entity. In so removing these tax considerations from economic decisions, the *arm's length* principle promotes the growth of international trade and investment". (OCDE. *OECD Transfer Pricing Guidelines for Multinational Enterprises and Tax Administrations 2017*. Paris: OECD Publishing, 2017, p. 36). Tradução livre: "Existem várias razões pelas quais os países membros da OCDE e outros países adotaram o princípio *arm's length*. Um dos principais motivos é que o princípio *arm's length* fornece ampla paridade de tratamento tributário para membros de grupos de empresas multinacionais e empresas independentes. Como o princípio *arm's length* coloca as empresas associadas e independentes em pé de igualdade para fins tributários, evita a criação de vantagens ou desvantagens tributárias que de outra forma distorceriam as posições competitivas relativas de cada tipo de entidade. Ao remover essas considerações tributárias das decisões econômicas, o princípio *arm's length* promove o crescimento do comércio e investimento internacionais".

> Surge, aqui, a importância do princípio *arm's length*. Como já ficou esclarecido, é este princípio o bastião de constitucionalidade da Lei n. 9.430/96. Os ajustes impostos por esta lei se consideram constitucionais porque concretizam aquele princípio. Nesse passo, surge a seguinte regra: a regulamentação da Lei n. 9.430/96 estará conforme a própria lei se estiver concretizando o princípio *arm's length*.
>
> [...]
>
> Eis, em síntese, o entendimento que se sustenta nessa obra: tendo o princípio *arm's length* sido inserido no ordenamento brasileiro por intermédio da Lei n. 9.430/96, os atos administrativos que visam regulamentar aquela lei deverão ser instrumento para a concretização daquele princípio; desvios são admitidos quando justificados em outros princípios identificados no Ordenamento (como o são os que inspiram a função indutora da norma tributária). Não são tais instrumentos, entretanto, exaustivos, já que os princípios têm aplicação ampla e o *arm's length* não foge à regra. Não tendo uma situação sido regulamentada pela autoridade administrativa, nada impede que o aplicador da lei, com base nesta e no princípio que lhe dá suporte, encontre uma solução conforme o último; se o ato administrativo impuser restrição à aplicação do princípio *arm's length* que não se encontre expressa no texto legal, então deve-se investigar com cuidado se outro princípio de igual estatura pode ser contemplado, justificando a ponderação. Não sendo o caso, afasta-se aquele ato administrativo, por ilegalidade.[344]

Ou seja, entendemos que o *arm's length* nada mais é do que a aplicação e a observância da igualdade tributária e da capacidade contributiva no campo das regras de preços de transferência, de maneira que, por força disto, entendemos que o eventual ingresso do Brasil na OCDE em nada alterará o que já temos hoje no que se refere à aplicabilidade do *arm's length*, haja vista ele já ser aqui aplicável (via igualdade e capacidade contributiva).

> Nesta perspectiva, o papel da legislação de preços de transferência é apenas 'converter' valores expressos em 'reais de grupo' para 'reais de mercado', possibilitando, daí, uma efetiva comparação entre contribuintes com igual capacidade econômica.
>
> Neste sentido, verifica-se que a legislação de preços de transferência não distorce resultados da empresa. Apenas 'converte' para uma mesma unidade de referência ('reais de mercado') a mesma

---

344 SCHOUERI, Luís Eduardo. *Preços de Transferência no Direito Tributário Brasileiro*, 3. ed. rev. e atual. São Paulo: Dialética, 2013, pp. 59-60.

> realidade expressa noutra unidade. Nesse contexto, as disposições de controle de preços de transferência da Lei n. 9.430/1996 se justificam ao corroborarem essa conversão acima referida, o que se dá mediante a aplicação do princípio *arm's length*, [...]. Vale dizer, caso a aplicação da lei ou de sua regulamentação em um caso concreto extrapole os limites dessa conversão, isso deverá ser considerado como desvio da capacidade contributiva (não será mera correção de 'reais de grupo' para 'reais de mercado') e, portanto, a aplicação nesse caso deverá encontrar fundamento em outro critério igualmente prestigiado, sob pena de inconstitucionalidade.[345]

Entendemos, ainda, que a adoção das diretrizes da OCDE pelo legislador brasileiro independe de uma formal subscrição à Convenção Modelo da OCDE, ou seja, ao editar a Lei n. 9.430/1996, o legislador brasileiro simplesmente utilizou-se de sua liberdade de conformação para adotar os parâmetros da OCDE que entendeu serem adequados e estarem de acordo com o ordenamento jurídico interno, dentre eles, o *arm's length*. Inclusive, este racional já foi acatado pelo Tribunal Regional Federal da 3ª Região (TRF3), conforme se constata no acórdão abaixo ementado:

Apelação Cível n. 2.154.372 – 0004621-67.2013.4.03.6110 – TRF 3ª Região/Terceira Turma, Relator: Desembargador Federal Carlos Muta, julgado em 17/06/2016, e-DJF em 24/06/2016[346].

> DIREITO PROCESSUAL CIVIL. TRIBUTÁRIO. LEI 9.430/1996. IN/SRF 243/2002. PREÇO DE TRANSFERÊNCIA. MÉTODO DE PREÇO DE REVENDA MENOS LUCRO – PRL 60. PREÇO PARÂMETRO. VALOR AGREGADO. CSL E IRPJ. VALIDADE. RECURSO DESPROVIDO. [...] 3. A adoção, na técnica legal, do critério do valor agregado objetivou conferir adequada eficácia ao modelo de controle de preços de transferência, aderindo aos parâmetros da Convenção Modelo da OCDE, evitando distorções e, particularmente, redução da carga fiscal diante da insuficiência das normas originariamente contidas na Lei 9.430/1996 e refletidas na IN/SRF 32/2001. O legislador, independentemente de obrigação convencional, pode adotar, na disciplina interna das relações jurídicas, modelos ou parâmetros internacionalmente aceitos ou discutidos, sendo, para tal efeito, irrelevante a

[345] SCHOUERI, Luís Eduardo. *Preços de Transferência no Direito Tributário Brasileiro*, 3. ed. rev. e atual. São Paulo: Dialética, 2013, p. 17.

[346] Disponível em: <http://web.trf3.jus.br/base-textual/Home/ListaColecao/9?np=2>, acesso em: 13/09/2019.

subscrição da convenção ou se os próprios países subscritores descumprem o avençado. Imperioso ressaltar que a liberdade de conformação do legislador, adstrita aos vetores maiores de Constituição e legislação complementar – sem que, a propósito, esteja presente qualquer violação ao ordenamento hierárquico interno –, não pode, portanto, ser invalidada, como se pretende, ao argumento de que o Brasil não aderiu à Convenção Modelo da OCDE. [...]

Por consequência do exposto, verifica-se que o *arm's length*, assim como a igualdade tributária e a capacidade contributiva, funcionam como instrumentos de realização da justiça fiscal[347], sendo que a inobservância do *arm's length* resultará na inobservância destes princípios constitucionais e, por consequência, na tributação de grandeza que não se coaduna com o próprio conceito de renda, tornando tal tributação inconstitucional. Isso porque, como visto, entendemos que só pode ser considerada "validamente tributável" a renda gerada com a observância de legislação que respeite os ditames da igualdade tributária, da capacidade contributiva e, no campo das regras de preços de transferência, do *arm's length*.

Portanto, associando essas ideias com as lições de HUMBERTO ÁVILA, entendemos que, na teoria da igualdade, o *arm's length* compõe parte do elemento indicativo "renda", o qual informa o critério de discrímen "capacidade contributiva", mais especificamente a capacidade contributiva *objetiva*, uma vez que o *arm's length* é um dos elementos que delineiam o signo presuntivo de riqueza "renda tributável", funcionando como verdadeiro parâmetro para a aferição desta.

Por fim, outro ponto que, em tese, pode ser alegado como suporte na teoria da recepção do *arm's length* pela legislação brasileira é a previsão contida no art. 245, da Lei n. 6.404/1976 ("Lei das S.A."):

> Art. 245. ***Os administradores não podem***, em prejuízo da companhia, ***favorecer sociedade coligada, controladora ou controlada, cumprindo-lhes zelar para que as operações entre as sociedades, se houver, observem condições estritamente comutativas, ou com pagamento compensatório adequado***; e respondem perante a companhia pelas perdas e danos resultantes de atos praticados com infração ao disposto neste artigo. (***grifamos***)

347 "Insistimos que o princípio da capacidade contributiva, intimamente ligado ao princípio da igualdade, é um dos mecanismos mais eficazes para que se alcance, em matéria de impostos, a tão almejada Justiça Fiscal. Em resumo, é ele que concretiza, no âmbito dos impostos, a igualdade tributária e a Justiça Fiscal." (CARRAZZA, Roque Antonio. *Curso de Direito Constitucional Tributário*, 30. ed. São Paulo: Malheiros, 2015, p. 104).

Ou seja, em que pese tal dispositivo ser anterior à Lei n. 9.430/1996 e tratar especificamente da responsabilidade dos administradores das sociedades anônimas (e não de preços de transferência), entendemos que se caracteriza como mais um relevante indício de que o *arm's length* foi efetivamente acolhido pela legislação brasileira.

4.2. *Arm's length* e praticabilidade

Considerando os objetivos e características do *arm's length*, entendemos que este, necessariamente, deverá sempre ser sopesado com a praticabilidade, razão pela qual, trataremos neste tópico da relação entre estes dois institutos.

Retomando as premissas anteriormente expostas no item 2.3 e, com base na teoria dos princípios de Robert Alexy, entendemos que o *arm's length* enquadra-se na categoria de princípio jurídico, sendo, na prática, um princípio infraconstitucional, pois seu objetivo – verificar o valor de mercado do bem, serviço ou direito e compará-lo com o preço efetivamente praticado pelo contribuinte – não pode ser cumprido de forma absoluta, dada a fluidez que é inerente ao conceito de "valor de mercado". Ou seja, o *arm's length* apenas dirige-se ao legislador exigindo deste que, ao criar um método de comparação, faça o máximo possível para comparar o preço praticado entre pessoas vinculadas com preços adotados por terceiros sujeitos às regras de mercado.

Como visto, o *arm's length* caracteriza-se como princípio, pois não se trata de uma norma que prescreve imperativamente uma exigência que é ou não é cumprida, sem deixar espaço para qualquer outra solução. Além disso, em caso de conflito, a prevalência ou não do *arm's length* se dará sem invalidar qualquer outra norma jurídica, ou seja, sua aplicação só é possível via ponderação.

Entendemos que tais conclusões são aplicáveis também à praticabilidade, a qual é, portanto, verdadeiro princípio jurídico e, por isso, pode e deve ser sopesada com o *arm's length*. Justificaremos.

Antes, vale destacar que a questão da praticabilidade não é nova na doutrina estrangeira, tendo sido cogitada, inclusive, já por Adam Smith, como bem assevera RICARDO MAROZZI GREGORIO:

> A ideia de que a tributação deve ser prática já estava presente nas clássicas quatro máximas sugeridas por Adam Smith para a imposição dos impostos: a capacidade contributiva dos cidadãos, a criação de regras na fixação dos impostos para evitar arbitrariedades, a comodidade para os contribuintes e o baixo custo do sistema arrecadador. Com efeito, as três últimas máximas revelam a preocupação do célebre precursor da teoria econômica com a praticabilidade de um sistema que exigia dos súditos os

recursos necessários para a manutenção do arcabouço institucional indispensável ao desenvolvimento das nações. Contudo, no âmbito jurídico, foi por influência dos pandecistas que o tema ingressou no século XX no direito tributário alemão.[348]

A ideia de praticabilidade fundamenta-se na necessidade financeira dos Estados contemporâneos, os quais, para suprir tal necessidade e arrecadar, precisam acompanhar e se adequar ao aumento da complexidade e da quantidade de fatos econômicos tributáveis que se verificam diariamente[349].

Ou seja, diante desta imensa quantidade e complexidade de fatos econômicos tributáveis, para conseguir arrecadar, o Estado precisa encontrar mecanismos que viabilizem tal arrecadação da maneira mais rápida e eficiente possível[350], sem a violação dos direitos e garantias dos contribuintes.

Nesse sentido, entendemos que, aplicada no direito tributário, a praticabilidade pode ser definida como o princípio jurídico que determina a adoção de procedimentos os mais simples possíveis e que proporcionem o máximo de arrecadação possível[351]. Com base na praticabilidade, as Administrações Tri-

---

348 GREGORIO, Ricardo Marozzi. *Arm's length e Praticabilidade nos Preços de Transferência*, 2010, 360 p., Tese (Doutorado em Direito) – Faculdade de Direito, Universidade de São Paulo, São Paulo, 2010, pp. 209-210.

349 GREGORIO, Ricardo Marozzi. *Arm's length e Praticabilidade nos Preços de Transferência*, 2010, 360 p., Tese (Doutorado em Direito) – Faculdade de Direito, Universidade de São Paulo, São Paulo, 2010, p. 209.

350 Aqui vale citar o entendimento de Humberto Ávila, o qual faz um importante esclarecimento a respeito da relação entre a "eficiência" e a praticabilidade: "O exposto evidencia as duas opções interpretativas relacionadas ao dever de eficiência e qual a alternativa aqui adotada. De um lado, pode-se interpretar a eficiência como um princípio jurídico autônomo que não só tem o poder de afastar o princípio da igualdade, como, também, tem a eficácia de ampliar o poder de tributar previsto em regras de competência. Segundo essa interpretação, *o aplicador deve realizar a eficiência, apesar de inexistir poder de tributar previsto em regra de competência*. Em decorrência dessa alternativa interpretativa, a eficiência tem o poder de criar competência, de afastar o princípio da igualdade e de transformar uma presunção em ficção. De outro lado, pode-se interpretar a eficiência – a exemplo do que se faz neste trabalho – como uma metanormas que não tem o poder de afastar o princípio da igualdade, nem de ampliar o poder de tributar previsto em regras de competência. De acordo com essa interpretação, *o aplicador de realizar, com eficiência, a igualdade dentro do poder de tributar previsto em regra de competência*. Em virtude dessa opção hermenêutica, a eficiência não tem o poder de criar competência, de afastar o princípio da igualdade e de transformar uma presunção em ficção. A eficiência, em vez disso, é o instrumento calibrador da realização da própria igualdade." (ÁVILA, Humberto. *Teoria da igualdade tributária*, 3. ed. São Paulo: Malheiros, 2015, p. 98).

351 "Como antes foi lembrado, essas características particulares, no entanto, podem deixar de ser analisadas se, por ser impossível ou extremamente onerosa a

butárias adotam certos procedimentos de simplificação para tornar a arrecadação de tributos mais fácil e efetiva[352]. Essa também é a linha de pensamento de MIZABEL DERZI:

> A praticabilidade é um princípio jurídico que não encontra formulação em norma escrita, mas se acha difuso no ordenamento. A literatura nacional é muito escassa a respeito e o estudo desse importante tema, em regra, fica relegado a aspectos parciais da questão como economicidade, utilidade ou exequibilidade. [...]
>
> Praticabilidade é o nome que se dá a todos os meios e técnicas utilizáveis com o objetivo de tornar simples e viável a execução das leis. Como princípio geral de economicidade e exequibilidade inspira o direito de forma global. Toda lei nasce para ser aplicada e imposta, por isso não falta quem erija a praticabilidade a imperativo constitucional implícito.
>
> Não se deve reduzir a extensão do princípio às atribuições de regulamentar as leis, inerentes às funções do Poder Executivo, constitucionalmente conferidas. A praticabilidade tem conotação mais ampla e é codeterminante de todas as formas de atividade estatal. Nesse sentido, tem sido compreendida como um tipo de interpretação ou um desdobramento da tradicional regra teleológica, inspiradora da fixação de inteligência e limites da compreensão das normas jurídicas. Segundo essa regra, deve-se colher o sentido da norma que acarrete aplicação mais cômoda, simples, econômica e funcional.[353]

---

fiscalização de tributos, as particularidades dos contribuintes e dos casos não puderem ser verificadas, porque sua consideração causaria – pela falta de previsão, controle, coordenação, modicidade e conhecimento – mais generalização do que individualização." (ÁVILA, Humberto. *Teoria da igualdade tributária*, 3. ed. São Paulo: Malheiros, 2015, pp. 91-92).

352 "Essas são apenas algumas dentre as tantas concessões à realidade feitas pelo legislador tributário, que funcionam como fórmulas de simplificação da apuração do lucro real, orientadas pela praticabilidade (ou praticidade) da tributação. Assim, dentro de certos limites, admite-se a utilização de certas presunções e ficções em nome da praticabilidade, que consiste em uma técnica voltada a tornar mais simples e viável a execução das leis, e que se aplica a todos os ramos do Direito". (SCHOUERI, Luís Eduardo. *O mito do lucro real na passagem da disponibilidade jurídica para a disponibilidade econômica*. *In:* MOSQUERA, Roberto Quiroga; LOPES, Alexsandro Broedel (coords.). Controvérsias jurídico-contábeis (aproximações e distanciamentos). São Paulo: Dialética, 2010, p. 260).

353 DERZI, Misabel Abreu Machado. *Direito Tributário, Direito Penal e Tipo*, 3. ed. rev., ampl. e atual. Belo Horizonte: Fórum, 2018, p. 128.

E continua a referida autora indicando de maneira mais específica os objetivos da praticabilidade[354] e o modo como normalmente é concretizada:

> A tipificação e a conceitualização abstrata estão, portanto, relacionadas com o princípio da praticabilidade, o qual se manifesta pela necessidade de utilização de técnicas simplificadoras da execução das normas jurídicas. Todas essas técnicas, se vistas sob o ângulo da praticabilidade, têm como objetivo:
>
> - evitar a investigação exaustiva do caso isolado, com o que se reduzem os custos na aplicação da lei;
> - dispensar a colheita de provas difíceis ou mesmo impossíveis em cada caso concreto ou aquelas que representem ingerência indevida na esfera privada do cidadão, e, com isso, assegurar a satisfação do mandamento normativo.
>
> As presunções, ficções legais e quantificações estabelecidas em lei, através de tetos e somatórios numericamente definidos, são meios a que recorre o legislador com vistas à praticabilidade.
>
> [...]
>
> Em se estabelecendo uma presunção legal (em especial, *iuris et de iure*) ou uma ficção, não tem sentido, porém, indagar se genericamente ou no caso dado, o legislador de fato erigiu como padrão o que é mais representativo ou frequente, pois o tipo social não está na lei, não é jurídico, apenas norteou ou inspirou o critério normativo.[355]

É justamente em função dessa orientação "arrecade o máximo que puder, simplificando o máximo possível", que entendemos que a praticabilidade se caracteriza como princípio jurídico, porquanto, a praticabilidade não estabelece práticas e/ou métodos específicos para concretizar tal arrecadação, apenas é uma diretriz que fundamenta a atuação do legislador e das Administrações Tributárias. Assim, da mesma forma como ocorre com o *arm's length*, a

---

354 Importa destacar a opinião de Humberto Ávila a respeito desse ponto, a qual é um pouco diferente: "Essas considerações anteriores demonstram que a simplificação e a economia de gastos não podem ser consideradas propriamente como finalidades da padronização. Elas são consequências almejadas com a padronização, mas a finalidade continua sendo a realização eficiente da igualdade geral, e essa, a seu turno, deve ser buscada com o permanente cotejo com a igualdade individual, que é mantida como critério da tributação. Repita-se, a generalização por meio da tipificação, em vez de contradizer o princípio da igualdade, serve precisamente de instrumento para sua realização." (ÁVILA, Humberto. *Teoria da igualdade tributária*, 3. ed. São Paulo: Malheiros, 2015, p. 95).

355 DERZI, Misabel Abreu Machado. *Direito Tributário, Direito Penal e Tipo*, 3. ed. rev., ampl. e atual. Belo Horizonte: Fórum, 2018, pp. 128-129.

praticabilidade não é uma espécie de norma que estabelece de maneira absoluta uma exigência que é ou não é cumprida (como seria se fosse uma regra). Ao contrário, estabelece que se busque um estado ideal de coisas (arrecadação simplificada), na máxima medida possível. Por consequência, em caso de conflito, a praticabilidade prevalecerá ou não, sem invalidar qualquer outra norma jurídica, isto é, sua aplicação também só é possível via ponderação.

Contudo, a doutrina não é unânime quanto à qualificação da praticabilidade como princípio jurídico, conforme se constata na opinião de SACHA CALMON NAVARRO COÊLHO:

> Nas modernas sociedades de massas, a tentação dos Fiscos, escudados nos 'grandes números' e em nome da 'racionalização', é para 'simplificar' a tributação. Fala-se muito, inclusive no princípio da 'praticabilidade'. Ao meu sentir, este tal não foi e jamais será princípio jurídico. É simples tendência para igualar e simplificar, sem considerar os princípios da justiça, da igualdade e da capacidade contributiva. E, a não ser que os respeite ou seja benéfico ou opcional para o contribuinte, não poderá prevalecer. Em adversas circunstâncias o princípio do não-confisco na medida que confronta os desvarios fiscalistas, é de grande importância para combater as ficções e presunções fiscais abusivas.[356]

Justificado o nosso entendimento no sentido de ser a praticabilidade um verdadeiro princípio jurídico[357], importa destacar que, como nenhum princípio é absoluto, faz-se necessário estabelecer os limites para aplicação da praticabilidade, isto é, indicar o que será com ela sopesado.

De maneira objetiva, podem ser elencados quatro principais limites à praticabilidade[358]: (i) a necessidade de respeito às competências tributárias rigidamente estabelecidas; (ii) o princípio da legalidade; (iii) o princípio da igualdade tributária; e (iv) o princípio da capacidade contributiva[359-360].

---

356 COÊLHO, Sacha Calmon Navarro. *Comentários à Constituição de 1988: Sistema Tributário*, 10. ed. Rio de Janeiro: Forense, 2006, p. 303.

357 No mesmo sentido: Regina Helena Costa; GREGORIO, Ricardo Marozzi. *Arm's length e Praticabilidade nos Preços de Transferência*, 2010, 360 p., Tese (Doutorado em Direito) – Faculdade de Direito, Universidade de São Paulo, São Paulo, 2010, p. 225.

358 Ou melhor: os quatro princípios que mais são afetados quando da implementação de procedimentos que visam alcançar a praticabilidade da tributação.

359 SCHOUERI, Luís Eduardo. *O mito do lucro real na passagem da disponibilidade jurídica para a disponibilidade econômica. In:* MOSQUERA, Roberto Quiroga; LOPES, Alexsandro Broedel (coords.). Controvérsias jurídico-contábeis (aproximações e distanciamentos). São Paulo: Dialética, 2010, pp. 262-264.

360 Em relação à necessidade de respeito à capacidade contributiva, vale citar o entendimento de Francesco Moschetti: "Il requisito di 'effettività' (implicito già logicamente

Aqui surge uma dúvida importante: Como a praticabilidade pode vir a violar tais limites?

Seguindo a doutrina de MIZABEL DERZI, também entendemos que a eventual violação daqueles limites se dá, justamente, em razão de o legislador, na maioria das vezes, ter de se valer de presunções e ficções jurídicas para alcançar a praticabilidade. Como bem aponta a autora:

> Observe-se que a doutrina estrangeira denomina esse fenômeno de modo de pensar 'tipificante', já que as peculiaridades ocorrentes em cada caso concreto são abandonadas e substituídas por um padrão médio, que funciona como uma presunção ou ficção. O tributo passa a incidir sobre aquilo que se presume ou é calculado segundo aquilo que se estima. A rigor, o tipo como tal é juridicamente transformado em conceito fechado ou quantitativamente delimitado.[361]

Especificamente quanto à igualdade e à capacidade contributiva, LUÍS EDUARDO SCHOUERI detalha como a praticabilidade afeta estes princípios:

> Outro limite é o princípio da igualdade em matéria tributária e seu corolário, expresso na capacidade contributiva. [...]
> A adoção de determinadas medidas de simplificação acaba por relativizar, em certa medida, a capacidade contributiva. Ora, não

---

nel concetto stesso di 'capacità') comporta pertanto che le presunzione legali, cui frequentemente ricorre il legislatore tributario per esonerare l'ufficio dall'onere della prova in nome dell''interesse fiscale', debbano non solo essere ragionevoli, ma anche ammettere la piena prova contraria ed una prova contraria che non sia *probatio diabolica*. [...]. Certo sussistono esigenze di semplificazione, di 'funzionamento' del tributo (anch'esse tutelate costituzionalmente nell'ambito della 'doverosità' del concorso alle spese pubbliche), ma non possono comportare un 'concorso' non commisurato alla specifica 'capacità' di 'tutti' (e quindi di ciascuno)." (MOSCHETTI, Francesco. *I principi di giustizia fiscale della Costituzione italiana, per "l'ordinamento giuridico in cammino" dell'Unione europea*, p. 440, disponível em: https://www.studiomoschetti.com/new/wp-content/uploads/2015/07/4_I-principi-di-giustizia.pdf, acesso em: 23/04/2019). Tradução livre: "A exigência de 'efetividade' (já implícita logicamente no próprio conceito de 'capacidade') implica, portanto, que as presunções legais, que o legislador tributário frequentemente utiliza para se livrar do ônus da prova em nome do 'interesse fiscal', devem não apenas ser razoáveis, mas também admitir prova completa em contrário e uma prova que não seja *probatio diabolica*. [...]. É claro que há necessidade de simplificação, para o 'funcionamento' do imposto (que também é constitucionalmente protegido no contexto do 'dever' de concorrer para as despesas públicas), mas isso não pode implicar uma 'concorrência' não compatível com a 'capacidade' específica de 'todos' (e, portanto, de cada um)".

361 DERZI, Misabel Abreu Machado. *Direito Tributário, Direito Penal e Tipo*, 3. ed. rev., ampl. e atual. Belo Horizonte: Fórum, 2018, p. 301.

> causa surpresa que, em nome da praticabilidade, soluções sejam encontradas para a apuração do lucro real que não correspondam à plena consecução do princípio da capacidade contributiva, tal como a periodização do cálculo do tributo, acima mencionada. No entanto, deve-se entender a capacidade contributiva como um limite imposto à praticabilidade das normas de apuração do lucro real. Não significa, contudo, que a praticabilidade não possa ser aplicada sob pena de se estar ferindo irremediavelmente a capacidade contributiva. Pelo contrário, a praticabilidade, como se viu, se faz necessária em certas circunstâncias, já que uma aplicação irrestrita do princípio da capacidade contributiva, sem concessões e simplificações, acabaria por inviabilizar o recolhimento do imposto de renda e a manutenção financeira do Estado. Afinal, do mero reconhecimento da capacidade contributiva como um princípio, já decorre que ela reflete um estado ideal, algo a ser alcançado na maior medida possível. Não é este o espaço adequado para distinguir regras dos princípios, bastando lembrar que estes, diversamente das regras, não se resolvem a partir do critério 'tudo ou nada', admitindo-se sejam os princípios atendidos na maior medida possível. Eis, portanto, o espaço para a praticabilidade, como critério para definir a possibilidade de se atingir o princípio.[362]

E é justamente neste ponto que, em nossa opinião, o *arm's length* se liga com a praticabilidade, porquanto, o legislador, para cumprir o *arm's length* – e concretizar a comparação entre os preços praticados por pessoas vinculadas e os preços de mercado – é obrigado a estabelecer presunções e ficções jurídicas na legislação para viabilizar a referida comparação.

No Brasil, esta relação entre *arm's length* e praticabilidade é ainda mais evidente, na medida em que o legislador brasileiro expressamente preestabeleceu fórmulas matemáticas para calcular o preço parâmetro ("de mercado"), isto é, presumiu que a aplicação de tais fórmulas são suficientemente eficazes para se calcular um preço parâmetro de mercado a permitir a comparação.

Nesse sentido questiona-se: o estabelecimento de tais fórmulas pelo legislador brasileiro efetivamente resulta em um preço parâmetro aceitável e condizente com a igualdade e a capacidade contributiva? Ou melhor: os resultados alcançados com tais procedimentos concretizam um tratamento igualitário

---

362 SCHOUERI, Luís Eduardo. *O mito do lucro real na passagem da disponibilidade jurídica para a disponibilidade econômica. In:* MOSQUERA, Roberto Quiroga; LOPES, Alexsandro Broedel (coords.). Controvérsias jurídico-contábeis (aproximações e distanciamentos). São Paulo: Dialética, 2010, pp. 263-264.

entre contribuintes que se encontram em situação equivalente? Mais ainda: a tributação que se realiza mediante a aplicação de tais fórmulas efetivamente recai apenas sobre a renda dos contribuintes e, dessa forma, respeita a capacidade contributiva e a própria repartição de competências tributárias?

Baseando-se nos conceitos de ficções legais e presunções legais absolutas, relativas e mistas de ALFREDO AUGUSTO BECKER[363], PAULO AYRES BARRETO entende de forma negativa. Este autor defende que o ordenamento jurídico brasileiro não admite a adoção de ficções legais, presunções legais absolutas e presunções legais mistas na conformação dos critérios da regra-matriz de incidência tributária, por violadoras da rigidez constitucional da repartição das competências tributárias, bem como dos princípios da tipicidade, da legalidade e da capacidade contributiva:

> [...]. Estamos convictos de que, nos termos em que plasmado está o subsistema constitucional tributário, não há espaço para erigir ficções e presunções absolutas na definição dos critérios da regra-matriz de incidência tributária.
>
> [...]
>
> Em síntese, não podemos admitir o recurso às ficções e presunções absolutas para erigir a norma tributária padrão. A regra-matriz de incidência tributária assim produzida não encontra fundamento de validade em norma de superior hierarquia – a Constituição Federal – por contrariar valores nela inscritos.[364]

Todavia, PAULO AYRES BARRETO aceita a adoção de presunções legais relativas com este objetivo, especialmente na temática dos preços de transferência, pelo fato de que o controle e tributação destes preços é bastante difícil e versátil por inúmeros fatores:

---

363 "[...]. Presunção é o resultado do processo lógico mediante o qual do fato conhecido cuja existência é certa se infere o fato desconhecido cuja existência é provável". E continua o autor, citando Moacyr Amaral Santos: "'As presunções ou são o resultado do raciocínio ou são estabelecidas pela lei, a qual raciocina pelo homem. Donde classificarem-se em presunções *simples*; ou comuns, ou de homem (*praesumptiones hominis*) e presunções *legais*, ou de direito (*praesumptiones juris*). Estas, por sua vez, se subdividem em absolutas, condicionais e mistas. *As absolutas (jures et de jure) não admitem prova em contrário*; as condicionadas ou relativas (*juris tantum*) admitem prova em contrário; as mistas ou intermédias, não admitem contra a verdade por elas estabelecida senão certos meios de prova, referidos e previstos na própria lei'." (BECKER, Alfredo Augusto. *Teoria Geral do Direito Tributário*, 7. ed. São Paulo: Noeses, 2018, pp. 542-543).

364 BARRETO, Paulo Ayres. *Imposto sobre a renda e preços de transferência*. São Paulo: Dialética, 2001, pp. 142-145.

> A questão é tormentosa. O recurso a presunções legais, ainda que relativas, para estabelecer critério de regra-matriz de incidência tributária exige extremo cuidado e deve ser, sempre que possível, afastado. Se na presunção do fato conhecido, cuja existência é certa, infere-se o fato desconhecido, cuja existência é provável, temos, como consequência, que por força de presunção legal poderá operar-se a incidência tributária sobre fato cuja existência é meramente provável. Na presunção legal relativa, reduz-se fortemente o nível de incerteza dessa probabilidade, em razão da previsão de prova em contrário.
>
> [...]
>
> Nesse contexto, quadra admitir possam ser erigidas presunções legais relativas, para definir critério de regra-matriz de incidência tributária unicamente nos casos em que o acurado exercício do dever de fiscalização, pela autoridade administrativa, não permita o efetivo controle de práticas evasivas pelo contribuinte, colocando-o em posição privilegiada em face do ente tributante e dos demais contribuintes.[365]

Ocorre que, para o citado autor, na Lei n. 9.430/1996, ao regrar os métodos de cálculo de preço parâmetro, o legislador brasileiro acabou se valendo apenas de presunções legais mistas, de modo que, por consequência, tais regras seriam inconstitucionais, veja-se:

> Uma segunda questão a ser enfrentada é: nosso ordenamento jurídico admite o recurso a presunções legais relativas para disciplinar os preços de transferência?
>
> A resposta a essa indagação é sim. O efetivo controle dos preços de transferência impõe uma série de barreiras ao exercício da atividade de fiscalização. Como uma das partes vinculadas é necessariamente domiciliada em outro país, o exame de documentos, livros contábeis e outras informações importantes, revela-se, em geral, inviável. [...]. Agregue-se a isto a extrema facilidade que as partes contratantes, sendo vinculadas, têm para ajustar seus preços, transferindo lucro indiretamente. Quadra, diante desse contexto, admitir o recurso às presunções legais relativas, promovendo um equilíbrio entre fisco e contribuinte, de um lado, e, entre contribuintes que tenham tais facilidades – isto é, sejam vinculados a pessoa jurídica no exterior com as quais negociam preços de transferência – em relação àqueles que não os tenham,

---

365 BARRETO, Paulo Ayres. *Imposto sobre a renda e preços de transferência*. São Paulo: Dialética, 2001, pp. 148-149.

> de outro. Em súmula, hipótese típica para a adoção de presunção legal relativa. Nada obstante, ao regular a matéria, o legislador ordinário trilhou caminho diverso, estabelecendo ficções e presunções legais mistas, descompassadas com as exigências do subsistema constitucional brasileiro. É o que veremos.
>
> Ao descrevermos os métodos previstos na Lei n. 9.430/96 a serem utilizados para a apuração de preços médios, comparáveis com os pactuados pelas pessoas vinculadas, para fins de determinação de eventual transferência indireta de lucros, deparamo-nos com uma série de margens de lucro predeterminadas.
>
> O art. 21, § 2º, da referida lei, estabelece que margens de lucros diversas serão admitidas, desde que o contribuinte as comprove, com base nos meios de prova previstos nesse dispositivo. Estabelece ainda o art. 20, da mesma lei que, em circunstâncias especiais, o Ministro da Fazenda poderá alterar os percentuais de que tratam os artigos 18 e 19 dessa lei. Prevê ainda o § 3º do art. 21 a possibilidade de desqualificação de provas apresentadas pelo contribuinte, por ato do Secretário da Receita Federal. As prescrições legais suso-referidas permeiam vários temas sensíveis como a limitação dos meios de prova, sua desqualificação e delegação de competência para a fixação de margens distintas.

Em que pese tal posicionamento do autor, especificamente quanto à limitação das provas, pensamos de forma diferente.

ALFREDO AUGUSTO BECKER, após citar os conceitos de presunções legais absolutas, relativas e mistas de Moacyr Amaral Santos, expressamente afirma que as presunções absolutas não são regras de prova, mas, sim, regras dispositivas de direito substantivo:

> A pesquisa histórica da evolução de muitas regras jurídicas de Direito Substantivo revela que inicialmente eram presunções simples (*praesumptiones hominis*), mais tarde tomaram-se presunções legais (*praesumptiones juris*) e finalmente atingem o último estágio, convertendo-se em regras jurídicas dispositivas de Direito Substantivo. [...]
>
> Entretanto, na maioria das vezes, a metamorfose da presunção simples para regra jurídica dispositiva não passa por lenta evolução histórica, mas é *instantânea*. Como se verá, é instantânea justamente porque *impulsionada por uma presunção juris et de jure* (presunção legal que não admite prova em contrário).
>
> [...]
>
> E mais tarde, em LESSONA, que se encontra a pesquisa e exame do *fundamento* porque grande número de presunções costumam

> ser excluídas da categoria convencional de presunção e (embora a frase possa ter som contraditório) *'são excluídas exatamente porque consistem em genuínas presunções 'juris et de jure'*. A aparente contradição desaparece quando se tem presente que a presunção *juris et de jure* é um resíduo de teorias convencionais; que a locução *'praesumptio juris et de jure'* nada mais é que um *sinônimo* de regra jurídica *dispositiva* de Direito *Substantivo*.
>
> [...]
>
> Antes, convém recordar que a evolução histórica e análise da fenomenologia da criação das regras jurídicas demonstraram que a denominada presunção *juris et de jure* não é regra de prova (direito adjetivo), *mas uma genuína regra positiva ou imperativa de Direito Substantivo.*[366]

Da mesma forma, entendemos que este racional valha para as *ficções jurídicas* – são regras dispositivas de direito substantivo –, pois, como bem aponta ALFREDO AUGUSTO BECKER, a diferença entre presunção absoluta e ficção só pode ser feita no plano pré-jurídico:

> Existe uma diferença radical entre *presunção legal* e a *ficção legal*. 'A presunção tem por ponto de partida a verdade de um fato: de um fato conhecido se infere outro desconhecido. A ficção, todavia, nasce de uma falsidade'. Na *ficção*, a lei estabelece como verdadeiro um fato que é *provavelmente (ou com toda a certeza) falso*. Na presunção, a lei estabelece como verdadeiro um fato que é *provavelmente verdadeiro*. A verdade jurídica imposta pela lei, quando se baseia numa provável (ou certa) falsidade é ficção legal, quando se fundamenta numa provável veracidade é presunção legal.
>
> [...]
>
> A distinção entre presunção e a ficção existe apenas no plano *pré-jurídico*, enquanto serviam de elemento intelectual ao legislador que estava construindo a regra jurídica. Uma vez criada a regra jurídica, desaparece aquela diferenciação porque tanto a presunção, quanto a ficção, ao penetrarem no mundo jurídico por intermédio da regra jurídica, *ambas entram como verdades (realidades jurídicas)*[367].

---

366 BECKER, Alfredo Augusto. *Teoria Geral do Direito Tributário*, 7. ed. São Paulo: Noeses, 2018, pp.546-553.

367 BECKER, Alfredo Augusto. *Teoria Geral do Direito Tributário*, 7. ed. São Paulo: Noeses, 2018, pp.543-544.

Para os fins do presente trabalho, não aprofundaremos as diferenças e os diversos posicionamentos existentes na doutrina a respeito dessas conceituações e classificações.

Destarte, tomaremos como premissa que é, sim, possível a utilização de ficções jurídicas, de presunções legais absolutas e de presunções legais mistas na composição dos elementos da regra-matriz de incidência tributária, já que o Direito admite que o legislador recorra a tais mecanismos, inclusive no âmbito tributário. Isso fica mais claro os exemplos trazidos por ALFREDO AUGUSTO BECKER:

> Muitas vezes, depois de fixado o objetivo a atingir (por ex.: arrecadação de tributos sobre o consumo ou sobre os rendimentos pagos por sociedade), o legislador verifica que é extremamente complexa ou impraticável a matéria-prima com a qual normalmente deveria criar a regra jurídica. Por exemplo: o legislador constata que, normalmente, o sujeito passivo da relação jurídica tributária do imposto de consumo deveria ser o consumidor. Todavia, isto tornaria impraticável a cobrança do imposto de consumo. Outras vezes, não há uma total impraticabilidade, porém uma maior ou menor dificuldade, como no caso da cobrança do imposto de renda sobre os rendimentos percebidos pelas pessoas físicas sócias da sociedade.
>
> Ora, quer pela impraticabilidade, quer pela maior ou menor dificuldade, o legislador *abandona a realidade* que normalmente deveria figurar no polo negativo da relação jurídica tributária do imposto de consumo, a saber, o consumidor, e, abandonando esta realidade, cria conscientemente uma falsidade: põe, em lugar do consumidor, o produtor, criando a *ficção do consumidor.*
>
> Outras vezes, o abandono da realidade dá-se na parte referente à composição da hipótese de incidência, por exemplo: o legislador em lugar de tomar como hipótese de incidência do imposto de consumo, o consumo *real* da mercadoria, estabelece que o fato dela sair da fábrica ou ser exposta à venda já realiza a hipótese de incidência; em síntese: cria a *ficção do consumo* nesta ou naquela oportunidade.
>
> Tanto na substituição do consumidor pelo produtor, para sujeito passivo da relação jurídica tributária do imposto de consumo, como na substituição do fato real do consumo, por um outro qualquer fato que, para os efeitos jurídicos, será considerado consumo, há sempre a troca de uma realidade por uma falsidade. Todavia, esta falsidade permanece no plano pré-jurídico. Esta falsidade não entra como falsidade no mundo jurídico porque no mundo jurídico (para todo e qualquer efeito jurídico dentro do sistema legal do imposto do consumo), o produtor é *verdadeiramente* (realidade

> jurídica) o consumidor e o consumo da mercadoria ocorreu *verdadeiramente* (realidade jurídica) quando ela foi exposta à venda ou quando saiu da fábrica.[368]

Assim, discordamos do raciocínio de PAULO AYRES BARRETO quando afirma que o ordenamento jurídico brasileiro não admite a adoção de ficções jurídicas, de presunções legais absolutas e de presunções legais mistas na conformação dos critérios da regra-matriz de incidência tributária, por violarem princípios constitucionalmente protegidos. Isso porque, analisando a experiência legislativa brasileira em todos os ramos e, especialmente no âmbito tributário, verifica-se que é justamente o que é feito na maioria dos casos: criação de realidades jurídicas para viabilizar a tributação, não sendo diferente, portanto, nas regras que disciplinam os aspectos tributários aplicáveis aos preços de transferência.

Por consequência, concluímos com esteio nas ideias de ALFREDO AUGUSTO BECKER, MIZABEL DERZI, LUÍS EDUARDO SCHOUERI e RICARDO MAROZZI GREGÓRIO, que a adoção de ficções jurídicas e de presunções não é vedada pelo nosso ordenamento jurídico tributário, sejam tais presunções absolutas, mistas ou relativas.

Há que se ressaltar, obviamente, que essas presunções ou ficções não podem se distanciar do conteúdo semântico mínimo, nem da natureza própria das coisas.

Dessa forma, entendemos não ser suficiente alegar e fundamentar uma suposta inconstitucionalidade dos métodos e das regras de preços de transferência única e exclusivamente em razão de haver certa limitação na produção da prova do efetivo preço parâmetro e/ou pela opção do legislador por margens de lucro predeterminadas (ficções ou presunções legais mistas)[369].

---

368 BECKER, Alfredo Augusto. *Teoria Geral do Direito Tributário*, 7. ed. São Paulo: Noeses, 2018, pp. 559-560.

369 Entendendo de forma contrária à nossa opinião, segue a posição de Sacha Calmon Navarro Coêlho a respeito da relação entre praticabilidade, capacidade contributiva e produção de provas contra ficções e presunções: "Misabel Derzi, explicando a praticabilidade, mas começando a nota com uma advertência: 'A praticabilidade, como um princípio importante e difuso no ordenamento, autoriza a criação de presunções, tetos e somatórios em lei, desde que, com isso, não fiquem anulados princípios constitucionais como aquele que determina a graduação dos impostos de acordo com a capacidade econômica do contribuinte. Sustentando que a capacidade econômica consiste em algo concreto e não fictício, autores apontam a inconstitucionalidade das presunções fiscais absolutas (*iuris et de iure*) e a ilegitimidade daquelas relativas que não sejam razoáveis e logicamente justificáveis ou que não consintam, de modo amplo, na demonstração da prova contrária'." (COÊLHO, Sacha Calmon Navarro. *Comentários à Constituição de 1988: Sistema Tributário*, 10. ed. Rio de Janeiro: Forense, 2006, p. 303).

O procedimento "presuntivo" adotado pelo legislador da Lei n. 9.430/1996 não é novidade no âmbito tributário brasileiro. Isso porque, o legislador nacional em diversas situações presumiu ou criou formas de controles de preços para viabilizar a tributação, como por exemplo se dá com a própria sistemática da DDL e com a definição do valor aduaneiro[370].

Assim, entendemos que a mera predeterminação de margens de lucro não é suficiente para tornar toda a sistemática de preços de transferência inconstitucional ou inválida, bem como não é correto, ao nosso ver, atribuir às regras de preços de transferência a pecha da inconstitucionalidade pelo simples fato de o art. 20 e o § 2º, do art. 21, da Lei n. 9.430/1996, estabelecerem supostas limitações às provas que podem ser apresentadas pelo contribuinte para requerer e justificar eventual alteração das margens predeterminadas.

Neste passo, vale menção ao inteiro teor do art. 20 e do art. 21, § 2º, da Lei n. 9.430/1996:

> Art. 20. O Ministro de Estado da Fazenda poderá, em circunstâncias justificadas, alterar os percentuais de que tratam os arts. 18 e 19, de ofício ou mediante requerimento conforme o § 2º do art. 21.
>
> Art. 21. Os custos e preços médios a que se referem os arts. 18 e 19 deverão ser apurados com base em:
>
> I – publicações ou relatórios oficiais do governo do país do comprador ou vendedor ou declaração da autoridade fiscal desse mesmo país, quando com ele o Brasil mantiver acordo para evitar a bitributação ou para intercâmbio de informações;
>
> II – pesquisas efetuadas por empresa ou instituição de notório conhecimento técnico ou publicações técnicas, em que se especifiquem o setor, o período, as empresas pesquisadas e a margem encontrada, bem como identifiquem, por empresa, os dados coletados e trabalhados.
>
> § 1º As publicações, as pesquisas e os relatórios oficiais a que se refere este artigo somente serão admitidos como prova se houverem sido realizados com observância de métodos de avaliação internacionalmente adotados e se referirem a período contemporâneo com o de apuração da base de cálculo do imposto de renda da empresa brasileira.

---

370 "Assim, não se confundem os dois regimes, e isto não é novidade nem é peculiar aos dois, pois sabemos da existência de outros controles de preços para outras finalidades, como o que decorre da legislação aduaneira e cambial, com sua 'valoração aduaneira' e com seus conceitos de 'subfaturamento' e 'superfaturamento, e as respectivas consequências sobre os tributos que gravam o comércio exterior e as respectivas operações e penalidades cambiais". (OLIVEIRA, Ricardo Mariz de. *Fundamentos do Imposto de Renda*, v.2. São Paulo: Quartier Latin, 2008, p. 990).

§ 2º Admitir-se-ão margens de lucro diversas das estabelecidas nos arts. 18 e 19, desde que o contribuinte as comprove, com base em publicações, pesquisas ou relatórios elaborados de conformidade com o disposto neste artigo.

§ 3º As publicações técnicas, as pesquisas e os relatórios a que se refere este artigo poderão ser desqualificados mediante ato do Secretário da Receita Federal, quando considerados inidôneos ou inconsistentes.

Os dispositivos citados simplesmente exigem condições mínimas para que o contribuinte possa contestar a margem de lucro legalmente preestabelecida. Considerando que o objetivo das regras de preços de transferência é evitar a transferência indireta de lucros sem tributação, sendo que, para isso, faz-se necessário comparar os preços praticados com pessoas vinculadas com os preços parâmetro apurados de acordo com *as regras de mercado*, em nosso entendimento, nada mais coerente do que exigir que eventual contestação de margem de lucro esteja fundamentada *"em publicações, pesquisas ou relatórios"* que reflitam as condições de mercado.

Tal coerência fundamenta-se no seguinte racional: o legislador, com vistas ao cumprimento do princípio da legalidade, estabeleceu todos os métodos de cálculo de preços parâmetros por meio de uma lei ordinária (Lei n. 9.430/1996). Conforme é cediço, a própria Constituição Federal de 1988 estabelece que qualquer alteração de lei ordinária só pode ser levada a efeito pelo legislativo, no mínimo, através de outra lei ordinária. Ora, seria coerente permitir que o contribuinte pudesse contestar os percentuais das margens estabelecidos por lei ordinária, valendo-se tão somente de documentos internos? Não seria desarrazoado autorizar que uma previsão legal seja alterada por documentos produzidos pelo próprio particular, sem qualquer passagem pelo rito formal do processo legislativo?

Além disso, ao estabelecer margens predeterminadas de lucro, o que o legislador brasileiro fez foi tão somente dar contornos concretos ao conceito – ressalte-se, fluido – de "valor de mercado", o qual, como visto, tem variado ao longo do tempo e variará sempre de acordo com as condições mercadológicas e legislativas vigentes.

Ao estabelecer os métodos de cálculo e "concretizar" a ideia de valor de mercado para fins de preços de transferência, o legislador nada mais fez do que determinar um conceito legal para viabilizar a aplicação da lei, como o faz em inúmeras outras situações[371]. Vejamos.

---

371 "A exposição acima permite ser sumarizada nas seguintes constatações: é difícil o empreendimento e não há maior utilidade em estabelecer a distinção entre tipos e

Para ilustrar tal situação, vale menção a dois exemplos: o primeiro focado mais no aspecto formal da documentação e, o segundo, mais voltado para a questão de predeterminação de percentuais pela legislação tributária aplicável ao IRPJ e à CSLL.

Pois bem, a legislação que regulamenta o IRPJ e a CSLL estabelece no § 1º, do art. 9º, do Decreto-lei n. 1.598/1977[372], que, em eventual fiscalização, a contabilidade só faz prova em favor do contribuinte se houver sido elaborada de acordo com as regras da legislação comercial e contábil vigentes. Caso não o tenha sido, a autoridade fiscal pode desconsiderar a contabilidade do contribuinte e, inclusive, arbitrar o lucro[373]. Assim, questionamos: o requisito legal

---

conceitos indeterminados; as cláusulas gerais e o conceitos indeterminados andam lado a lado, admitindo-se raciocínio equivalente para ambos; as normas em branco são figuras conceituais em que há um preceito primário indeterminado; todas estas figuras de pensamentos sobre a realidade pertencem à categoria genérica dos 'conceitos' e são admitidas de forma parcimoniosa no direito tributário. Diante destas constatações, para os propósitos deste trabalho, não há prejuízo em reunir sob a mesma categoria dos 'conceitos indeterminados' todas estas figuras do pensamento para dicotomizar com a categoria dos 'conceitos determinados'". (GREGORIO, Ricardo Marozzi. *Arm's length e Praticabilidade nos Preços de Transferência*, 2010, 360 p., Tese (Doutorado em Direito) – Faculdade de Direito, Universidade de São Paulo, São Paulo, 2010, p. 230).

372 "Art. 9º A determinação do lucro real pelo contribuinte está sujeita a verificação pela autoridade tributária, com base no exame de livros e documentos da sua escrituração, na escrituração de outros contribuintes, em informação ou esclarecimentos do contribuinte ou de terceiros, ou em qualquer outro elemento de prova.
§ 1º A escrituração mantida com observância das disposições legais faz prova a favor do contribuinte dos fatos nela registrados e comprovados por documentos hábeis, segundo sua natureza, ou assim definidos em preceitos legais.
§ 2º Cabe à autoridade administrativa a prova da inveracidade dos fatos registrados com observância do disposto no § 1º.
§ 3º O disposto no § 2º não se aplica aos casos em que a lei, por disposição especial, atribua ao contribuinte o ônus da prova de fatos registrados na sua escrituração.

373 RIR/2018, *in verbis*: "Art. 603. O imposto sobre a renda, devido trimestralmente, no decorrer do ano-calendário, será determinado com base nos critérios do lucro arbitrado, quando (Lei n. 8.981/1995, art. 47; e Lei n. 9.430/1996, art. 1º):
I – o contribuinte, obrigado à tributação com base no lucro real, não mantiver escrituração na forma das leis comerciais e fiscais ou deixar de elaborar as demonstrações financeiras exigidas pela legislação fiscal;
II – o contribuinte não escriturar ou deixar de apresentar à autoridade tributária os livros ou os registros auxiliares de que trata o § 2º do art. 8º do Decreto-Lei n. 1.598, de 1977;
III – a escrituração a que o contribuinte estiver obrigado revelar evidentes indícios de fraudes ou contiver vícios, erros ou deficiências que a tornem imprestável para:
a) identificar a efetiva movimentação financeira, inclusive bancária; ou
b) determinar o lucro real;

imposto ao contribuinte no sentido de só poder utilizar sua contabilidade para fins de prova, se esta foi elaborada de acordo com as regras da legislação comercial e contábil, também seria uma limitação à produção de provas caracterizadora de uma presunção legal mista e, por isso, não poderia ser aplicada, pois violaria o direito à ampla defesa do contribuinte? Entendemos que não.

O segundo exemplo refere-se aos percentuais de presunção legalmente estabelecidos para a apuração do lucro presumido.

Conforme dispõe o art. 25, da Lei n. 9.430/1996, no regime de apuração do lucro presumido, a determinação da base de cálculo tributável será feita por meio da aplicação de percentuais de lucro preestabelecidos sobre a receita bruta da pessoa jurídica[374].

Entendemos que esta presunção de margens de lucro assemelha-se bastante àquela constante das regras de preços de transferência estabelecidas na Lei n. 9.430/1996, devendo estas, portanto, serem consideradas válidas, principalmente por também serem opcionais ao contribuinte, da mesma forma como se dá no lucro presumido[375].

IV – o contribuinte deixar de apresentar à autoridade tributária os livros e os documentos da escrituração comercial e fiscal, ou o livro-caixa, na hipótese prevista no parágrafo único do art. 600;
V – o contribuinte optar indevidamente pela tributação com base no lucro presumido;
VI – o comissário ou o representante da pessoa jurídica estrangeira deixar de escriturar e apurar o lucro da sua atividade separadamente do lucro do comitente residente ou domiciliado no exterior, observado o disposto no art. 468; e
VII – o contribuinte não mantiver, em boa ordem e de acordo com as normas contábeis recomendadas, livro-razão ou fichas utilizados para resumir e totalizar, por conta ou subconta, os lançamentos efetuados no livro diário."

374 "Art. 25. O lucro presumido será o montante determinado pela soma das seguintes parcelas:
I – o valor resultante da aplicação dos percentuais de que trata o art. 15 da Lei n. 9.249, de 26 de dezembro de 1995, sobre a receita bruta definida pela art. 12 do Decreto-Lei n. 1.598, de 26 de dezembro de 1977, auferida no período de apuração de que trata o art. 1º, deduzida das devoluções e vendas canceladas e dos descontos incondicionais concedidos; e
II – os ganhos de capital, os rendimentos e ganhos líquidos auferidos em aplicações financeiras, as demais receitas, os resultados positivos decorrentes de receitas não abrangidas pela inciso I, com os respectivos valores decorrentes do ajuste a valor presente de que trata o inciso VIII do *caput* do art. 183 da Lei nº 6.404, de 15 de dezembro de 1976, e demais valores determinados nesta Lei, auferidos naquele mesmo período."

375 "Praticabilidade e presunção fiscal só encontram guarida se se assegura a correção dos efeitos confiscatórios e se se permite o exercício da liberdade (opção pela fórmula menos onerosa)." (COÊLHO, Sacha Calmon Navarro. *Comentários à Constituição de 1988: Sistema Tributário*, 10. ed. Rio de Janeiro: Forense, 2006, p. 304).

> Todavia, mesmo quando implementada no seio da função legislativa, há dificuldades que devem ser superadas para o estabelecimento dos mecanismos da praticabilidade, uma vez que a Constituição cerceia substancialmente a atividade do legislador na matéria tributária. A questão é saber se o legislador empreendeu uma correta fundamentação argumentativa que possa justificar o fomento da praticabilidade em face da eventual colisão com outros princípios constitucionais. Não obstante, o direito tributário brasileiro tem presenciado uma grande variedade de técnicas de simplificações, presunções, antecipações, retenções, substituições, não-cumulações e outros tantos regimes voltados para o fomento da praticabilidade. Não raramente estes expedientes provocaram acalorados debates doutrinários e jurisprudenciais. Ao que tudo indica, outro não parece ser o destino dos mecanismos de praticabilidade implementados na legislação brasileira de controle dos preços de transferência.[376]

A partir de todo o exposto até o momento, já se torna possível concluir que o simples procedimento adotado pelo legislador ordinário no sentido de estabelecer percentuais de presunção das margens de lucro para fins de preços de transferência não viola o ordenamento tributário, tendo sido, apenas, mais uma medida de praticabilidade adotada pelo legislador[377], diante das grandes dificuldades inerentes à determinação do valor de mercado de bens, serviços e direitos, tanto no mercado nacional como no internacional.

Mas não é só. Há que se avaliar também se a praticabilidade que informa os métodos de cálculo dos preços de transferência brasileiros resiste ao sopesamento com os princípios da igualdade e da capacidade contributiva.

No que tange ao sopesamento entre igualdade, capacidade contributiva e praticabilidade, o que, de início, deve ser pontuado, é que existem duas espécies de igualdade com as quais pode a praticabilidade colidir, quais sejam: a *igualdade particular*[378] e a *igualdade geral*[379].

---

376 GREGORIO, Ricardo Marozzi. *Arm's length e Praticabilidade nos Preços de Transferência*, 2010, 360 p., Tese (Doutorado em Direito) – Faculdade de Direito, Universidade de São Paulo, São Paulo, 2010, pp. 214-215.

377 "[...]. Sem embargo, há vários tributos em que a Constituição e as leis que a complementam não esgotam a definição de todos aspectos da regra-matriz de incidência tributária. Além disso, há diversos outros aspectos, os quais têm implicação direta na obrigação tributária, que são definidos pela utilização de conceitos (determinados ou não) nas normas gerais e abstratas que compõem a legislação tributária". (GREGORIO, Ricardo Marozzi. *Arm's length e Praticabilidade nos Preços de Transferência*, 2010, 360 p., Tese (Doutorado em Direito) – Faculdade de Direito, Universidade de São Paulo, São Paulo, 2010, p. 229).

378 "A igualdade particular é aquela que exige uma relação estabelecida entre dois sujeitos, mediante a consideração de todas as propriedades particulares que os

A instituição de mecanismos para facilitar e viabilizar a aplicação da legislação tributária, fundamentada no princípio da praticabilidade, por si

diferenciam dos demais. Trata-se de uma espécie de justiça 'sob medida': cada indivíduo é tratado conforme demandam as suas características individuais e as propriedades particulares do seu caso. No entanto, como as leis são gerais e indeterminadas, enquanto aplicáveis a um número indeterminado de pessoas e de situações, operando não 'sob medida', mas com 'tamanho único' ou 'tamanhos médios', elas selecionam algumas propriedades havidas, no momento da sua edição, como relevantes, desconsiderando outras tantas que, no ato de aplicação, podem se tornar importantes, dependendo da perspectiva que se adote. Sendo assim, a desconsideração de algumas particularidades pode provocar uma aplicação injusta da lei. Isso ocorrerá quando a hipótese de incidência da norma for incompatível com a sua finalidade, gerando o fenômeno conhecido como 'experiência recalcitrante': um novo caso revela uma particularidade desconsiderada pelo padrão legal, mas avaliada como importante no momento da aplicação da lei, podendo gerar uma discrepância entre aquilo que a hipótese da norma prevê e aquilo que a sua finalidade exige. [...]. A ideia de igualdade individual, enquanto manifestação da justiça particular, vem à tona bem aqui. Por ser geral, a lei operou com classes de contribuintes e, por isso mesmo, selecionou algumas propriedades em detrimento de outras, por meio da fixação de padrões legais (*Pauschalierungen*), de que são exemplos as tabelas, pautas ou plantas de valores. Ao fazê-lo, desconsiderou determinadas particularidades dos contribuintes. A regra geral, por definição, ignora certas diferenças, embora não todas. Diante dos casos em que o padrão legal revela-se insuficiente para dar conta das particularidades do caso individual, surge a questão decisiva: o padrão legal deve ser mantido ou superado? [...]. As leis são, pois, instrumentos gerais de regulação, justamente, porque é inviável 'promulgar qualquer simples regra para tudo e para todo o tempo'. Daí atribuírem elas 'igual exercício para todas as classes'. O legislador, porque 'legisla para a maioria' (*legislate for the majority*), irá 'olhar para as multidões' (*watch over the herds*), e 'jamais poderá ser capaz, ao fazer leis para toda a coletividade, de prover exatamente o que é melhor para cada indivíduo' (*will never be able by making laws for all collectively, to provide exactly that which is proper for each individual*)." (ÁVILA, Humberto. *Teoria da igualdade tributária*, 3. ed. São Paulo: Malheiros, 2015, pp. 83-85).

379 "Há, no entanto, uma outra concepção de justiça – a justiça *generalista*. Essa concepção se baseia na função das leis e das regras gerais que elas preveem. As regras gerais, como instrumentos para a fixação de padrões, têm por função pré-decidir quais são as diferenças a serem consideradas pelo aplicador com a finalidade de afastar a incerteza que surgiria, caso elas não estivessem previstas: cada aplicador iria somar, às diferenças previstas na lei, outras que se lhe aparecessem relevantes, gerando, com isso, elevada falta de previsibilidade. E, na ausência de prefixação das diferenças a serem consideradas, o aplicador teria discricionariedade para decidir quais seriam elas, provocando, com isso, alto grau de arbitrariedade. É justamente para eliminar ou reduzir a potencial arbitrariedade na aplicação das leis que são fixados os padrões legais. E inexistindo a previsão geral das diferenças relevantes a serem consideradas pelos aplicadores, também surgiriam problemas de coordenação, deliberação, custo e conhecimento: de coordenação, porque cada destinatário iria sustentar que as suas particularidades e o seu caso demandariam um tratamento diferenciado; de deliberação, porque cada novo caso reclamaria uma

só, não viola o princípio da igualdade, porquanto, o que a praticabilidade visa proteger e implementar é a igualdade geral e não a igualdade particular, como bem pondera RICARDO MAROZZI GREGORIO[380]:

> Para afastar ou reduzir o risco de arbitrariedade na aplicação do direito, o legislador busca socorro, então, nos mecanismos da praticabilidade. Atenua-se o fomento à igualdade particular para

decisão específica, provocando um aumento considerável de tempo para a tomada de decisões, pela necessidade de uma fundamentação específica para cada novo caso; de custo, dada a exigência de maior estrutura humana e física para as contínuas deliberações; e de conhecimento, porque, inexistindo padrões legais, os destinatários se sentiriam legitimados a considerar como relevantes diferenças que, mediante uma apreciação técnica apurada, talvez nem devessem ser objeto de análise. Excluídas as inúmeras questões atinentes à justiça geral e às suas concepções, também impertinentes à parte central do estudo ora elaborado, o que as ponderações precedentes demonstram é uma concepção *generalista* de justiça: justa é a decisão que leva em conta as características médias dos destinatários; e equânime é a decisão que considera diferenças selecionadas pelo legislador como relevantes, desprezando outras distinções." (ÁVILA, Humberto. *Teoria da igualdade tributária*, 3. ed. São Paulo: Malheiros, 2015, pp. 85-86).

380 Além disso, valem as ponderações de Humberto Ávila: "O importante, por ora, é registrar que o mero fato de existir uma disparidade entre o valor real e o presumido não retira a justificativa para a adoção de uma operação padronizada. Isso porque, como foi visto, enquanto a tributação não padronizada funda-se na igualdade individual, em razão de o legislador avaliar as particularidades concretas da situação real, a operação com padronização baseia-se na igualdade geral, porque o legislador opta por se afastar do caso que realmente ocorre em favor da consideração daquele que *normalmente* ocorre. [...]. Inicialmente, é preciso explicar que, na tributação padronizada, não se abandona a realização do princípio da igualdade (medido por considerações de justiça individual), ao passo em que ele continua servindo de critério para a padronização. Na tributação não orientada por uma causa simplificadora, privilegia-se a realização da igualdade individual por meio da valorização da capacidade contributiva concreta de um caso. Na tributação padronizada, opta-se pela efetivação da igualdade geral mediante consideração de elementos presumidamente presentes na maior parte dos casos concretos. Mas, justamente porque são considerados os elementos presentes na maior parte desses casos, o parâmetro de referência continua sendo a relação com os fatos concretos. Isso significa que, em vez de meio de abandono do critério capacidade contributiva objetiva, a padronização é instrumento para sua própria concretização na maioria dos casos. Essa observação é da mais alta importância. É que, em razão dela, não se pode conceber a padronização, em função da justificativa para sua adoção, como uma permissão para a desconsideração da capacidade contributiva concreta revelada pelos fatos efetivamente ocorridos. Como a padronização é instrumento de justiça geral para alcançar, ainda que presumidamente, a capacidade contributiva concreta na maioria dos casos, ela acarreta o dever de vinculação com a realidade em dois momentos: antes da formação do padrão e depois da formação do padrão". (ÁVILA, Humberto. *Teoria da igualdade tributária*, 3. ed. São Paulo: Malheiros, 2015, pp.93-94).

> garantir uma aplicação menos arbitrária da lei em benefício da igualdade geral. Esta noção de isonomia na aplicação da lei se alinha com o mandamento da 'igualdade diante da lei' ou igualdade formal prescrito na primeira parte do artigo 5º da Constituição brasileira. A igualdade geral fomenta a igualdade formal. É o dever (geral) de a própria lei facilitar o dever (formal) de igualdade na sua aplicação. É, pois, um mandamento *prima facie*, presente também na primeira parte do artigo 5º, na medida em que o dispositivo 'todos são iguais perante a lei' é direcionado tanto para o aplicador da lei (dever formal) quanto para o legislador (dever geral). Impõe-se, portanto, reconhecer também a igualdade geral como um princípio de estatura constitucional.
>
> A concepção generalista da justiça se apoia na ideia de que justa é a decisão que considera as características médias dos destinatários levando em conta apenas eventuais diferenças que sejam absolutamente relevantes. Em consonância com o posicionamento de Ávila, o direito tributário brasileiro adota um sistema misto de justiça particular e justiça geral. Neste sentido, a igualdade particular colide com a igualdade geral enquanto princípios independentes amparados por valores que representam concepções distintas do ideal de justiça. A concepção particularista sugere a consideração de elementos particulares mediante o afastamento de mecanismos de praticabilidade. A concepção generalista propõe a desconsideração de elementos particulares em favor da avaliação das propriedades existentes na maioria dos casos. Nas palavras de Misabel Derzi, 'a praticabilidade opõe-se à justiça no caso ou à igualdade individual, embora sirva à uniformidade geral'.[381]

Nesse sentido, ao discutir a aplicabilidade ou não de ficções jurídicas e de presunções legais absolutas, relativas e mistas no direito tributário brasileiro (e especialmente em matéria de preços de transferência), o que está sendo sopesado, na verdade, é a praticabilidade com a capacidade contributiva e, em última instância, a igualdade geral com a igualdade particular. Novamente, vale menção às conclusões de RICARDO MAROZZI GREGORIO:

> Muitos autores, todavia, rejeitam a utilização de ficções jurídicas para erigir a regra-matriz de incidência tributária por entenderem-nas vinculadas com a noção de 'realidade ou verdade jurídica'.

[381] GREGORIO, Ricardo Marozzi. *Arm's length e Praticabilidade nos Preços de Transferência*, 2010, 360 p., Tese (Doutorado em Direito) – Faculdade de Direito, Universidade de São Paulo, São Paulo, 2010, pp. 216-217.

Neste sentido, elas criariam estas 'realidades ou verdades jurídicas' em dissonância com os princípios da legalidade, tipicidade, capacidade contributiva e com a rígida discriminação constitucional de competências tributárias. Quanto à possível ofensa aos princípios da legalidade e da tipicidade, argumenta-se que os cidadãos não podem ser obrigados a pagar tributos sobre fatos fictícios (Ff) que provavelmente ou sabidamente não ocorreram. Entretanto, desde que dentro do campo de competência constitucionalmente previsto, não há nada de extraordinário em o legislador escolher outros fatos (Fc) para compor a hipótese de incidência tributária. Conforme já se disse, seria mera técnica de remissão legislativa. Quanto à possível ofensa ao princípio da capacidade contributiva, não se pode esquecer que a ficção é um mecanismo de praticabilidade que induz à igualdade geral e que deve mesmo colidir com a igualdade particular representada pela capacidade contributiva. Tudo se resolve com uma correta fundamentação argumentativa. Quanto à possível ofensa à discriminação constitucional de competências, de fato, como acima alertado, os fatos (Fc) escolhidos para a hipótese ficta só serão legítimos se não extrapolarem a competência de outro ente tributante. Entretanto, há uma variedade de conceitos indeterminados nas regras que configuram esta discriminação. Neste contexto, as ficções aparecem como legítimas técnicas legislativas que atuam no sentido de conferir maior fechamento e determinação destes conceitos.

Portanto, mantém-se, aqui, a possibilidade de que as ficções jurídicas, assim como as presunções legais relativas, sejam utilizadas pelo legislador tributário como mecanismos de praticabilidade mesmo na constituição das regras-matrizes de incidência tributária. Recuperando a lição de Misabel Derzi, o legislador insere estes mecanismos no ordenamento para fechar os conceitos indeterminados já presentes em normas positivadas ou, ainda, implícitos na operação pré-legislativa que resultará na escolha de um 'tipo' (no sentido de caso padrão, médio ou frequente) que será acolhido pela lei. Cumpre também não olvidar que estas medidas fomentam o princípio da praticabilidade tributária (e a igualdade geral) em detrimento da capacidade contributiva (e a igualdade particular). Para aferir o equilíbrio da colisão, há que se submetê-la ao controle de uma correta fundamentação argumentativa.[382]

382 GREGORIO, Ricardo Marozzi. *Arm's length e Praticabilidade nos Preços de Transferência*, 2010, 360 p., Tese (Doutorado em Direito) – Faculdade de Direito, Universidade de São Paulo, São Paulo, 2010, pp. 240-241.

Por consequência, na relação entre a praticabilidade e o *arm's length*, este pode ser enxergado como um limitador adicional da praticabilidade – específico quando se trata de preços de transferência –, pois, se a igualdade particular e a capacidade contributiva são limites à praticabilidade, por consequência, o *arm's length* também o acaba sendo, haja vista defendermos no presente trabalho que o *arm's length* deve ser entendido como a aplicação da igualdade e da capacidade contributiva no âmbito dos preços de transferência.

Neste sentido, vale citar os requisitos que, segundo HUMBERTO ÁVILA, devem ser observados para que a praticabilidade possa ser justificada e, assim, prevalecer, quando do seu sopesamento com os princípios da igualdade e da capacidade contributiva:

> *Necessidade* – [...], a Constituição indicou o modelo a ser seguido pela tributação: aquele da igualdade particular. Essa é a regra. A exceção é o modelo de igualdade geral, a ser utilizado – para usar a linguagem constitucional – quando não for possível adotar o modelo de igualdade particular. Nesse sentido, o primeiro requisito para o uso da padronização há de ser a sua necessidade: o ente federado não pode instituir tributos com base em padrões fiscais a não ser que não possa fazer de outro modo. Sendo assim, somente quando impossível ou extremamente onerosa a fiscalização de tributos e, por isso, as particularidades dos contribuintes e dos casos não puderem ser verificadas, porque sua consideração causaria – pela falta de previsão, controle, coordenação, modicidade e conhecimento – mais generalização do que individualização, é que se pode adotar uma tributação por meio de padrões legais. A padronização de, pois, ser uma necessidade prática da administração.
>
> *Generalidade* – [...]. Em vez de encontrar a capacidade concreta para contribuintes particulares em condições particulares, o Poder Legislativo cria regras que generalizam uma classe de contribuintes numa classe de condições. O padrão legal deve ser adequado para a maior parte dos contribuintes, ainda que não fique exato para alguns, justamente porque o padrão deve servir para a maioria, sem a necessidade de ajustes frequentes pelo aplicador. [...]. Para que a padronização promova satisfatoriamente a igualdade geral, é preciso que os efeitos desiguais, relativamente aos elementos particulares dos contribuintes, não sejam expressivos. [...]. Se a padronização deve corresponder aos elementos concretos manifestados pela média das operações efetivamente praticadas, o cotejo entre o valor presumido e o efetivo é pressuposto de constitucionalidade da própria padronização.

Compatibilidade – Na tributação padronizada, não se abandona a igualdade particular, na medida em que as dimensões pessoais e reais dos fatos permanecem como contraponto para a validade da padronização. Isso significa, em outras palavras, que a padronização deve continuar mantendo compatibilidade com a igualdade particular, tanto antes quanto depois da formação do padrão, como já foi mencionado.

Neutralidade – [...]. Nesse sentido, a neutralidade evidencia o dever de atuação ou abstenção estatal em determinado nível relativamente aos efeitos que a tributação provoca quando recai sobre bens jurídicos essenciais à realização do princípio da liberdade de concorrência. [...]. O que os efeitos da tributação desatenta ao dever de neutralidade fazem é prejudicar a existência de determinado *nível de liberdade* concernente a bens jurídicos relativos à liberdade de concorrência dos contribuintes. [...]. A neutralidade, no sentido ora estipulado, funciona como um limite para a atuação ou abstenção estatal referente ao tratamento de dois ou mais contribuintes em relação de concorrência. Justamente aqui adquire relevo a neutralidade no tocante à tributação. É que a padronização, em virtude daquilo até aqui referido, só será válida se levar em consideração as diferenças estruturais entre os grupos profissionais atingidos e não provocar efeitos negativos relativamente aos bens jurídicos essenciais para o exercício da concorrência. Se neutra é a tributação que não pode provocar efeitos negativos de determinado tipo relativamente aos bens jurídicos relacionados ao exercício livre da concorrência, é preciso saber, então, quais são esses bens. Dentre os vários aspectos que poderiam ser aqui analisados, pode-se afirmar que é essencial, para o livre exercício da concorrência, o livre exercício da autonomia privada. Essa, por sua vez, envolve a liberdade de tomar decisões e de competir num mercado livre, especialmente pelo poder de fixar uma política ou estratégia comercial, intimamente relacionada com a livre fixação de preços (*freie Preisbildung*). [...]. A análise desses dois eixos, no entanto, demonstra que a violação ao dever de neutralidade não está na ação ou inação estatal concernente aos contribuintes em situação de concorrência. A sua lesão está na ação ou inação desmotivada concernente à garantia de um estado de igualdade exteriorizado pela livre concorrência. O ente estatal pode, então, diferenciar os contribuintes. No entanto, sempre que o contribuinte ficar em situação de distorcida diferenciação relativamente a outros contribuintes, deve haver uma justificativa objetiva e razoável para isso. As considerações precedentes revelam que a igualdade não se resume a obrigar o ente estatal a tratar igualmente os

> contribuintes. Ela também o obriga a tratá-los *como iguais*, isto é, como titulares de determinados direitos que, não podendo ser exercidos na sua plenitude devido a distorções de fato, impõem sua correção para assegurar igualdade de oportunidade. [...]. Tratar 'como igual' significa regrar sem aniquilar ou substancialmente restringir o exercício autônomo da liberdade. Em termos práticos, quer dizer que a prerrogativa legislativa de padronizar deve vir acompanhada do dever de excepcionar e de ajustar.
>
> *Não excessividade* – Independentemente da extensão e do número de atingidos, bem como da sua neutralidade, a padronização não poderá ser excessiva no que se refere a qualquer direito fundamental, sob pena de inconstitucionalidade, por confisco. [...]. A proibição de excesso fundamenta-se na ideia de que todos os direitos e princípios fundamentais, ainda que possam ser restringíveis, não podem ser atingidos no seu núcleo essencial, sendo esse núcleo definido como aquela parte do conteúdo de um direito sem a qual ele perde a sua mínima eficácia e, por isso, deixa de ser reconhecível como um direito fundamental. [...]. Para evitar essa excessividade, é que a padronização deve possuir cláusulas que permitam ajustá-la aos casos concretos.
>
> *Ajustabilidade* – Como dito acima, a padronização só pode ser considerada válida se a norma que a previr levar em consideração as diferenças entre os contribuintes e provocar efeitos desiguais de diminuta extensão (quando a desigualdade não é nem contínua nem considerável entre os contribuintes), alcance (quando a desigualdade não atinge um número expressivo de contribuintes) e intensidade (quando a desigualdade não é direta, mas secundária relativamente aos direitos fundamentais de igualdade e de liberdade). Se efeitos desiguais dessa natureza ocorrerem, a padronização, enquanto regra geral, será inválida. [...]. Assim, qualquer padronização deve ter cláusulas de abertura ou de equidade (*Härteklauseln*), que possam evitar determinados rigorismos e proporcionar uma diferenciação concretamente justa.[383]

Fazendo um breve exercício de pensamento com o intuito de verificar se as margens preestabelecidas dos métodos de cálculo de preços de transferência brasileiros atendem aos requisitos de uma "padronização válida" mencionados por Humberto Ávila, entendemos que, de maneira geral, haverá dificuldades em se comprovar a observância do requisito *generalidade*.

383 ÁVILA, Humberto. *Teoria da igualdade tributária*, 3. ed. São Paulo: Malheiros, 2015, pp. 99-114.

Isso porque, não há na exposição de motivos da Lei n. 9.430/1996 qualquer informação ou indício que demonstre ou comprove que os percentuais previstos nos arts. 18 e 19 foram estabelecidos a partir de uma base empírica confiável. Ou seja, não há comprovação de que aqueles percentuais predeterminados são efetivamente aplicáveis para a maior parte dos contribuintes e para a maior parte dos casos (ainda que não sejam exato para alguns).

Independentemente desta última dificuldade apontada e, com base em todo o apresentado, conclui-se ser impossível falar em *arm's length* sem adentrar na análise da praticabilidade, principalmente diante das regras brasileiras de preços de transferência. O que entendemos ser necessário asseverar é que a Lei n. 9.430/1996, ao regular os preços de transferência, não andou mal ao estabelecer margens de lucro predeterminadas e ao regrar a apresentação de provas contra os percentuais de presunção (como forma de concretizar uma tributação "prática").

Não estamos afirmando, contudo, *e isso é importante ficar claro*, que os resultados obtidos com a aplicação dos métodos de cálculo da Lei n. 9.430/1996 sempre e necessariamente resultarão em um "valor de mercado" válido, efetivo e apto a comparação[384]. Apenas entendemos que o procedimento do legislador, no sentido de estabelecer percentuais na lei para se calcular um possível "valor de mercado", não viola a igualdade e a capacidade contributiva em si mesmas consideradas. Ou seja, não se descarta a possibilidade de tais fórmulas resultarem em valores que não reflitam as condições reais de mercado. Nestes casos, obviamente, haverá ofensa à igualdade, à capacidade contributiva e ao próprio *arm's length*, a ser combatida pelo contribuinte, o qual, para tanto, poderá se valer das previsões constantes do art. 20 e do art. 21, § 2º, da Lei n. 9.430/1996. Conclusão: as margens reais de mercado deverão sempre prevalecer sobre as margens legais preestabelecidas, desde que o contribuinte as comprove nos termos da lei.

---

384 Tal inadequação ao efetivo preço de mercado/realidade econômica é reconhecida expressamente no relatório do Projeto Preços de Transferência criado pela RFB e pela OCDE: "[...]. A falta de clareza no desenvolvimento das margens (em termos dos dados empregados e dos critérios utilizados), e a falha evidente desta metodologia em refletir a realidade econômica em vários casos indica que as margens fixas usadas não levam a resultados alinhados com o *arm's length*. [...]. A aplicação rígida das margens fixas pode levar a situações em que os contribuintes apliquem margens excessivamente altas e, em outros casos, permitir que determinados contribuintes apliquem margens excessivamente baixas (?). O mecanismo para contestar as margens fixas parece não favorecer seu uso pelos contribuintes – até o momento, o mecanismo nunca foi aplicado com sucesso". (*Preços de Transferência no Brasil: Convergência para o Padrão OCDE*, p. 8, disponível em: <https://www.oecd.org/tax/transfer-pricing/precos-de-transferencia-no-brasil-convergencia-para-o-padrao-ocde-folheto.pdf>, acesso em: 23/10/2020).

4.3. Jurisprudência brasileira sobre o *arm's length*

4.3.1. Conselho Administrativo de Recursos Fiscais (CARF)

Pesquisando os termos *"arm's length"* e "arms length" na jurisprudência do CARF, não identificamos nenhum julgado a respeito do tema, conforme demonstram as figuras abaixo:

Figura 3

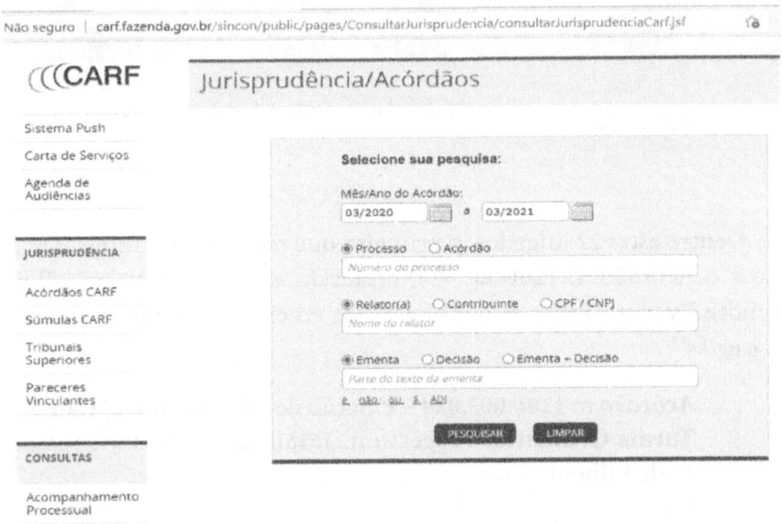

Figura 4

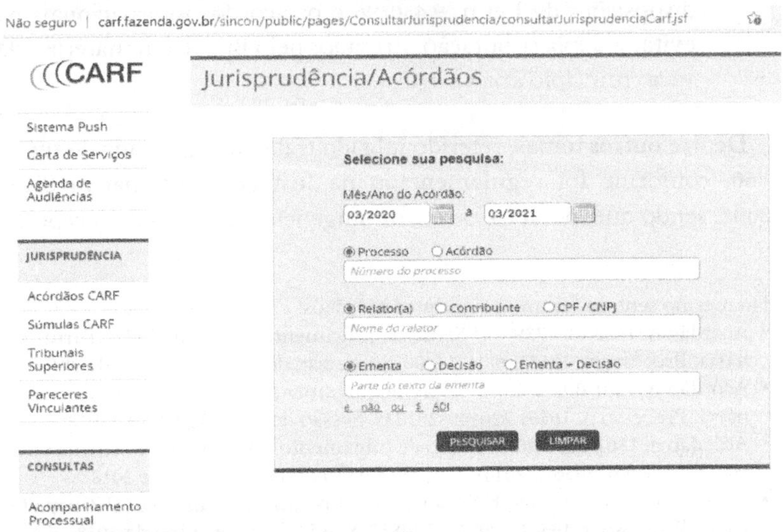

Contudo, ao pesquisar o termo "arm length", encontra-se 22 julgados sobre o tema, veja-se:

Figura 5

Dentre estes 22 julgados, o primeiro que reputamos interessante a ser citado é o Acórdão n. 1201-003.024, proferido em 17/07/2019 pelo Relator Alexandre Evaristo Pinto, o qual foi assim ementado na parte atinente ao *arm's length*[385]:

> **Acórdão n. 1201-003.024 – 1ª Seção de Julgamento/2ª Câmara/1ª Turma Ordinária. Processo n. 16561.720187/2013-79. Sessão de 17 de julho de 2019.**
>
> [...]
>
> TRATADOS INTERNACIONAIS CONTRA BITRIBUTAÇÃO E PREÇOS DE TRANSFERÊNCIA. Não há contradição entre as disposições da Lei n. 9.430/96 e os acordos internacionais para evitar a dupla tributação, firmados pelo Brasil, em matéria relativa ao princípio *arm's length*. [...]

Dentre outros temas, referido julgado trata da ilegalidade do método PRL 60, conforme foi regulamentado na Instrução Normativa SRF n. 243/2002, sendo que, no voto, o relator tangencia a questão da recepção do

---

385 No mesmo sentido foram os seguintes acórdãos:

- Acórdão n. 1402-003.739 – 1ª Seção de Julgamento – 4ª Câmara/2ª Turma Ordinária. Processo n. 16561.000171/200889. Sessão de 19 de fevereiro de 2019;
- Acórdão n. 1301-003.291 – 1ª Seção de Julgamento – 3ª Câmara/1ª Turma Ordinária. Processo n. 16561.720149/201235. Sessão de 15 de agosto de 2018;
- Acórdão n. 1301-003.290. 1ª Seção de Julgamento – 3ª Câmara/1ª Turma Ordinária. Processo n. 16561.720147/201246. Sessão de 15 de agosto de 2018;
- Acórdão n. 1301-003.209. 1ª Seção de Julgamento – 3ª Câmara / 1ª Turma Ordinária. Processo n. 16561.000212/200837. Sessão de 24 de julho de 2018.

arm's length pela legislação brasileira, deixando claro seu entendimento de que o *arm's length* "vigente" no Brasil não é "o mesmo" das diretrizes emitidas pela OCDE, veja-se:

> **Da Questão da Ilegalidade da Instrução Normativa SRF 243/02**
> Sem entrar no mérito da validade ou não dos argumentos aduzidos pela Recorrente, cumpre notar que tal tema foi objeto da Súmula 115 do CARF, que assim dispõe: [...].
> Ante o exposto, adoto como premissa de julgamento a validade dos termos da referida Instrução Normativa.
> Não merece igual sorte o argumento de que estaria incorporado nos tratados brasileiros o arm's length tal como regulamentado pelos países da OECD. Em minha opinião os tratados convivem harmonicamente com as normas de preços de transferência, por meio de seu artigo 9º. A única questão que poderia ser ponderada em relação a tratados, diz respeito às hipóteses de pessoas vinculadas previstas no art. 23 da Lei n. 9.430/96, que não se enquadram na redação do tratado. Excetuado por tal ponto, não há contradição entre a Lei n. 9.430/96 e os acordos para evitar bitributação, conforme inclusive já houve decisão no Acórdão n. 1402-002.814, de relatoria do Conselheiro Lucas Bevilacqua, que foi assim ementado no que tange a este ponto:
> 'TRATADOS INTERNACIONAIS CONTRA BITRIBUTAÇÃO E PREÇOS DE TRANSFERÊNCIA. Não há contradição entre as disposições da Lei n. 9.430/96 e os acordos internacionais para evitar a dupla tributação, firmados pelo Brasil, em matéria relativa ao princípio *arm's length*'.
> Estabelecidas essas premissas, passo à análise da utilização do método PIC.

Ou seja, apesar de não ter sido expresso neste sentido, é possível concluir que o relator entende que o *arm's length* foi, sim, recepcionado na Lei n. 9.430/1996, bem como nos tratados contra bitributação firmados pelo Brasil.

Outra decisão também interessante para o presente estudo é o Acórdão n. 1402-003.706, proferido pelo Relator Caio Cesar Nader Quintella, o qual teve como redatora designada a Conselheira Edeli Pereira Bessa. Eis a parte da ementa do julgado que merece destaque para os nossos propósitos:

> **Acórdão n. 1402-003.706 – 1ª Seção de Julgamento/4ª Câmara/2ª Turma Ordinária. Processo n. 16327.720843/201659. Sessão de 23 de janeiro de 2019.**
>
> [...]

ASSUNTO: IMPOSTO SOBRE A RENDA DE PESSOA JURÍDICA IRPJ.

Ano-calendário: 2011.

OMISSÃO DE RECEITAS. CONTRATO FIRMADO ENTRE PARTES RELACIONADAS (CONTROLADORA E SUBSIDIÁRIA INTEGRAL). ALTERAÇÃO DE REMUNERAÇÃO AVENÇADA SEM ALTERAÇÃO CONTRATUAL. NEGÓCIO COMPROVADAMENTE MANTIDO FORA DE CONDIÇÕES DE MERCADO (ARM'S LENGHT). REFLEXOS FISCAIS. PROCEDÊNCIA. É lícito o pacto e a relação comercial entre empresas do mesmo grupo empresarial, sob o mesmo controle societário. Contudo, inclusive considerando a previsão do art. 245 da Lei das S/A, devem ser observadas em tais transações plenas condições de mercado, como se efetuadas com terceiro alheio à cadeia societária (*arm's length*). Se cabalmente comprovado pelo Fisco que houve redução de faturamento mediante a alteração de valores nas prestações avençadas entre partes relacionadas (controladora e subsidiária integral), sem o respaldo contratual correspondente, claramente, promovida fora de condições de mercado, mostra-se procedente a apuração de omissão de receitas.

Apesar de não ter como objeto o tema dos preços de transferência, nesta decisão foi cunhado o entendimento de que o *arm's length* é aplicável, inclusive, nas operações realizadas entre empresas ligadas, mesmo que todas elas sejam residentes ou domiciliadas no Brasil. Ou seja, verifica-se que, neste caso, a aplicabilidade do *arm's length* extrapolou os limites da matéria "preços de transferência", sendo uma clara demonstração de que tal princípio foi internalizado pela legislação brasileira.

Além destas decisões, analisamos também as súmulas editadas pelo CARF e constatamos que há apenas uma súmula relacionada ao tema preços de transferência, a qual, todavia, não se refere ao *arm's length*, veja-se:

Súmula CARF n. 115

A sistemática de cálculo do "Método do Preço de Revenda menos Lucro com margem de lucro de sessenta por cento (PRL 60)" prevista na Instrução Normativa SRF n. 243, de 2002, não afronta o disposto no art. 18, inciso II, da Lei n. 9.430, de 1996, com a redação dada pela Lei n. 9.959, de 2000. (**Vinculante**, conforme Portaria ME n. 129, de 01/04/2019, DOU de 02/04/2019).

Acórdãos Precedentes: 1102-00.610, de 23/11/2011; 1201-00.658, de 14/03/2012; 1101-001.079, de 07/04/2014; 1103-00.672, de 08/05/2012; 1201-001.680, de 16/05/2017; 1301-001.096, de 07/11/2012; 1301-02.617, de 20/09/2017; 1302-001.164, de 10/09/2013; 1302-002.128, de 17/05/2017; 1401-000.848, de 09/08/2012; 1401-002.122, de 18/10/2017; 1401-002.278, de 22/02/2018; 1402-001.418, de 10/07/2013; 1402-002.736, de 16/08/2017; 1402-002.815, de 24/01/2018; 9101-002.175, de 19/01/2016; 9101-002.514, de 13/12/2016; 9101-003.094, de 14/09/2017; 9101-003.373, de 19/01/2018.[386]

4.3.2. Poder Judiciário

No âmbito judicial, de início, faz-se necessário indicar o corte metodológico aplicado: foram analisadas apenas as bases de dados na internet de decisões proferidas pelo STF[387], pelo STJ[388] e pelo TRF3[389], nas quais foram pesquisados os termos *"arm's length"*, "arms length", "arm length", "arm" e "length".

No STF, não foi identificado nenhum julgado a respeito do tema.

No STJ, foi identificada uma única decisão monocrática sobre a matéria, proferida pelo Ministro Og Fernandes no julgamento do Recurso Especial n. 1.736.634/SP. Neste caso, se discutia se as inovações previstas na Instrução Normativa SRF n. 243/2002 estavam de acordo com a Lei n. 9.430/1996, no que se refere à aplicação de preço de transferência quando o negócio jurídico se dá por meio de interposta pessoa, não caracterizada como vinculada. Entretanto, na prática, tal decisão acabou não analisando o *arm's length*, porquanto não conheceu do recurso especial com fundamento na Súmula 7 do STJ, segundo a qual *"a pretensão de simples reexame de prova não enseja recurso especial"*.

Já no TRF3, ao pesquisar os termos acima indicados, foram encontradas dez decisões tratando sobre o tema dos preços de transferência. A primeira delas foi o acórdão proferido no julgamento da Apelação Cível n. 277.138 – 0017381-30.2003.4.03.6100, abaixo ementado:

> **Apelação Cível n. 277.138 – 0017381-30.2003.4.03.6100/SP – TRF 3ª Região/Terceira Turma, Relator: Juiz Convocado Rubens Calixto, julgado em 10/02/2011, e-DJF em 18/02/2011.**
> APELAÇÃO EM MANDADO DE SEGURANÇA. MÉTODO DE PREÇO DE REVENDA MENOS LUCRO – PRL. LEI N. 9.430/96. INSTRUÇÃO NORMATIVA SRF 243/02. APLICABILIDADE.

---

386 Disponível em: http://idg.carf.fazenda.gov.br/jurisprudencia/sumulas-carf/quadro-geral-de-sumulas-1>, acesso em 01/12/2019.

387 Disponível em: <http://www.stf.jus.br/portal/jurisprudencia/pesquisarJurisprudencia.asp>, acesso em: 05/09/2019.

388 Disponível em: <https://scon.stj.jus.br/SCON/>, acesso em: 05/09/2019.

389 Disponível em: <http://web.trf3.jus.br/base-textual>, acesso em: 05/092019.

1. Caso em que a impetrante pretende apurar o Método de Preço de Revenda menos Lucro – PRL, estabelecido na Lei n. 9.430/96, sem se submeter às disposições da IN/SRF n. 243/02.

2. Em que pese sejam menos vantajosos para a impetrante, os critérios da Instrução Normativa n. 243/2002 para aplicação do método do Preço de Revenda Menos Lucro (PRL) não subvertem os paradigmas do art. 18 da Lei n. 9.430/1996.

3. Ao considerar o percentual de participação dos bens, serviços ou direitos importados no custo total do bem produzido, a IN 243/2002 nada mais está fazendo do que levar em conta o efetivo custo daqueles bens, serviços e direitos na produção do bem, que justificariam a dedução para fins de recolhimento do IRPJ e da CSLL.

4. Apelação improvida.

Neste caso, questionava-se a legalidade da Instrução Normativa SRF n. 243/2002 frente ao disposto no art. 18, da Lei n. 9.430/1996, no que tange à aplicação do método PRL 60, discutindo-se se referida instrução normativa havia ou não extrapolado sua função meramente regulamentadora, ao esclarecer a maneira como o preço parâmetro deveria ser calculado no método PRL 60. Foi negado provimento à apelação do contribuinte, sob o argumento de que ao considerar o percentual de participação dos bens, serviços ou direitos importados no custo total do bem produzido, a referida instrução normativa apenas levou em conta o efetivo custo daqueles bens, serviços e direitos na produção do bem, que justificariam a dedução para fins de recolhimento do IRPJ e da CSLL. Todavia, não houve qualquer discussão a respeito do princípio *arm's length*.

Na segunda decisão encontrada, o objeto de discussão é o mesmo do primeiro caso, qual seja, a ilegalidade ou não da Instrução Normativa SRF n. 243/2002 em face da Lei n. 9.430/1996 quanto à aplicação do PRL 60, conforme ementa a seguir colacionada:

Apelação/Remessa Necessária – 275.301 – 0006125-90.2003.4.03.6100 – TRF 3ª Região/Sexta Turma, Relator: Desembargador Federal Mairan Maia, julgado em 25/08/2011, e-DJF em 01/09/2011.

TRIBUTÁRIO – TRANSAÇÕES INTERNACIONAIS ENTRE PESSOAS VINCULADAS – MÉTODO DO PREÇO DE REVENDA MENOS LUCRO-PRL-60 – APURAÇÃO DAS BASES DE CÁLCULO DO IRPJ E DA CSLL – EXERCÍCIO DE 2002 – LEIS NS. 9.430/96 E 9.959/00 E INSTRUÇÕES NORMATIVAS/SRF NS. 32/2001 E 243/2002 – PREÇO PARÂMETRO – MARGEM DE

LUCRO – VALOR AGREGADO – LEGALIDADE – INOCORRÊNCIA DE OFENSA A PRINCÍPIOS CONSTITUCIONAIS – DEPÓSITOS JUDICIAIS.

1. Constitui o preço de transferência o controle, pela autoridade fiscal, do preço praticado nas operações comerciais ou financeiras realizadas entre pessoas jurídicas vinculadas, sediadas em diferentes jurisdições tributárias, com vista a afastar a indevida manipulação dos preços praticados pelas empresas com o objetivo de diminuir sua carga tributária.

2. A apuração do lucro real, base de cálculo do IRPJ, e da base de cálculo da CSLL, segundo o Método do Preço de Revenda menos Lucro – PRL, era disciplinada pelo art. 18, II e suas alíneas, da Lei n. 9.430/96, com a redação dada pela Lei n. 9.959/00 e regulamentada pela IN/SRF n. 32/2001, sistemática pretendida pela contribuinte para o ajuste de suas contas, no exercício de 2002, afastando-se os critérios previstos pela IN/SRF n. 243/2002.

3. Contudo, ante à imprecisão metodológica de que padecia a IN/SRF n. 32/2001, ao dispor sobre o art. 18, II, da Lei n. 9.430/96, com a redação que lhe deu a Lei n. 9.959/00, a qual não espelhava com fidelidade a exegese do preceito legal por ela regulamentado, baixou a Secretaria da Receita Federal a IN/SRF n. 243/2002, com a finalidade de refletir a mens legis da regra-matriz, voltada para coibir a evasão fiscal nas transações comerciais com empresas vinculadas sediadas no exterior, envolvendo a aquisição de bens, serviços ou direitos importados aplicados na produção.

4. Destarte, a IN/SRF n. 243/2002, sem romper os contornos da regra-matriz, estabeleceu critérios e mecanismos que mais fielmente vieram traduzir o dizer da lei regulamentada. Deixou de referir-se ao preço líquido de venda, optando por utilizar o preço parâmetro daqueles bens, serviços ou direitos importados da coligada sediada no exterior, na composição do preço do bem aqui produzido. Tal sistemática passou a considerar a participação percentual do bem importado na composição inicial do custo do produto acabado. Quanto à margem de lucro, estabeleceu dever ser apurada com a aplicação do percentual de 60% sobre a participação dos bens importados no preço de venda do bem produzido, a ser utilizada na apuração do preço parâmetro. Assim, enquanto a IN/SRF n. 32/2001 considerava o preço líquido de venda do bem produzido, a IN/SRF n. 243/2002, considera o preço parâmetro, apurado segundo a metodologia prevista no seu art. 12, §§ 10, e 11 e seus incisos, consubstanciado na diferença entre o

valor da participação do bem, serviço ou direito importado no preço de venda do bem produzido, e a margem de lucro de sessenta por cento.

5. O aperfeiçoamento fez-se necessário porque o preço final do produto aqui industrializado não se compõe somente da soma do preço individuado de cada bem, serviço ou direito importado. À parcela atinente ao lucro empresarial, são acrescidos, entre outros, os custos de produção, da mão de obra empregada no processo produtivo, os tributos, tudo passando a compor o valor agregado, o qual, juntamente com a margem de lucro de sessenta por cento, mandou a lei expungir. Daí, a necessidade da efetiva apuração do custo desses bens, serviços ou direitos importados da empresa vinculada, pena de a distorção, consubstanciada no aumento abusivo dos custos de produção, com a consequente redução artificial do lucro real, base de cálculo do IRPJ e da base de cálculo da CSLL a patamares inferiores aos que efetivamente seriam apurados, redundar em evasão fiscal.

6. Assim, contrariamente ao defendido pela contribuinte, a IN/SRF n. 243/2002, cuidou de aperfeiçoar os procedimentos para dar operacionalidade aos comandos emergentes da regra-matriz, com o fito de determinar-se, com maior exatidão, o preço parâmetro, pelo método PRL-60, na hipótese da importação de bens, serviços ou direitos de coligada sediada no exterior, destinados à produção e, a partir daí, comparando-se-o com preços de produtos idênticos ou similares praticados no mercado por empresas independentes (princípio arm's lenght), apurar-se o lucro real e as bases de cálculo do IRPJ e da CSLL.

7. Em que pese a incipiente jurisprudência nos Tribunais pátrios sobre a matéria, ainda relativamente recente em nosso meio, tem-na decidido o Conselho Administrativo de Recursos Fiscais – CARF, do Ministério da Fazenda, não avistando o Colegiado em seus julgados administrativos qualquer eiva na IN/SRF n. 243/2002. Confira-se a respeito o Recurso Voluntário n. 153.600 – processo n. 16327.000590/2004-60, julgado na sessão de 17/10/2007, pela 5ª Turma/DRJ em São Paulo, relator o conselheiro José Clovis Alves. No mesmo sentido, decidiu a r. Terceira Turma desta Corte Regional, no julgamento da apelação cível n. 0017381-30.2003.4.03.6100/SP, Relator o e. Juiz Federal Convocado RUBENS CALIXTO.

8. Outrossim, impõe-se destacar não ter a IN/SRF n. 243/2002, criado, instituído ou aumentado os tributos, apenas aperfeiçoou a sistemática de apuração do lucro real e das bases de cálculo do

> IRPJ e da CSLL, pelo Método PRL-60, nas transações comerciais efetuadas entre a contribuinte e sua coligada sediada no exterior, reproduzindo com maior exatidão, o alcance previsto pelo legislador, ao editar a Lei n. 9.430/96, com a redação dada pela Lei n. 9.959/2000, visando coibir a elisão fiscal. Referida Instrução Normativa encontra-se em perfeita consonância com os comandos emanados da regra-matriz, os quais já se prenunciavam na Medida Provisória n. 2158-35, de 24/08/2001, editada originalmente sob o n. 1.807, em 28/01/99, ao reportar-se ao método da equivalência patrimonial, e mesmo, anteriormente, na Lei n. 6.404/76, quando alude às demonstrações financeiras da sociedade, motivo pelo qual também não se há falar ter a mencionada IN/SRF n. 243/2002 ofendido a princípios constitucionais, entre eles, os da legalidade, da anterioridade e da irretroatividade.
>
> 9. As questões relativas a eventuais depósitos efetuados nestes autos deverão ser apreciadas pelo juízo de origem ao qual se encontram vinculados, após o trânsito em julgado da decisão definitiva.
>
> 10. Sentença recorrida reformada. Apelação e remessa oficial providas.

Todavia, neste segundo caso, o princípio *arm's length* foi expressamente abordado pelo julgador nos seguintes termos:

> O controle do preço de transferência é obtido mediante a comparação com preços praticados no mercado, por partes individuadas, em negócios assemelhados juridicamente. ***Esse processo, ao qual o Brasil aderiu e que deriva das disposições da Convenção Modelo da OCDE*** (Organização para a Cooperação e Desenvolvimento Econômico), ***encontra-se abrigado na Lei n. 9.430/96 e denomina-se Princípio Arm's Length, significando Princípio da Neutralidade, Princípio do Preço Sem Interferência*** ou, ainda, Princípio dos Preços Independentes Comparados. Visa, no caso de empresas vinculadas, como o dos autos, coibir a dupla tributação e a ocorrência de evasão fiscal, conforme já asseverado. Nas operações ocorridas entre empresas coligadas, caso dos autos, sujeitam-se elas à utilização dos critérios previstos nesse princípio, para determinar-se o preço parâmetro, apurando, a partir deste, com as deduções previstas, o lucro real e as bases de cálculo do IRPJ e da CSLL.

Ou seja, o julgador expressamente consignou que o *arm's length* foi recepcionado pela Lei n. 9.430/1996, racional este que é o defendido no presente trabalho.

Em outras sete decisões, o objeto discutido também foi a ilegalidade ou não da Instrução Normativa SRF n. 243/2002 em face da Lei n. 9.430/1996 quanto à aplicação do PRL 60, sendo que o *arm's length* foi tangenciado da mesma forma que na decisão anterior:

(i) Apelação Cível n. 307.423 – 0005440-49.2004.4.03.6100TRF, julgado em 25/07/2013, e-DJF em 02/08/2013, na qual, por unanimidade, foi negado provimento à apelação do contribuinte, ou seja, a IN SRF 243/2002 foi considerada legal;

(ii) Apelação Cível n. 312.162 – 0014576-36.2005.4.03.6100, julgada em 08/08/2013, e-DJF em 16/08/2013, na qual, por unanimidade, foi negado provimento à apelação do contribuinte, ou seja, a IN SRF 243/2002 foi considerada legal;

(iii) Apelação Cível n. 317.675 – 0028594-62.2005.4.03.6100, julgada em 02/10/2014, e-DJF em 07/10/2014, na qual, por maioria, foi negado provimento à apelação do contribuinte, ou seja, a IN SRF 243/2002 foi considerada legal;

(iv) Agravo Legal em Apelação Cível n. 321.428 – 0029836-51.2008.4.03.6100/SP, julgado em 17/03/2016, e-DJF em 30/03/2016, na qual, por unanimidade, foi negado provimento ao agravo legal da União. Neste caso, além da questão da ilegalidade da IN SRF 243/2002 quanto à regulamentação do PRL 60, discutiu-se também se a referida instrução normativa, em seu art. 2º, § 5º, teria violado o princípio da legalidade ao inserir como equiparadas à pessoa vinculada, a figura da terceira pessoa interposta às partes. Ou seja, no que tange à ilegalidade na regulamentação do PRL 60, a decisão seguiu a jurisprudência dominante na corte ao declarar que a IN SRF 243/2002 não padecia de qualquer ilegalidade neste particular. Entretanto, decidiu favoravelmente ao contribuinte, ao reconhecer que a IN SRF 243/2002 seria ilegal por ter inovado a Lei n. 9.430/1996, ao inserir como equiparada à pessoa vinculada, a figura da terceira pessoa interposta às partes;

(v) Apelação Cível n. 348.271 – 0001368-09.2010.4.03.6100/SP, julgado em 05/05/2016, e-DJF em 13/05/2016, na qual, por unanimidade, foi dado parcial provimento à apelação do contribuinte, tendo-se decidido de maneira idêntica ao caso anterior. Ou seja, no que tange à ilegalidade na regulamentação do PRL 60, a decisão seguiu a jurisprudência dominante na corte ao declarar que a IN SRF 243/2002 não padecia de qualquer ilegalidade neste particular. Entretanto, decidiu favoravelmente ao contribuinte, ao reconhecer que a IN SRF 243/2002 seria ilegal por ter inovado a Lei n. 9.430/1996, ao inserir como equiparada à pessoa vinculada, a figura da terceira pessoa interposta às partes;

(vi) Apelação Cível n. 2.154.372 – 0004621-67.2013.4.03.6110/SP, julgado em 17/06/2016, e-DJF em 24/06/2016, na qual, por unanimidade, foi negado provimento à apelação do contribuinte, ou seja, a IN SRF 243/2002 foi considerada legal;

(vii) Agravo de Instrumento n. 5020271-90.2018.4.03.0000, julgado em 18/03/2019, e-DJF em 26/03/2019, no qual, por unanimidade, foi negado provimento ao recurso do contribuinte, ou seja, a IN SRF 243/2002 foi considerada legal;

A última decisão do TRF3 identificada a partir dos termos pesquisados, ao contrário dos acórdãos anteriores, foi favorável à tese dos contribuintes, tendo sido entendido que a Instrução Normativa SRF n. 243/2002 seria ilegal por ter extrapolado o poder regulamentar que lhe é inerente, ou seja, garantiu-se ao contribuinte a aplicação do método PRL 60 sem as alterações procedidas pela IN SRF n. 243/2002, veja-se:

Apelação Cível n. 316.016 – 0034048-52.2007.4.03.6100/SP (2007.61.00.034048-7/SP) – TRF 3ª Região/Terceira Turma, Relator: Desembargador Federal Carlos Muta, Redator para o acórdão: Desembargador Federal Marcio Moraes, julgado em 19/08/2010, D.E. em 14/09/2010.

TRIBUTÁRIO. APELAÇÃO EM MANDADO DE SEGURANÇA. TRIBUTAÇÃO EM TRANSAÇÕES INTERNACIONAIS ENTRE PESSOAS JURÍDICAS VINCULADAS. METODOLOGIA DO PREÇO DE REVENDA MENOS LUCRO – PRL. IN N. 243/2002. ILEGALIDADE. RECURSO PROVIDO. Tratando-se de transações internacionais entre pessoas jurídicas vinculadas, a tributação dá-se através do conceito "preço de transferência", sob a metodologia, no caso da impetrante, do "Preço de Revenda menos Lucro" (art. 18 da Lei n. 9.430/1996). À guisa de complementar a disposição legal regente do assunto, sobrevieram instruções normativas da Secretaria da Receita Federal, incluindo a de n. 243/2002, que extrapolou o poder regulamentar que lhe é imanente, daí se avistando ofensa ao princípio da reserva da lei formal. Necessidade de se garantir à impetrante a utilização dos critérios de apuração do preço de transferência pelo método PRL, conforme art. 18 da Lei n. 9.430/1996, afastadas as alterações trazidas pela IN n. 243/2002. Recurso provido.

Com relação à última decisão arrolada, importa destacar que o princípio *arm's length* também foi apenas tangenciado, não tendo havido uma análise mais profunda.

A partir de todo o exposto, é possível concluir que, no âmbito judicial, a jurisprudência dos tribunais pátrios ainda é bastante incipiente em matéria de preços de transferência, especialmente no que se refere ao princípio *arm's length*, havendo nas decisões somente conceituações do princípio, sem a abordagem de outras questões atinentes ao assunto. Todavia, todas as decisões que mencionam o *arm's length*, o fazem indicando ter ele sido internalizado pela Lei n. 9.430/1996, raciocínio com o qual se coaduna o presente trabalho.

Conclusão

A partir de todo o trabalho realizado, pudemos concluir, primeiramente, que o *arm's length* pode ser entendido como uma diretriz indicada pela OCDE para disciplinar, sob o viés tributário, as relações comerciais e econômicas entre pessoas jurídicas vinculadas residentes ou domiciliadas em países diversos, de modo que tais relações, pelo menos para fins tributários, sejam levadas a efeito de acordo com as regras de mercado, evitando ou minimizando que o relacionamento "próximo" entre as pessoas jurídicas envolvidas influencie a determinação de preços e, consequentemente, a tributação das operações. Ou seja, o racional-base por trás do *arm's length* é a replicação das regras de mercado às operações entre partes vinculadas.

Apesar de o Brasil ainda não ser membro da OCDE e o *arm's length* não ter sido expressamente previsto em nosso ordenamento jurídico, verificamos que no item 12 da Exposição de Motivos da Lei n. 9.430/1996, reguladora dos preços de transferência, há referência quanto à adoção indireta das diretrizes da OCDE e, consequentemente do *arm's length*. Ou seja, essa adoção indireta das diretrizes da OCDE pela legislação brasileira, somada à disciplina legal da igualdade tributária e da capacidade contributiva, caracteriza-se como um forte indício de que o *arm's length* é, sim, aplicável no Brasil.

Vimos que a aplicação do *arm's length* e, consequentemente, das regras de preços de transferência, consiste em comparar um preço praticado no caso concreto com um preço parâmetro que reflita o valor de mercado. Como visto, o "valor de mercado" não se trata de conceito unívoco, porquanto, tal valor variará a depender do critério aplicado para sua determinação. Nesse sentido, a "relação" da OCDE com o *arm's length* está justamente no fato de que esta entidade, através do estabelecimento de alguns "métodos de cálculo", fornece os subsídios tidos como suficientes para se quantificar o "valor de mercado" de uma transação. Poder-se-ia afirmar que as jurisdições cujas legislações de preços de transferência não seguem aqueles métodos, não "adotam" ou não "seguem" o *arm's length*, contudo, tal afirmação não é absoluta, haja vista a própria OCDE reconhecer a possibilidade de aplicação de outros métodos, e até a aplicação conjunta de métodos.

Diante desta possibilidade de aplicação de outros métodos, concluímos que o *arm's length* não pode ser confundido com os métodos de cálculo previstos para a sua determinação, isto é, "*arm's length*" significa apenas comparar o preço praticado com o preço parâmetro calculado e não aplicar este ou aquele método específico.

Assim, outra conclusão importante é a de que basta a jurisdição estabelecer em sua legislação regras que obriguem os contribuintes a compararem seus preços praticados com os preços de mercado, para se afirmar que tal jurisdição adota o *arm's length*, ou melhor, que houve a "internação" do instituto na legislação do país.

Por consequência, caso um ou mais dos métodos previstos na legislação de uma determinada jurisdição não gere(m) um preço parâmetro "de mercado", isso não significa que o *arm's length* não foi adotado; ao contrário, significa que tais métodos violam o *arm's length*, o que poderia ensejar sua exclusão do sistema.

Expusemos os principais aspectos relativos aos métodos constantes das *Guidelines* da OCDE e concluímos que tais diretrizes claramente influenciaram os métodos de cálculo criados pela legislação brasileira, exceção feita apenas ao *Profit Split*, o qual não foi contemplado nesta regulamentação.

Como a análise do *arm's length* e dos preços de transferência encontra-se inserta na legislação do IRPJ e da CSLL, foi possível afirmar que o principal parâmetro a ser observado na interpretação e aplicação dessas regras é o próprio conceito de renda, haja vista tais regras resultarem, na prática, na indedutibilidade de despesas ou na adição de receitas não contabilizadas às bases de cálculo destes tributos.

Examinamos o conceito de renda atualmente aceito no Brasil e concluímos que há na Constituição Federal, sim, um conceito de *renda e de proventos de qualquer natureza*, ainda que não completamente delimitado, ou seja, o legislador infraconstitucional não tem liberdade absoluta e, obrigatoriamente, deve se pautar por essa noção constitucional de renda, a qual está atrelada à noção de *acréscimo patrimonial*. Além disso, concluímos que a extensão dos conceitos de "renda" e de "proventos de qualquer natureza" estão calcadas tanto na teoria da renda-produto, como na teoria da renda-acréscimo patrimonial (art. 43, do CTN).

Atualmente e, ao contrário da posição firmada no RE n. 201.465-6/MG em 02/05/2002, o STF tem se posicionado no sentido de que há, sim, um conceito de renda na Constituição Federal diretamente ligado à noção de acréscimo patrimonial (RE n. 208.526/RS, de 20/11/2013).

Vimos que as regras de preços de transferência e o *arm's length* possuem conexão direta com o conceito constitucional de renda, pois, tais regras nada mais são do que ajustes ao lucro contábil da pessoa jurídica visando a sua adequação aos valores de mercado, para se alcançar uma base de cálculo tributável de acordo com a igualdade e a capacidade contributiva. Ou seja, constatamos que o legislador brasileiro acatou a ideia de que a capacidade contributiva a ser idealmente tributada pelo IRPJ é aquela que seja oriunda de transações levadas à efeito com base nas regras de livre mercado.

Para melhor compreender o *arm's length*, especialmente, para verificar se ele foi recepcionado pela legislação interna e, se sim, em que medida, estudamos sua natureza jurídica e, com base nas definições de "princípio", "regra" e "postulado normativo" alcançadas, concluímos que o *arm's length* deve ser enquadrado como *princípio jurídico* por dois motivos principais. Em primeiro lugar, pois não se trata de uma norma que prescreve imperativamente uma exigência que é ou não é cumprida, sem deixar espaço para qualquer outra solução. E, em segundo lugar, porque em caso de conflito, a prevalência ou não do *arm's length* se dará sem invalidar qualquer outra norma jurídica, ou seja, sua aplicação só é possível via ponderação.

Isso porque, o *arm's length* apenas dirige-se ao legislador exigindo deste que, ao criar um método de comparação de preços, faça o máximo possível para comparar o preço de pessoas vinculadas com preços adotados por terceiros sujeitos às regras de mercado. Ou seja, na prática, é um princípio infraconstitucional, pois seu objetivo – verificar o valor de mercado do bem, serviço ou direito e compará-lo – não pode ser cumprido de forma absoluta, dada a fluidez própria do conceito de "valor de mercado".

Tanto o *arm's length* é um princípio, que foi necessário o estabelecimento de verdadeiras regras, consubstanciadas nos métodos da Lei n. 9.430/1996, para se calcular e saber se o preço praticado em uma determinada operação entre pessoas vinculadas está de acordo com os preços usualmente praticados no mercado, ou seja, foi necessária a edição de regras jurídicas para concretizá-lo.

Com relação à igualdade tributária, destacamos que a dicção utilizada pelo constituinte no *caput* do art. 5°, da Constituição Federal, se lida "ao pé da letra", aparenta dizer que a igualdade só se concretiza se não houver "distinção de qualquer natureza". Entretanto, a noção de "igualdade" demanda necessariamente a existência de diferenças (por mais paradoxal que isso pareça), uma vez que o estabelecido pelo constituinte no citado dispositivo não foi a "identidade", mas, sim, a "igualdade".

Constatou-se que é inerente à ideia de "igualdade" a existência, ainda que subliminar, de uma relação comparativa entre dois objetos/sujeitos, sendo preciso, portanto, perquirir em função do que os objetos/sujeitos são iguais ou desiguais. Ou seja, como em qualquer comparação, faz-se necessária a existência de um "critério de comparação".

Analisamos então a teoria da igualdade de Celso Antônio Bandeira de Mello e a teoria da igualdade de Humberto Ávila e vimos que o exame da igualdade não pode se limitar ao critério de discrímen exclusivamente, fazendo-se necessário, sobretudo, examinar o contexto no qual tal critério está inserido para concluir pela autorização ou proibição constitucional da sua utilização.

Nesse sentido, em que pese ambos os autores concordarem ser necessário aprofundar a análise do contexto em que o critério de discrímen está inserido, é justamente neste ponto que divergem, porquanto o contexto a ser avaliado por Celso Antônio Bandeira de Mello é composto por elementos distintos dos elementos que compõem o contexto para Humberto Ávila.

De acordo com Celso Antônio Bandeira de Mello, em regra, não é o critério de discrímen escolhido que violará ou não violará a igualdade. A violação da igualdade se verificará quando o critério de discrímen escolhido pelo legislador não guarda correlação lógica com o tratamento desigual aplicável ao caso, ou quando a correlação lógica existente não é protegida ou afronta algum valor constitucionalmente prestigiado. Já para Humberto Ávila, a violação da igualdade se verificará quando o critério de discrímen escolhido pelo legislador não for pertinente com a finalidade que justifica o tratamento desigual previsto, ou seja, o problema da igualdade está na relação entre a medida de comparação e a finalidade a ser atingida e não na relação entre a medida de comparação e o tratamento desigual previsto, como propõe Celso Antônio Bandeira de Mello.

Em que pese ambas as orientações gerarem o mesmo resultado prático, entendemos que a teoria de Celso Antônio Bandeira de Mello é mais completa, pois sua construção abarca todos os elementos da relação de igualdade (critério de discrímen, tratamento desigual, correlação lógica entre o critério de discrímen e o tratamento desigual e a necessidade de prestígio de finalidade constitucional), ao contrário de Humberto Ávila que acaba conferindo uma importância menor ao tratamento desigual concretizado por meio do discrímen. Além disso, entendemos que o elemento da relação de igualdade que realiza a finalidade constitucional a ser prestigiada é o tratamento desigual empreendido com base no critério de discrímen e não este critério propriamente dito.

Vimos que a identificação dos critérios de discrímen constitucionalmente válidos deve ser feita a partir da análise da justificação de cada uma das espécies tributárias, ou seja, em se tratando de tributos vinculados o critério será o sinalagma que se estabelece entre o sujeito que deu origem ao gasto estatal e o respectivo ente público e, em relação aos tributos não vinculados o critério de discrímen para definir quem deve ou não ser tributado é a capacidade contributiva.

Ingressamos, então, no exame da capacidade contributiva e concluímos que, quanto ao IRPJ e à CSLL, a única a base de cálculo que a reflete é o *lucro efetivamente apurado* pela pessoa jurídica, porquanto apenas esta grandeza se enquadra na ideia de acréscimo patrimonial e, consequentemente, no conceito de *renda* passível de tributação, sendo importante ressaltar que, com a aplicação das regras de preços de transferência e do *arm's length*, referido lucro precisa, ainda, ter sido apurado com base nas regras de mercado.

Por consequência, concluímos que o *arm's length* pode ser diretamente inferido a partir dos princípios constitucionais da igualdade tributária e da capacidade contributiva, já que, no campo das regras de preços de transferência, o *arm's length* atua justamente como critério de equalização da carga tributária das empresas que transacionam com partes vinculadas no exterior ou com empresas, ainda que não vinculadas, residentes ou domiciliadas em país com tributação favorecida ou em regime fiscal privilegiado, de forma a fazer com que a carga tributária por estas suportada seja efetivamente equivalente à daqueles que negociam com partes não relacionadas, integralmente sujeitos às regras de mercado.

Ou seja, entendemos que o *arm's length* nada mais é do que a aplicação e a observância da igualdade tributária e da capacidade contributiva no campo das regras de preços de transferência, de maneira que, por força disto, entendemos que o eventual ingresso do Brasil na OCDE em nada alterará o que já temos hoje no que se refere à aplicabilidade do *arm's length*, haja vista ele já ser aqui aplicável (via igualdade tributária e capacidade contributiva).

Após, examinamos a questão relativa à recepção ou não do *arm's length* pelo ordenamento jurídico brasileiro sob a ótica dos métodos de cálculo existentes na Lei n. 9.430/1996 e concluímos que o fato de tais métodos, na prática, não gerarem um preço parâmetro "de mercado", não significa que o *arm's length* não tenha sido recepcionado pela legislação brasileira, porquanto, entendemos que a adoção ou não do *arm's length* por um ordenamento jurídico se dá com a inclusão de norma determinando que seja feita a comparação do preço praticado com um preço parâmetro, e somente isto. Ou seja, se o método previsto em lei não resulta em um preço "de mercado", o método pode ser questionado por violar a igualdade, a capacidade contributiva e o próprio *arm's length*, em última instância.

Entendemos, ainda, que a adesão às diretrizes da OCDE por parte do legislador brasileiro independe de uma formal subscrição da Convenção Modelo desta entidade, ou seja, ao editar a Lei n. 9.430/1996, o legislador brasileiro simplesmente utilizou-se de sua liberdade de conformação para adotar os parâmetros da OCDE que entendeu serem adequados e estarem de acordo com o ordenamento jurídico interno, dentre eles, o *arm's length*.

Por consequência do exposto, verifica-se que o *arm's length*, assim como a igualdade tributária e a capacidade contributiva, funcionam como instrumentos de realização da justiça fiscal, sendo que a inobservância do *arm's length* resultará na inobservância destes princípios constitucionais e, por consequência, na tributação de grandeza que não se coaduna com o próprio conceito de renda, tornando tal tributação inconstitucional. Isso porque, como visto, entendemos que só pode ser considerada "validamente tributável" a renda gerada com a observância de legislação que respeite os ditames da igualdade tributária, da capacidade contributiva e, no campo das regras de preços de transferência, do *arm's length*.

Tratamos também da relação existente entre o *arm's length* e a praticabilidade e concluímos que, da mesma forma como o *arm's length*, a praticabilidade não é uma espécie de norma que estabelece de maneira absoluta uma exigência que é ou não é cumprida (como seria se fosse uma regra). Ao contrário, estabelece que se busque um estado ideal de coisas (arrecadação simplificada), na máxima medida possível, sendo, portanto, um princípio.

Aprofundamos a análise da praticabilidade com o objetivo de identificar de maneira clara em qual ponto exatamente ela se relaciona com o *arm's length*. Nesse sentido, verificamos que, objetivamente, podem ser elencados quatro principais limites à praticabilidade: (i) a necessidade de respeito às competências tributárias rigidamente estabelecidas; (ii) o princípio da legalidade; (iii) o princípio da igualdade tributária; e (iv) o princípio da capacidade contributiva. Ou seja, caso a medida de simplificação viole qualquer um destes limites, a aplicação da praticabilidade restará comprometida.

Na prática, entendemos que a violação daqueles limites se dá, justamente, quando o legislador tem de se valer de presunções e ficções jurídicas para alcançar a praticabilidade.

E é justamente neste ponto que, em nossa opinião, o *arm's length* se liga com a praticabilidade, porquanto, o legislador, para cumprir o *arm's length* – e concretizar a comparação entre os preços praticados por pessoas vinculadas e os preços de mercado – é obrigado a estabelecer presunções e ficções jurídicas na legislação para viabilizar a referida comparação.

No Brasil, esta relação entre *arm's length* e praticabilidade é ainda mais intensa, na medida em que o legislador brasileiro expressamente preestabeleceu fórmulas matemáticas para calcular o preço parâmetro ("de mercado").

Com esteio na doutrina de Alfredo Augusto Becker, concluímos que é, sim, possível a utilização de ficções jurídicas, de presunções legais absolutas e de presunções legais mistas na composição dos elementos da regra-matriz de incidência tributária, já que o Direito admite que o legislador recorra a tais mecanismos, inclusive no âmbito tributário, ou seja, admite a criação de realidades jurídicas para viabilizar a tributação, não sendo diferente, portanto, nas regras que disciplinam os aspectos tributários aplicáveis aos preços de transferência. Obviamente, esta possibilidade de utilização de ficções, presunções absolutas e presunções mistas não significa que o legislador tem um "cheque em branco" nas mãos, ou seja, a utilização destes mecanismos não pode contrariar ou se afastar do conteúdo semântico mínimo contido no texto constitucional, nem da natureza e da essência própria das coisas. Assim, discordamos de Paulo Ayres Barreto quando este afirma que o ordenamento jurídico brasileiro não admite de maneira nenhuma a adoção de ficções jurídicas, de presunções legais absolutas e de presunções legais mistas na conformação dos critérios da regra-matriz de incidência tributária, por violarem princípios constitucionalmente protegidos.

Isso porque, entendemos não ser suficiente alegar e fundamentar uma suposta inconstitucionalidade dos métodos e das regras de preços de transferência única e exclusivamente em razão de haver certa limitação na produção da prova do efetivo preço parâmetro e/ou pela opção do legislador por margens de lucro predeterminadas (presunções legais mistas e ficções, respectivamente).

Concluímos que o procedimento "presuntivo" adotado pelo legislador da Lei n. 9.430/1996 não é novidade no âmbito tributário brasileiro, uma vez que, há na legislação nacional diversas situações presumindo ou criando formas de controles de preços para viabilizar a tributação (ex.: DDL e definição de valor aduaneiro).

Assim, entendemos que a mera predeterminação de margens de lucro não é suficiente para tornar toda a sistemática de preços de transferência inconstitucional ou inválida, bem como não é correto, ao nosso ver, atribuir às regras de preços de transferência a pecha da inconstitucionalidade pelo simples fato de haver limitações às provas que podem ser apresentadas pelo contribuinte para requerer e justificar eventual alteração das margens predeterminadas.

Entendemos que tais limitações são apenas condições mínimas para que o contribuinte possa contestar a margem de lucro legalmente preestabelecida, sendo coerente, portanto, exigir que tal contestação esteja fundamentada *"em publicações, pesquisas ou relatórios"* que reflitam as condições de mercado.

Tal coerência fundamenta-se no seguinte racional: o legislador, com vistas ao cumprimento do princípio da legalidade, estabeleceu todos os métodos de cálculo de preços parâmetros por meio de uma lei ordinária (Lei n. 9.430/1996), a qual, só pode ser alterada, no mínimo, através de outra lei ordinária. Ora, seria coerente permitir que o contribuinte pudesse contestar os percentuais das margens estabelecidos por lei ordinária, valendo-se tão somente de documentos internos? Seria razoável autorizar que uma previsão legal seja alterada por documentos produzidos pelo próprio particular, sem qualquer passagem pelo rito formal do processo legislativo? Entendemos que não.

Além disso, ao estabelecer margens predeterminadas de lucro, o que o legislador brasileiro fez foi tão somente dar contornos concretos ao conceito – ressalte-se, fluido – de "valor de mercado", ou seja, determinou um conceito legal para viabilizar a aplicação da lei, como faz em inúmeras outras situações.

Ou seja, o procedimento adotado pelo legislador ordinário no sentido de estabelecer percentuais de presunção das margens de lucro para fins de preços de transferência não viola o ordenamento tributário, tendo sido, apenas, mais uma medida de praticabilidade diante das grandes dificuldades inerentes à determinação do valor de mercado de bens, serviços e direitos, tanto no mercado nacional como no internacional.

Diante disso, entendemos ser impossível falar em *arm's length* sem analisar a praticabilidade, principalmente diante das regras brasileiras de preços de transferência, sendo que não estamos afirmando que os resultados obtidos com a aplicação dos métodos de cálculo da Lei n. 9.430/1996 sempre e necessariamente resultarão em um "valor de mercado" válido, efetivo e apto a comparação. Apenas acreditamos que o procedimento do legislador, no sentido de estabelecer percentuais na lei para se calcular um possível "valor de mercado", não viola a igualdade e a capacidade contributiva em si mesmas consideradas. Ou seja, não se descarta a possibilidade de tais fórmulas resultarem em valores que não reflitam as condições reais de mercado. Nestes casos, obviamente, haverá ofensa à igualdade, à capacidade contributiva e ao próprio *arm's length*, a ser combatida pelo contribuinte, o qual, para tanto, poderá se valer das previsões constantes do art. 20 e do art. 21, § 2º, da Lei n. 9.430/1996. Conclusão: as margens reais de mercado deverão sempre prevalecer sobre as margens legais preestabelecidas, desde que o contribuinte as comprove nos termos da lei.

Especificamente quanto ao *arm's length* na jurisprudência administrativa, há bastante tempo discute-se o tema, sem, contudo, haver debates mais aprofundados a respeito. Tem sido amplamente entendido neste âmbito que tal princípio foi recepcionado pela legislação brasileira por meio da Lei n. 9.430/1996 e que ele consiste na diretriz que determina a aplicação das regras de mercado às operações realizadas entre empresas vinculadas.

Avaliando a jurisprudência judicial, no STF, não foi identificado nenhum julgado a respeito do tema. No STJ, foi identificada uma única decisão monocrática sobre a matéria, entretanto, na prática, tal decisão acabou não analisando o *arm's length*, porquanto não conheceu do recurso especial com fundamento na Súmula 7 do STJ.

Já no TRF3, foram encontradas dez decisões, nas quais, basicamente, discutiu-se a legalidade da IN SRF n. 243/2002 frente ao disposto no art. 18, da Lei n. 9.430/1996, no que tange à aplicação do método PRL 60, tendo sido o *arm's length* apenas tangenciado em algumas delas. Dos dez acórdãos analisados, nove decidiram desfavoravelmente ao contribuinte, ou seja, reconheceu-se que a IN SRF 243/2002 não padecia de qualquer ilegalidade neste aspecto. Apenas uma das decisões foi favorável ao contribuinte, tendo sido entendido que a IN SRF n. 243/2002 seria ilegal por ter extrapolado o poder regulamentar, ou seja, garantiu-se ao contribuinte a aplicação do método PRL 60 sem as alterações da IN SRF n. 243/2002.

A partir de todo o exposto, é possível concluir que, no âmbito judicial, a jurisprudência ainda é bastante incipiente em matéria de preços de transferência, especialmente no que se refere ao princípio *arm's length*, havendo nas decisões somente conceituações do princípio, sem a abordagem de outras questões atinentes ao assunto. Todavia, todas as decisões que mencionam o *arm's length*, o fazem indicando ter ele sido internalizado pela Lei n. 9.430/1996, raciocínio com o qual se coaduna o presente trabalho.

Trabalhos da Comissão Especial do Código Tributário Nacional, disponível em <https://www2.senado.leg.br/bdsf/handle/id/511517>, acesso em: 03/07/2019.

Preços de Transferência no Brasil: Convergência para o Padrão OCDE, disponível em: <https://www.oecd.org/tax/transfer-pricing/precos-de-transferencia-no-brasil-convergencia-para-o-padrao-ocde-folheto.pdf>, acesso em 23/10/2020.

RE n. 117.887, Relator: Min. CARLOS VELLOSO, Tribunal Pleno, julgado em 11/02/1993, DJ 23/04/1993, pp. 6923, EMENT VOL-01700-05, pp. 786, RTJ VOL-00150-02, pp. 578 e seguintes, disponível em: <http://redir.stf.jus.br/paginadorpub/paginador.jsp?docTP=AC&docID=206951>, acesso em: 23/07/2019.

RE n. 201.465, Relator: Min. MARCO AURÉLIO, Relator(a) p/ Acórdão: Min. NELSON JOBIM, Tribunal Pleno, julgado em 02/05/2002, DJ 17-10-2003, pp. 15, EMENT VOL-02128-02, pp. 311 e seguintes, disponível em: <http://redir.stf.jus.br/paginadorpub/paginador.jsp?docTP=AC&docID=237835>, acesso em: 16/07/2019.

RE n. 208.526/RS, Relator: Min. MARCO AURÉLIO, Tribunal Pleno, julgado em 20/11/2013, DJe-213, publicado em 30/10/2014, EMENT VOL-02754-03, pp. 346 e seguintes, disponível em: <http://redir.stf.jus.br/paginadorpub/paginador.jsp?docTP=AC&docID=630110>, acesso em: 23/07/2019.

<https://www.oecd.org/tax/a-ocde-e-o-brasil-lancam-projeto-para- examinar-as--diferencas-nas-regras-fiscais-internacionais.htm>, acesso em: 18/07/2019.

<https://www.oecd.org/about/members-and-partners/>, acesso em: 30/10/2019.

<http://receita.economia.gov.br/noticias/ascom/2019/julho/ocde-e-brasil-compartilham-os-resultados-do-projeto-para-alinhar-as-regras-de-precos-de-transferencia-do-brasil-ao-padrao-da-oecd>, acesso em: 18/07/2019.

<http://www.stf.jus.br/portal/jurisprudencia/pesquisarJurisprudencia.asp>, acesso em: 05/09/2019.

<https://scon.stj.jus.br/SCON/>, acesso em: 05/09/2019.

http://web.trf3.jus.br/base-textual>, acesso em: 05/092019.

i n. 9.430/1996, disponível em: <http://www.planalto.gov.br/ccivil_03/Leis/430.htm>, acesso em: 25/07/2019.

Referências

ALEXY, Robert. *Teoria dos direitos fundamentais*. Tradução: Virgílio Afonso da Silva. 2. ed. São Paulo: Malheiros, 2015.

ATALIBA, Geraldo. *República e Constituição*. São Paulo: Revista dos Tribunais, 1985.

________. *Hipótese de incidência tributária*, 6. ed. São Paulo: Malheiros, 2005.

AVI-YONAH, Reuven S.; XU, Haiyan. *Global Taxation After the Crisis: Why BEPS and MAATM are inadequate responses, and what can be done about it*, *in*: Public Law and Legal Theory Research Paper Series – PAPER n. 494 – January 2016, disponível em: <http://ssrn.com/abstract=2716124>, acesso em 17/12/2017.

ÁVILA, Humberto. *A distinção entre princípios e regras e a redefinição do dever de proporcionalidade*. Revista Diálogo Jurídico, v. 1, n. 4, Salvador: 2001.

________. *Teoria da igualdade tributária*, 3. ed. São Paulo: Malheiros, 2015.

________. *Teoria dos princípios: da definição à aplicação dos princípios jurídicos*, 17. ed. rev. e atual. São Paulo: Malheiros, 2016.

BANDEIRA DE MELLO, Celso Antônio. *O conteúdo jurídico do princípio da igualdade*, 3. ed. São Paulo: Malheiros, 1993.

BARRETO, Paulo Ayres. *Imposto sobre a renda e preços de transferência*. São Paulo: Dialética, 2001.

BECKER, Alfredo Augusto. *Teoria Geral do Direito Tributário*, 7. ed. São Paulo: Noeses, 2018.

BORGES, José Souto Maior. *O princípio da segurança jurídica na criação e aplicação do tributo*. Revista Diálogo Jurídico. Salvador: CAJ – Centro de Atualização Jurídica, n. 11, fevereiro, 2002. Disponível em: <http://www.direitopublico.com.br>. Acesso em: 08/05/2019.

CANAS, Vitalino José Ferreira Prova. *O princípio da proibição do excesso: em especial, na conformação e no controlo de atos legislativos*, 2016, 1.437 p. Tese (Doutorado em Direito) – Faculdade de Direito, Universidade de Lisboa, Lisboa, 2016.

CANOTILHO, J. J. Gomes. *Direito Constitucional e teoria da constituição*, 7. ed., 14. reimp. Coimbra: Almedina, 2003.

CARVALHO, Paulo de Barros. *Direito tributário, linguagem e método*, 3. ed. rev. e ampl. São Paulo: Noeses, 2009.

CARRAZZA, Elizabeth Nazar. *IPTU e Progressividade – Igualdade e Capacidade Contributiva*, 2. ed. São Paulo: Quartier Latin, 2015.

CARRAZZA, Roque Antonio. *Imposto sobre a Renda (perfil constitucional e temas específicos)*, 3. ed., rev., ampl. e atual. São Paulo: Malheiros, 2009.

_________. *Curso de Direito Constitucional Tributário*, 32. ed. São Paulo: Malheiros, 2019.

COÊLHO, Sacha Calmon Navarro. *Comentários à Constituição de 1988: Sistema Tributário*, 10. ed. Rio de Janeiro: Forense, 2006.

COSTA, Alcides Jorge. *Capacidade Contributiva, in:* Revista de Direito Tributário n. 55, 1991.

COSTA, Regina Helena. *Princípio da capacidade contributiva*, 4. ed., atual., rev. e ampl. São Paulo: Malheiros, 2012.

_________. *Imunidades Tributárias: teoria e análise da jurisprudência do STF*, 3. ed. São Paulo: Malheiros, 2015.

CRETELLA JÚNIOR, José. *Comentários à Constituição Brasileira de 1988, v. 1*. Rio de Janeiro: Forense Universitária, 1988.

DERZI, Misabel Abreu Machado. *Direito Tributário, Direito Penal e Tipo*, 3. ed. rev., ampl. e atual. Belo Horizonte: Fórum, 2018.

DWORKIN, Ronald. *Levando os direitos a sério*, tradução: Nelson Boeira, 3. ed. São Paulo: WMF Martins Fontes, 2010.

GARCÍA BELSUNCE, Horacio A. *El concepto de rédito en la doctrina y en el derecho tributario*. Buenos Aires: Depalma, 1967.

GREGORIO, Ricardo Marozzi. *Arm's length e Praticabilidade nos Preços de Transferência*, 2010, 360 p., Tese (Doutorado em Direito) – Faculdade de Direito, Universidade de São Paulo, São Paulo, 2010.

JESUS, Isabela Bonfá de; JESUS, Fernando Bonfá de; JESUS, Ricardo Bonfá de. *Manual de Direito e Processo Tributário*, 5. ed. rev. e atual. São Paulo: Thomson Reuters Brasil, 2019.

KELSEN, Hans. *O problema da justiça*, trad. João Baptista Machado, 4. ed. São Paulo: Martins Fontes, 2003.

KIRCHHOF, Paul. *Tributação no Estado Constitucional*. Tradução: Pedro Adamy. São Paulo: Quartier Latin, 2016.

MACHADO, Clarissa Gianete; CAMARGO, Luiz Felipe. *Conversão das regras de preços de transferência para o modelo OCDE – Impactos e plano de transição, in: Temas atuais em tributação internacional – Brasil 2020*. São Paulo: Trench, Rossi e Watanabe Advogados, 2020. PDF.

MACHADO, Hugo de Brito. *O conceito legalista de renda, in:* Revista CEJ, Brasília, Ano XIII, n. 47, outubro/dezembro 2009, disponível em: <http://www.jf.jus.br/ojs2/index.php/revcej/article/view/1306/1292>, acesso em: 10/07/2019.

MIRSHAWKA, Valéria Zimpeck. *Preços de transferência: diferentes visões*, 2012, 148 p. Dissertação (Mestrado em Direito) – Faculdade de Direito, Universidade de São Paulo, São Paulo, 2012.

MOSCHETTI, Francesco. *I principi di giustizia fiscale della Costituzione italiana, per "l'ordinamento giuridico in cammino" dell'Unione europea*, disponível em: <https://www.studiomoschetti.com/new/wp-content/uploads/2015/07/4_I-principi-di-giustizia.pdf>, acesso em: 23/04/2019.

NEVES, Marcelo. *Entre Hidra e Hércules: princípios e regras constitucionais como diferença paradoxal do sistema jurídico*. São Paulo: Editora WMF Martins Fontes, 2013.

OCDE. *OECD Transfer Pricing Guidelines for Multinational Enterprises and Tax Administrations 2017*. Paris: OECD Publishing, 2017.

OCDE. *Explanatory Statement, OECD/G20 Base Erosion and Profit Shifting Project*, 2015, disponível em: <http://www.oecd.org/ctp/beps-explanatory-statement-2015.pdf>, acesso em: 17/12/2017.

OCDE. *Members of the OECD/G20 Inclusive Framework on BEPS*, October 2019, disponível em: <http://www.oecd.org/tax/beps/inclusive-framework-on-beps-composition.pdf>, acesso em: 19/11/2019.

OLIVEIRA, Ricardo Mariz de. *Fundamentos do Imposto de Renda*, v. 1. São Paulo: IBDT, 2020.

_________. *Fundamentos do Imposto de Renda*, v.2. São Paulo: IBDT, 2020.

ONU. *United Nations Practical Manual on Transfer Pricing for Developing Countries 2017*. Nova York: United Nations, 2017. Disponível em: <https://www.un.org/esa/ffd/wp-content/uploads/2017/04/Manual-TP-2017.pdf>, acesso em: 08/08/2019.

OWENS, Jeffrey P. *Should the Arm's Length Principle Retire?, in:* International Tra[...]fer Pricing Journal, vol. 12, n. 3. Amsterdam: IBFD, 2005.

PRINCÍPIO. Dicionário online Michaelis. Disponível em: <http://michael[...]com.br/busca?r=0&f=0&t=0&palavra=princ% C3%ADpio>, acesso em: 27/0[...]

REGRA. Dicionário online Michaelis. Disponível em: <http://michaelis.[...]br/busca?r=0&f=0&t=0&palavra=regra>, acesso em: 27/05/2019.

SCHOUERI, Luís Eduardo. *Preços de Transferência no Direito Tributário B[...]* ed. rev. e atual. São Paulo: Dialética, 2013.

_________. *Direito Tributário*, 6. ed. São Paulo: Saraiva, 2016.

_________. *O mito do lucro real na passagem da disponibilidade jurídica p[...] lidade econômica. In:* MOSQUERA, Roberto Quiroga; LOPES, Alex[...] (coords.). Controvérsias jurídico-contábeis (aproximações e distan[...] Paulo: Dialética, 2010.

TAKANO, Caio Augusto. *O conceito de planejamento tributário [...] standards tributários internacionais do Projeto BEPS*, in: Revista Di[...]ternacional Atual n. 2, disponível em: <https://www.ibdt.org.[...]tent/uploads/2017/12/Caio-Augusto-Takano.pdf>, acesso em:[...]

TORRES, Ricardo Lobo. *O Princípio Arm's Length, os Preços de [...] da Interpretação do Direito Tributário, in:* Revista Dialética [...] 48. São Paulo: Dialética, 1999.

Sítios na internet

Exposição de motivos da Lei n. 9.430/1996, disponível [...] leg.br/proposicoesWeb/prop_mostrarintegra?codte[...] ie+-PL+2448/1996>, acesso em: 25/06/2019.